POLITIQUE ET SOCIÉTÉ

Pape François

rencontres avec
Dominique Wolton

POLITIQUE ET SOCIÉTÉ

Éditions de
L'Observatoire

ISBN : 979-10-329-0279-0
Dépôt légal : 2017, septembre
© Libreria Editrice Vaticana
© Éditions de l'Observatoire / Humensis, 2017
170 *bis*, boulevard du Montparnasse, 75014 Paris

Sommaire

Introduction. « Pas facile, pas facile... »
par Dominique Wolton 13

1. PAIX ET GUERRE 25

Entretiens 26
Extraits des discours 63
 Discours du Saint-Père lors de la rencontre avec les membres de l'Assemblée générale de l'Organisation des Nations unies, New York, 25 septembre 2015
 Déclaration commune lors de la rencontre du Saint-Père avec S. S. Cyrille, patriarche de Moscou et de toute la Russie, aéroport international José-Marti, La Havane, Cuba, 12 février 2016

2. RELIGIONS ET POLITIQUES 71

Entretiens 72
Extraits des discours 115
 Discours du Saint-Père lors de sa participation à la IIe Rencontre mondiale des mouvements

Politique et société

populaires, foire Expo Feria, Santa Cruz de la Sierra (Bolivie), 9 juillet 2015

Discours du Saint-Père lors de sa participation à la IIIe Rencontre mondiale des mouvements populaires, salle Paul-VI, Vatican, 5 novembre 2016

3. Europe et diversité culturelle............ 125

Entretiens.. 126
Extraits des discours 157

Discours du pape François lors de la remise du prix Charlemagne, salle Royale, Vatican, 6 mai 2016

Discours du pape François aux chefs d'État et de gouvernement de l'Union européenne, réunis en Italie à l'occasion du 60e anniversaire du traité de Rome, salle Royale, Vatican, 24 mars 2017

4. Culture et communication................... 171

Entretiens.. 172
Extraits des discours 201

Allocution du pape François au Conseil italien de l'Ordre des journalistes, soit 400 journalistes, en audience dans la salle Clémentine du Vatican, 22 septembre 2016

Discours du pape François aux participants au cours de formation pour les nouveaux évêques, salle Clémentine, Vatican, 16 septembre 2016

Sommaire

5. L'altérité, le temps et la joie 209

Entretiens 210
Extraits des discours 253
    Discours du pape François aux participants à la Rencontre mondiale des mouvements populaires, salle ancienne du Synode, Vatican, 28 octobre 2014
    Discours du pape François lors du pèlerinage de personnes en situation de grande précarité accompagnées par le cardinal Barbarin, salle Paul-VI, Vatican, 6 juillet 2016

6. « La miséricorde est un voyage qui va du cœur à la main » 263

Entretiens 264
Extraits des discours 306
    Discours du Saint-Père lors de la cérémonie d'accueil des jeunes à l'occasion des XXXIes Journées mondiales de la jeunesse (27-31 juillet 2016), parc Jordan-de-Blonia, Cracovie, Pologne, 28 juillet 2016
    Veillée de prière avec les jeunes, voyage apostolique du pape François en Pologne à l'occasion des XXXIes Journées mondiales de la jeunesse (27-31 juillet 2016), campus Misericordiae, Cracovie, Pologne, 30 juillet 2016

7. « La tradition est un mouvement » 315

Entretiens 316

9

Politique et société

Extraits des discours 343
    Discours du pape François lors de la présentation des vœux de Noël de la Curie romaine, salle Clémentine, Vatican, 22 décembre 2014
    Discours du pape François lors de la présentation des vœux de Noël de la Curie romaine, salle Clémentine, Vatican, 22 décembre 2016

8. Un destin 351

Entretiens 355

Extraits des discours 388
    Discours du Saint-Père lors de sa visite à l'office des Nations unies à Nairobi (UNON), Kenya, 26 novembre 2015
    Discours du Saint-Père aux participants à la conférence internationale pour la Paix, Al-Azhar Conference Center, Le Caire, 28 avril 2017

Quelques phrases du pape François 399

Biographie du pape François 403

Bibliographie du pape François 409

Bibliographie de Dominique Wolton 413

Remerciements 417

« J'ai dit il n'y a pas longtemps, et je le répète, que nous vivons la *troisième guerre mondiale*, mais fragmentée. Il existe des systèmes économiques qui doivent faire la guerre pour survivre. Alors on fabrique et on vend des armes et ainsi les bilans des économies qui sacrifient l'homme sur l'autel de l'idole de l'argent réussissent évidemment à se rétablir. Et l'on ne pense pas aux enfants affamés dans les camps de réfugiés, on ne pense pas aux séparations forcées, on ne pense pas aux maisons détruites, on ne pense même pas aux nombreuses vies détruites. Que de souffrance, que de destruction, que de douleur ! Aujourd'hui, chères sœurs et chers frères, s'élève de tous les lieux de la Terre, de chaque peuple, de chaque cœur et des mouvements populaires, le cri de la paix : Jamais plus la guerre[1] ! »

---

1. Extrait du discours aux participants à la Rencontre mondiale des mouvements populaires le 18 octobre 2014.

« *Je rêve d'une Europe jeune,* capable d'être encore mère : une mère qui ait de la vie, parce qu'elle respecte la vie et offre l'espérance de vie. Je rêve d'une Europe qui prend soin de l'enfant, qui secourt comme un frère le pauvre et celui qui arrive en recherche d'accueil parce qu'il n'a plus rien et demande un refuge. Je rêve d'une Europe qui écoute et valorise les personnes malades et âgées, pour qu'elles ne soient pas réduites à des objets de rejet improductifs. Je rêve d'une Europe où être migrant ne soit pas un délit mais plutôt une invitation à un plus grand engagement dans la dignité de l'être humain tout entier. Je rêve d'une Europe où les jeunes respirent l'air pur de l'honnêteté, aiment la beauté de la culture et d'une vie simple, non polluée par les besoins infinis du consumérisme ; où se marier et avoir des enfants sont une responsabilité et une grande joie, non un problème du fait du manque d'un travail suffisamment stable. Je rêve d'une Europe des familles, avec des politiques vraiment effectives, centrées sur les visages plus que sur les chiffres, sur les naissances d'enfants plus que sur l'augmentation des biens. Je rêve d'une Europe qui promeut et défend les droits de chacun, sans oublier les devoirs envers tous. Je rêve d'une Europe dont on ne puisse pas dire que son engagement pour les droits humains a été sa dernière utopie[1]. »

---

1. Extrait du discours lors de la remise du prix Charlemagne le 6 mai 2016.

Introduction

« Pas facile, pas facile... »

Le projet

Il y a des destins individuels qui rencontrent l'Histoire. C'est le cas du pape François qui, venant d'Amérique latine, apporte une autre identité à l'Église catholique. Sa personnalité, sa trajectoire, ses actes interpellent une époque dominée par l'économie, mais aussi par la recherche de sens, d'authenticité et souvent de valeurs spirituelles. C'est cette rencontre entre un homme et une histoire qui est au cœur de nos entretiens, entre un homme d'Église et un intellectuel français, laïc, spécialiste de la communication, et travaillant depuis de nombreuses années sur la mondialisation, la diversité culturelle et l'altérité.

Pourquoi un dialogue ? Parce qu'il permet une ouverture à l'autre, une argumentation, et la présence du lecteur. Le dialogue donne son sens à la communication humaine au-delà de la performance et des limites des techniques.

Politique et société

L'angle choisi, pour ce livre, porte sur l'une des questions récurrentes de l'histoire de l'Église : quelle est la nature de son engagement social et politique ? Quelle différence avec un acteur politique ? Questions posées à chaque fois que la lecture de l'Évangile, la relecture des Pères de l'Église, des encycliques favorisent un engagement critique et une action à destination des pauvres, des dominés, des exclus... Ceux qui se sont dressés pendant des siècles pour dénoncer les injustices et les inégalités ont souvent établi un lien direct entre le message politique *et* la spiritualité. Le débat, et les conflits, sur la théologie de la libération en est l'un des derniers grands exemples. Comment penser et distinguer la dimension spirituelle de l'action politique de l'Église ? Jusqu'où aller et ne pas aller ? L'idée est de favoriser une réflexion sur ce qui unit et ce qui sépare spiritualité et action politique. Cette réflexion s'impose, surtout à un moment où l'on constate un retour de la quête spirituelle et où, simultanément, avec la mondialisation de l'information, les inégalités sont plus visibles, entraînant l'urgence des engagements mais parfois aussi la simplification des arguments et la volonté, souvent, de tout réduire à une approche politique. Comment éviter de limiter, au nom de la « modernité », l'engagement critique de l'Église à celui d'un acteur politique mondial, cousin germain de l'ONU ? Les Jésuites

« *Pas facile, pas facile...* »

par leur histoire et l'Amérique latine pour celle du pape sont des exemples éclatants de ce débat, de la nécessité et de la difficulté à préserver une distinction entre ces deux logiques.

La rencontre

On ne maîtrise pas une rencontre, elle s'impose. Elle fut ici libre, non conformiste, confiante, pleine d'humour. Une sympathie mutuelle. Le pape est présent, à l'écoute, modeste, habité par l'Histoire, sans illusion sur les hommes. Je le rencontre hors de tout cadre institutionnel, chez lui, mais cela n'explique pas tout de sa capacité d'écoute, sa liberté et sa disponibilité. Très très peu de langue de bois.

J'ai parfois le vertige quand je pense aux responsabilités écrasantes qui reposent sur ses épaules. Comment peut-il choisir, penser, au milieu de tant de contraintes et de sollicitations, écouter, agir, non seulement pour l'Église, mais aussi pour nombre d'autres affaires du monde ? Comment fait-il ? Oui, il est, peut-être, réellement, le *premier pape de la mondialisation*, entre l'Amérique latine et l'Europe. À la fois humain, modeste et en même temps si déterminé, les deux pieds dans l'Histoire. Son rôle n'a rien à voir avec celui des grands dirigeants politiques du monde, et pourtant, il y est constamment confronté.

Politique et société

La phrase peut-être la plus intense qu'il ait dite naturellement, au milieu des échanges : « Rien ne m'effraie. » Et en même temps, il y eut cette autre phrase qu'il prononça doucement, dans l'entrebâillement de la porte, en me quittant un soir, et que je n'oublierai jamais, tant elle symbolise son humanité, son apostolat : « Pas facile, pas facile... » Que dire au-delà d'une telle modestie, solitude, lucidité et intelligence ?

La difficulté était de trouver le niveau possible de ce dialogue, avec à la fois tant de différences entre nous et en même temps la volonté d'essayer de se comprendre, de « briser les murs » et d'admettre les incommunications. « Pas facile » de faire parler quelqu'un qui s'exprime déjà beaucoup, très bien, et avec une grande simplicité, d'autant que le discours religieux a toujours réponse à tout, et que tout a déjà été dit... Éviter les répétitions par rapport à ce qui est déjà connu de ses prises de parole, se décaler par rapport au vocabulaire religieux et officiel. Chercher la vérité, assumer l'incommunication inévitable quand elle surgissait. Nous sommes restés davantage au niveau de l'histoire, de la politique, des hommes qu'à l'échelle des dimensions spirituelles.

Ce dialogue entre le religieux et le laïc pourrait d'ailleurs continuer indéfiniment, aussi riche dans ses convergences que dans ses différences. Je n'étais ni faire-valoir ni critique, simplement

« *Pas facile, pas facile...* »

un scientifique, un homme de bonne foi essayant de dialoguer avec l'une des personnalités intellectuelles et religieuses les plus exceptionnelles du monde. Cette *liberté*, que j'ai sentie tout au long des entretiens, est profondément la sienne. Il n'est ni conventionnel ni conformiste. D'ailleurs, il suffit de voir comment il vivait, parlait, agissait en Argentine et en Amérique latine pour s'en rendre compte. Différence radicale avec l'Europe.

Empiriquement, j'ai utilisé la même démarche, sans toujours le savoir, que pour le dialogue avec le philosophe Raymond Aron (1981), le cardinal Jean-Marie Lustiger (1987) et le président de la Communauté européenne Jacques Delors (1994). La philosophie, la religion, la politique. Trois dimensions qui se retrouvent aussi ici, finalement. Sans doute une position qui illustre au mieux la posture du chercheur, sorte de porte-parole de ce citoyen universel, invisible, mais indispensable à la réflexion sur l'histoire et le monde. Parler, dialoguer, pour réduire les distances infranchissables et permettre un peu d'intercompréhension. Paradoxalement, c'est sur une philosophie commune de la communication que nous nous sommes souvent retrouvés. Privilégier l'homme sur la technique. Accepter l'incommunication, favoriser le dialogue, détechniciser la communication pour retrouver les valeurs humanistes. Accepter que la communication soit au moins autant une négociation et une cohabitation qu'un partage. La communication, comme une activité politique de diplomatie.

Les grands thèmes

Nos entretiens ont fait l'objet de douze rencontres échelonnées de février 2016 à février 2017. Ce qui est finalement considérable par rapport aux us et coutumes du Vatican. D'autant que rien n'avait été décidé préalablement. Souvent, les entretiens débordaient le cadre strict du livre et tout ne se retrouve pas directement dans le texte, mais cela explique en bonne partie le ton, l'atmosphère et la liberté de nos échanges. Le pape a évidemment lu le manuscrit et nous sommes tombés facilement d'accord.

Les thèmes abordés croisent les questions politiques, culturelles, religieuses qui traversent le monde et sa violence : la paix et la guerre ; l'Église dans la mondialisation et face à la diversité culturelle ; les religions et la politique ; les fondamentalismes et la laïcité ; les rapports entre culture et communication ; l'Europe comme territoire de cohabitation culturelle ; les rapports entre tradition et modernité ; le dialogue interreligieux ; le statut de l'individu, de la famille, des mœurs et de la société ; les perspectives universalistes ;

« Pas facile, pas facile… »

le rôle des chrétiens dans un monde laïc marqué par le retour des religions ; l'incommunication et la singularité du discours religieux.

Ces thèmes sont regroupés en huit chapitres. Pour chacun d'entre eux, j'ai complété nos entretiens par des extraits de seize grands discours du pape François, depuis son élection le 13 mars 2013. Ces discours, prononcés dans le monde entier, illustrent nos dialogues. Ils sont regroupés deux par deux dans chaque chapitre.

En revanche, c'est volontairement qu'on ne trouvera pas ici de références aux conflits politiques et institutionnels existant au sein de l'Église. Outre le fait que d'autres sont plus compétents que moi sur cette question et que l'information existe largement, cela ne correspondait pas à ce qui m'intéressait, à savoir la place de l'Église dans le monde, et dans la politique, à partir de l'expérience et de l'analyse du premier pape jésuite et non européen de l'Église catholique.

Une hypothèse le concernant ? Socialement, il est un peu franciscain ; intellectuellement, un peu dominicain ; politiquement, un peu jésuite… En tout cas très humain. Il faudrait probablement beaucoup d'autres choses pour comprendre sa personnalité…

Politique et société

Petites incommunications…

Chez le Saint-Père, tout procède de la religion et de la foi, y compris pour aborder les questions directement politiques. La miséricorde joue un rôle essentiel, ainsi d'ailleurs que la profondeur d'une histoire et d'une eschatologie dont les origines remontent à plus de quatre mille ans. Mes références sont plus anthropologiques, même s'il est évidemment impossible d'éliminer les dimensions spirituelles dans l'action des hommes. Les regards sur le monde sont souvent les mêmes, pas les perspectives. Les rationalités et les logiques ne se recoupent pas toujours. Grandeur de la communication que d'essayer de se comprendre et d'accepter les différences. Avec pour exemple l'énigme du monde contemporain, visible, interactif, où la performance et la vitesse de l'information n'ont jamais créé autant d'incompréhensions et d'incommunications. Un défi : penser l'altérité dans ce monde ouvert, éviter le monopole d'un seul discours, religieux ou politique, favoriser l'intercompréhension.

« Accueillir, accompagner, discerner, intégrer. » Les quatre concepts clefs de l'exhortation apostolique *Amoris laetitia* (*La Joie de l'amour*, mars 2016) ont après tout une certaine portée générale. Notamment pour repenser ces questions essentielles pour le monde d'aujourd'hui que sont le travail,

« Pas facile, pas facile… »

l'éducation, les rapports sciences-techniques-société, la mondialisation, l'altérité et la diversité culturelle, les médias et l'opinion publique, la communication politique, l'urbain. Autant de thèmes où des travaux de l'Église, voire des encycliques, pourraient aider à approfondir d'autres réflexions.

Pas facile de réaliser ces entretiens. Le pape ne répond pas toujours aux questions qu'on lui pose, en tout cas pas dans le sens auquel les rationalités modernes nous ont habitués. On repart très vite dans des références d'il y a plusieurs siècles, ou avec des métaphores, ou avec les Évangiles… Le « droit de suite » classique n'existe pas toujours. On est dans des espaces symboliques différents. Bref, ce que j'appelle des « petites incommunications », mais qui font tout l'intérêt de cette rencontre. D'autant qu'il y a le troisième partenaire, le lecteur, dont personne ne sait comment il recevra ces propos. Bref, un dialogue qui n'a pas la « rationalité classique » liée aux échanges intellectuels et politiques habituels. Tant mieux, même si cela provoque quelques surprises. On est bien là dans une philosophie de la communication respectueuse de l'altérité.

L'intérêt de l'Église est qu'elle n'est pratiquement jamais moderne. Elle n'est jamais complètement dans le temps présent, même si elle y est engagée, dans de nombreux combats. Et c'est évidemment cette posture qui fait l'intérêt de cette vision du monde, même si elle agace ou intrigue. Ne pas se soucier de la modernité, c'est obéir à des valeurs et des échelles de temps qui ne coïncident pas avec notre époque dominée par la vitesse, l'urgence et la mondialisation. Dans le passé, il y eut fréquemment ce recouvrement entre la religion et la politique, le spirituel et le temporel ; les résultats en furent souvent douteux... Aujourd'hui, le spirituel ne recouvre plus le temporel, au moins dans le christianisme, et ce décalage par rapport à la modernité sous toutes ses formes est en réalité une chance, avec la difficulté constante de savoir quelle distance maintenir entre les deux. La modernité, qui en quatre siècles a triomphé de la tradition, est devenue une idéologie. Revaloriser la tradition est sans doute un moyen de sauver la modernité dominante. L'Église catholique et, d'ailleurs, toutes les autres ressources – religieuses, artistiques et scientifiques – peuvent aussi y aider. En tout cas, toutes ces dimensions forcent au dialogue, à la tolérance et à l'intercompréhension. La tradition dominante contre laquelle la modernité s'est dressée à juste titre pendant des siècles peut aujourd'hui, à son tour, être fécondée par d'autres logiques que la sienne. Tout sauf l'unidimensionnalité, toujours menaçante, et la réification du monde, comme l'avait prédit l'école de Francfort dans les années 1920.

« *Pas facile, pas facile…* »

Le travail pour ce livre a duré deux ans et demi. Il a suscité chez moi quelques bouleversements, un profond respect et une réelle modestie face à cet homme et à l'immensité de ses responsabilités.

En même temps, cette rencontre où régnait une authentique liberté permettait que beaucoup de choses puissent se dire. Moment suspendu dans le temps. Avec toujours cette omniprésence de la mondialisation qui percute toutes les échelles, toutes les valeurs et qu'il faut arriver à penser pour éviter de nouvelles guerres. Avec aussi l'importance croissante de la communication et de l'incommunication. En résumé, « informer n'est pas communiquer » et « communiquer, c'est négocier, au mieux cohabiter », concepts au cœur de mes recherches pour essayer de faire cohabiter pacifiquement des visions du monde souvent différentes, parfois antagonistes. Un certain optimisme est d'ailleurs possible quand on voit quelques points de rencontre entre les discours laïcs et religieux, concernant les défis de la mondialisation. En un mot, tout faire pour éviter la haine de l'autre. La religion chrétienne dans sa visée universaliste a le souci, aujourd'hui, de préserver le dialogue, avec les mots essentiels de « respect », « dignité », « reconnaissance », « confiance » également au cœur du modèle démocratique…

Paris, juillet 2017

1

Paix et guerre

Février 2016. Première entrevue. Je n'ai jamais rencontré le pape François. J'entre avec le traducteur, le père Louis de Romanet, un ami, dans la modeste résidence Sainte-Marthe[1], juste sur le côté de la basilique Saint-Pierre. On nous fait attendre dans une petite salle, assez froide. Silence. Une certaine angoisse. Tout à coup, il entre, chaleureux. Tout de suite ce regard profond et doux. On fait connaissance. Les entretiens commencent. Tout devient progressivement naturel, direct. Quelque chose se passe. Il répond sérieusement, le dialogue se noue, ponctué par des rires, qui seront très fréquents pendant les douze entretiens. L'humour, la connivence, les demi-mots et toute cette communication naturelle, au-delà des mots, par les regards,

---

1. Ce bâtiment moderne, construit derrière Saint-Pierre durant le pontificat de Jean-Paul II et achevé en 1996, fait office de résidence hôtelière pour les cardinaux pendant les conclaves. Après son élection, le pape François, se sentant plus à l'aise et moins seul parmi les autres membres du clergé, a décidé d'y rester « jusqu'à nouvel ordre ».

Politique et société

les gestes. Pas de limite de temps. Après une heure et demie, il demande à arrêter parce qu'il doit aller voir son confesseur. Je lui réponds « qu'il en a bien besoin ». On rit. Nous convenons d'une nouvelle date. Il ouvre la porte et repart aussi simplement qu'il est entré. Émotion intense de voir cette silhouette en blanc s'éloigner. Fragilité évidente, et force immense des symboles. On a parlé de choses graves, la paix et la guerre, la place de l'Église dans la mondialisation et l'Histoire.

* * *

Pape François : *À vous la parole**[1].

Dominique Wolton : Vous avez dit, à Lesbos, en janvier 2016, une chose belle et rare : « Nous sommes tous des migrants, et nous sommes tous des réfugiés. » À l'heure où les puissances européennes et occidentales se ferment, que dire, en dehors de cette phrase magnifique ? Que faire ?

Pape François : Il y a une phrase que j'ai dite – et des enfants migrants la portaient sur leur tee-shirt : « Je ne suis pas un danger, je suis en danger. » Notre théologie est une théologie de migrants. Parce que nous le sommes tous depuis

---

1. Les mots suivis d'un astérisque* ont été prononcés en français.

Paix et guerre

l'appel d'Abraham, avec toutes les migrations du peuple d'Israël, puis Jésus lui-même a été un réfugié, un immigrant. Et puis, existentiellement, de par la foi, nous sommes des migrants. La dignité humaine implique nécessairement « d'être en chemin ». Quand un homme ou une femme n'est pas en chemin, c'est une momie. C'est une pièce de musée. La personne n'est pas vivante.

Ce n'est pas seulement « être » en chemin, mais « faire » le chemin. On fait le chemin. Il y a un poème espagnol qui dit : « Le chemin se fait en marchant. » Et marcher, c'est communiquer avec les autres. Lorsque l'on marche, on rencontre. Marcher est peut-être à la base de la culture de la rencontre. Les hommes se rencontrent, ils communiquent. Que ce soit en bien, avec l'amitié, ou en mal, avec la guerre, qui est une extrémité. La grande amitié mais aussi la guerre sont une forme de communication. Une communication d'agressivité dont est capable l'homme. Quand je dis l'« Homme », je parle de l'homme et de la femme. Quand la personne humaine décide de ne plus marcher, elle échoue. Elle échoue dans sa vocation humaine. Marcher, être toujours en chemin, c'est toujours communiquer. On peut se tromper de chemin, on peut tomber… comme dans l'histoire du fil d'Ariane, comme Ariane et Thésée, on peut se retrouver dans un labyrinthe… Mais on marche. On marche en se trompant, mais on marche. On communique. On a du mal à communiquer, mais on communique malgré tout. Je dis cela parce qu'on ne doit pas repousser les personnes qui sont en marche. Parce que ce serait repousser la communication.

Dominique Wolton : Mais les migrants qui sont repoussés hors de l'Europe ?

Pape François : Si les Européens veulent rester entre eux, qu'ils fassent des enfants ! Je crois que le gouvernement français a lancé de véritables plans, des lois d'aide aux familles nombreuses. Les autres pays en revanche ne l'ont pas fait : ils favorisent plus le fait de ne pas avoir d'enfants. Avec des raisons différentes, des méthodes différentes.

Dominique Wolton : L'Europe a signé au printemps 2016[1] un accord fou de fermeture de la frontière entre l'Europe et la Turquie.

Pape François : C'est pour cela que j'en reviens à l'homme qui marche. L'homme est

---

1. Accord Union européenne-Turquie du 18 mars 2016. Ce texte prévoit le renvoi en Turquie des personnes arrivées irrégulièrement en Grèce après le 20 mars 2016, et qui n'ont pas demandé ou reçu l'asile.

Paix et guerre

fondamentalement un être communiquant. L'homme muet, dans le sens qu'il ne sait pas communiquer, est un homme à qui il manque le « marcher », l'« aller »…

Dominique Wolton : Un an et demi après cette phrase que vous avez prononcée à Lesbos, la situation a empiré. Beaucoup de gens ont admiré ce que vous avez dit, mais après, plus rien. Que pourriez-vous dire aujourd'hui ?

Pape François : Le problème commence dans les pays d'où viennent les migrants. Pourquoi quittent-ils leur terre ? Par manque de travail, ou à cause de la guerre. Ce sont les deux principales raisons. Le manque de travail, parce qu'ils ont été exploités – je pense aux Africains. L'Europe a exploité l'Afrique… Je ne sais pas si on peut le dire ! Mais certaines colonisations européennes… oui, elles l'ont exploitée. J'ai lu qu'un chef d'État africain récemment élu a eu pour premier acte de gouvernement de soumettre au Parlement une loi de reboisement de son pays – elle a d'ailleurs été promulguée. Les puissances économiques mondiales avaient coupé tous les arbres. Reboiser. La terre est sèche d'avoir été trop exploitée, et il n'y a plus de travail. La première chose que l'on doit faire, et je l'ai dit devant les Nations unies, au Conseil de l'Europe, partout, c'est de trouver,

Politique et société

là-bas, des sources de création d'emplois, et d'y investir. Il est vrai que l'Europe doit investir également chez elle. Car ici aussi, il y a un problème de chômage. L'autre raison des migrations, ce sont les guerres. On peut investir, les gens auront une source de travail et n'auront plus besoin de partir, mais s'il y a la guerre, ils devront tout de même fuir. Or, qui fait la guerre ? Qui donne les armes ? Nous.

Dominique Wolton : Et notamment les Français…

Pape François : Ah oui ? D'autres nations aussi, je sais qu'elles sont plus ou moins liées aux armes. Nous les leur fournissons pour qu'ils se détruisent, finalement. On se plaint que les migrants viennent nous détruire. Mais c'est nous qui envoyons des missiles là-bas ! Regardez le Moyen-Orient. C'est la même chose. Qui fournit les armes ? À Daesh, à ceux qui sont favorables à Assad en Syrie, aux rebelles anti-Assad ? Qui fournit les armes ? Quand je dis « nous », je dis l'Occident. Je n'accuse aucun pays – en outre, certains pays non occidentaux vendent des armes. C'est nous qui donnons les armes. Nous provoquons le chaos, les gens fuient, et nous, que faisons-nous ? Nous disons : « Ah non, débrouillez-vous ! » Je ne voudrais pas utiliser de mots trop durs, mais on n'a pas le droit de ne

Paix et guerre

pas aider les gens qui arrivent. Ce sont des êtres humains. Un homme politique me l'a dit : « Ce qui dépasse tous ces accords, ce sont les droits de l'homme. » Voilà un dirigeant européen qui a une vision claire du problème.

Dominique Wolton : Cette attitude de refus peut même devenir un accélérateur de haine, car aujourd'hui, avec la mondialisation de l'image, internet, la télévision, le monde entier voit que les Européens trahissent le droit humain et repoussent les immigrés, s'enferment égoïstement, alors que nous devons tant aux migrants depuis cinquante ans, sur le plan économique évidemment, mais aussi social et culturel. L'Europe va se trouver frappée d'un effet boomerang. Les Européens se disent les plus démocrates ? Mais ils trahissent leurs valeurs humanistes et démocratiques ! La mondialisation de l'information en fera un boomerang... Or, les Européens ne le voient pas. Par égoïsme. Par bêtise.

Pape François : L'Europe, c'est le berceau de l'humanisme.

Dominique Wolton : Pour en revenir à la politique...

Pape François : Tout homme ou institution, dans le monde entier, a toujours une dimension politique.

Politique et société

De la politique avec un P majuscule, le grand Pie XI[1] a dit qu'elle est une des formes les plus hautes de la charité. Œuvrer pour une « bonne » politique, cela veut dire pousser un pays à avancer, faire avancer sa culture : c'est cela, la politique. Et c'est un métier. Au retour du Mexique, mi-février 2016[2], j'ai appris par les journalistes que Donald Trump, avant d'être élu président, aurait dit de moi que j'étais un homme politique avant de déclarer qu'une fois élu, il ferait construire des milliers de kilomètres de murs... Je l'ai remercié d'avoir dit que j'étais un homme politique, car Aristote définit la personne humaine comme un *animal politicum*, et c'est un honneur pour moi. Je suis donc au moins une personne ! Quant aux murs...

L'instrument de la politique, c'est la proximité. Se confronter aux problèmes, les comprendre. Il y a autre chose, dont nous avons perdu la pratique : la

---

1. Pie XI (1857-1939), pape de 1922 à 1939, est un peu oublié aujourd'hui. Pourtant, il a joué un rôle essentiel dans une période très troublée. Il signa les accords de Latran (1929) concernant l'abandon des États pontificaux. Il signa également des concordats avec les États créés en 1918. Il condamna l'Action française en 1926, les excès du fascisme en 1931, du nazisme en 1937 et du bolchevisme en 1937. Il fit un appel solennel à la paix en 1938. Par ailleurs, il est le pape de l'action catholique (apostolat des laïcs) et des missions.

2. Conférence de presse au cours du vol de retour du Mexique, le 17 février 2016.

Paix et guerre

persuasion. C'est peut-être la méthode politique la plus subtile, la plus fine. J'écoute les arguments de l'autre, je les analyse et je lui présente les miens… L'autre cherche à me convaincre, moi j'essaie de le persuader, et de cette façon nous cheminons ensemble. Peut-être que nous n'arrivons pas à la synthèse de type hégélien ou idéaliste – grâce à Dieu, parce que cela, on ne peut pas, on ne doit pas le faire, car cela détruit toujours quelque chose.

Dominique Wolton : La définition que vous donnez de la politique – convaincre, argumenter et surtout négocier ensemble – correspond tout à fait à la définition de la communication que je défends et qui valorise la négociation sur fond d'incommunication ! La communication est un concept indissociable de la démocratie, car il suppose la liberté et l'égalité des partenaires. Communiquer, c'est parfois partager, mais le plus souvent, négocier et cohabiter…

Pape François : Faire de la politique, c'est accepter qu'il y ait une tension que nous ne pouvons pas résoudre. Or, résoudre par la synthèse, c'est annihiler une partie en faveur de l'autre. Il ne peut y avoir qu'une résolution par le haut, à un niveau supérieur, où les deux parties donnent le meilleur d'elles-mêmes, dans un résultat qui n'est pas une synthèse, mais un cheminement commun,

Politique et société

un « aller ensemble ». Prenons par exemple la globalisation. C'est un mot abstrait. Comparons cette notion à un solide : on peut voir la globalisation, qui est un phénomène politique, sous la forme d'une « bulle » dont chaque point est équidistant du centre. Tous les points sont identiques et ce qui prime, c'est l'uniformité : on voit bien que ce type de globalisation détruit la diversité.

Mais on peut aussi la concevoir comme un polyèdre[1], où tous les points sont unis, mais où chaque point, qu'il s'agisse d'un peuple ou d'une personne, garde sa propre identité. Faire de la politique, c'est rechercher cette tension entre l'unité et les identités propres.

Passons au champ religieux. Quand j'étais enfant, on disait que tous les protestants allaient en enfer, tous, absolument tous (*rires*). Hé oui, c'était un péché mortel. Il y avait même un prêtre qui brûlait les tentes des missionnaires évangéliques en Argentine. Je parle ici des années 1940-1942. J'avais

---

1. Un polyèdre est un solide délimité par des faces polygonales dont les intersections forment les arêtes, et les points de rencontre de celles-ci, les sommets. « J'aime l'image du polyèdre, une figure géométrique qui a de nombreuses facettes différentes. Le polyèdre reflète la confluence de toutes les diversités qui, dans celui-ci, conservent l'originalité. Rien ne se dissout, rien ne se détruit, rien ne domine rien, tout s'intègre… », explique le Saint-Père dans un discours le 28 octobre 2014.

Paix et guerre

4 ou 5 ans, je me promenais avec ma grand-mère dans la rue et, de l'autre côté du trottoir, il y avait deux femmes de l'Armée du Salut, avec leur chapeau à insigne. J'ai demandé : « Dis-moi grand-mère, qui sont ces dames ? Ce sont des sœurs ? » et elle a répondu : « Non, ce sont des protestantes. Mais ce sont de bonnes personnes. » La première fois que j'ai entendu un discours œcuménique, il venait donc d'une personne âgée. Ma grand-mère m'ouvrait ainsi les portes de la diversité œcuménique. Cette expérience, nous devons la transmettre à tous. Dans l'éducation des enfants, des jeunes… Chacun a son identité… Concernant le dialogue interreligieux, il doit exister, mais on ne peut pas établir un dialogue sincère entre les religions si l'on ne part pas de sa propre identité ! J'ai mon identité et je parle avec la mienne. On se rapproche, on trouve des points communs, des choses sur lesquelles on n'est pas d'accord, mais sur les points communs, on va de l'avant pour le bien de tous. On fait des œuvres de charité, des actions éducatives, ensemble, beaucoup de choses. Ce que ma grand-mère a fait avec l'enfant que j'étais à 5 ans était un acte politique. Elle m'a appris à ouvrir la porte.

Dans une tension, il ne faut donc pas chercher la synthèse, parce que la synthèse peut détruire. Il faut tendre vers le polyèdre, vers l'unité conservant toutes les diversités, toutes les identités. Le maître dans ce domaine – car je ne veux plagier

Politique et société

personne – est Romano Guardini[1]. Guardini est selon moi l'homme qui a tout compris et il l'explique notamment dans son livre *Der Gegensatz*[2] – je ne sais pas comment c'est traduit en français, mais en italien c'est *La Contraposition*. Ce premier livre qu'il a écrit sur la métaphysique, en 1923, est selon moi son œuvre maîtresse. Il y explique ce que l'on peut appeler la « philosophie de la politique », mais à la base de chaque politique, il y a la persuasion et la proximité. L'Église doit donc ouvrir les portes. Quand l'Église adopte une attitude qui n'est pas juste, elle devient prosélyte. Or le prosélytisme, je ne sais pas si je peux le dire, ce n'est pas très catholique ! (*rires*)

Dominique Wolton : Reconnaissez que l'Église, pendant longtemps, a défendu une conception plus qu'inégalitaire du dialogue. Quel rapport y a-t-il entre le prosélytisme et le dialogue interreligieux ?

Pape François : Le prosélytisme détruit l'unité. Et c'est pour cela que le dialogue interreligieux

---

1. Romano Guardini (1885-1968), prêtre catholique, philosophe et théologien.
2. *La Polarité. Essai d'une philosophie du vivant concret*, trad. par Jean Greisch et Françoise Todorovitch, Éditions du Cerf, 2010. La *Gegensatzlehre* est une théorie de la discussion centrée sur la pensée dialogale.

Paix et guerre

ne signifie pas se mettre tous d'accord, non, cela signifie marcher ensemble, chacun avec sa propre identité. C'est comme lorsque l'on part en mission, quand les sœurs ou les prêtres vont dans le monde pour témoigner. La politique de l'Église est son propre témoignage. Sortir de soi-même. Témoigner. Permettez-moi de revenir un instant au maître Guardini. Il y a également un tout petit livre sur l'Europe écrit par un de ses inspirateurs, Przywara, qui travaille aussi sur ces thèmes-là. Mais le maître des oppositions, des tensions bipolaires comme nous disons, c'est Guardini, qui nous enseigne cette voie de l'unité dans la diversité. Que se passe-t-il aujourd'hui avec les fondamentalistes ? Les fondamentalistes s'enferment dans leur propre identité et ne veulent rien entendre d'autre. Il y a aussi un fondamentalisme caché dans la politique mondiale. Car les idéologies ne sont pas capables de faire de la politique. Elles aident à penser – on doit d'ailleurs connaître les idéologies –, mais elles ne sont pas capables de faire de la politique. Nous en avons vu beaucoup au siècle dernier, des idéologies qui ont engendré des systèmes politiques. Et elles ne fonctionnent pas.

Que doit alors faire l'Église ? Se mettre d'accord avec l'une ou avec l'autre ? Ce serait la tentation, cela renverrait l'image d'une Église impérialiste, qui n'est pas l'Église de Jésus-Christ, qui n'est pas l'Église du service.

Politique et société

Je vous donne un exemple pour lequel je n'ai aucun mérite, lequel revient à deux grands hommes que j'aime tant : Shimon Peres[1] et Mahmoud Abbas[2]. Ces deux-là étaient amis, et ils se parlaient au téléphone. Quand je suis allé là-bas, ils voulaient faire un geste, mais ils ne trouvaient pas de lieu pour l'accomplir, parce qu'Abbas ne pouvait pas aller à Jérusalem, à la nonciature ; Peres a dit : « Moi, j'irais bien en territoire palestinien, mais le gouvernement ne me laissera pas y aller sans une escorte significative, et ce sera assimilé à une agression. » Tous deux ont alors demandé à se rencontrer ici. J'ai pensé que je ne pouvais pas organiser cette entrevue seul avec eux deux, alors j'ai appelé Bartholomée Ier, le patriarche orthodoxe de Constantinople. Quatre confessions se sont donc retrouvées, différentes, mais faisant la même chose, car voulant la paix et l'unité. Chacun est reparti avec sa propre idée, mais un arbre est resté. On l'a planté ensemble. Ce qui est resté aussi, c'est le souvenir d'une amitié, d'une accolade entre frères. L'Église doit servir en politique en lançant des ponts : tel est son rôle diplomatique. « Le travail des nonces, c'est de lancer des ponts. »

---

1. L'homme d'État israélien, né le 2 août 1923, est décédé le 28 septembre 2016.
2. Né en 1935, Mahmoud Abbas est président de l'État palestinien depuis 2005.

Paix et guerre

Voici bien quelque chose qui est au cœur de notre foi. Dieu Père a envoyé son fils, et c'est lui, le pont. « Pontifex » : ce mot résume l'attitude de Dieu envers l'humanité, et cela doit être l'attitude politique de l'Église et des chrétiens. Lançons des ponts. Travaillons. Ne nous laissons pas aller à dire : « Mais toi, tu es qui ? » Faisons tout ensemble, et puis parlons-nous. C'est comme cela que les choses pourront s'améliorer. Par exemple, j'ai ressenti l'obligation d'aller à Caserte[1] et de demander pardon aux charismatiques, aux pentecôtistes. Puis j'ai ressenti la nécessité, quand j'étais à Turin, de me rendre à l'église vaudoise. On a fait beaucoup de choses terribles contre les Vaudois, y compris des morts. Demander pardon : parfois, les ponts s'établissent quand on demande pardon. Ou quand on va dans la maison des autres. Il faut lancer des ponts à l'image de Jésus-Christ, notre modèle, lequel est envoyé par le Père pour être le « Pontifex », celui qui établit des ponts. Selon moi, il se trouve là, le fondement de l'action politique de l'Église. Quand l'Église se mêle de basse politique, elle ne fait plus de politique.

Dominique Wolton : Tout le monde dit : « L'Église ne fait pas de politique. » Mais l'Église intervient, avec vous, comme avec Jean-Paul II

---

1. Visite pastorale à Caserte, Italie, le 26 juillet 2014.

et Benoît XVI avant, sur tout : les migrants, les guerres, les frontières, le climat, le nucléaire, le terrorisme, la corruption, l'écologie... Ce n'est pas de la politique, ça ? Jusqu'où l'Église est-elle dans la politique et à partir de quand s'agit-il d'autre chose ?

Pape François : Les évêques français ont écrit à l'automne 2016 une lettre pastorale, dans la continuité d'une lettre qu'ils avaient écrite il y a quinze ans, *Retrouver le sens du politique*[1]. Il y a la grande politique et la petite politique des partis. L'Église ne doit pas se mêler de politique partisane. Paul VI et Pie XI ont dit que la politique, la grande politique, est une des formes de charité les plus élevées. Pourquoi ? Parce qu'elle est orientée vers le bien commun de tous.

Dominique Wolton : Oui, c'est là évidemment la grandeur de la politique.

Pape François : Mais face à la diversité des partis politiques, là, l'Église ne doit pas intervenir. Cela, c'est la liberté des fidèles.

---

1. *Dans un monde qui change, retrouver le sens du politique*, Conseil permanent de la Conférence des évêques de France, Bayard-Mame-Éditions du Cerf, 2016.

Paix et guerre

Dominique Wolton : Est-ce pour cette raison que vous n'êtes pas très favorable à l'existence de partis chrétiens ?

Pape François : C'est une question difficile, j'ai peur d'y répondre. Je suis favorable à ce qu'il y ait des partis qui portent les grandes valeurs chrétiennes : ce sont des valeurs pour le bien de l'humanité. Ça oui. Mais un parti seulement pour les chrétiens ou pour les catholiques, non. Cela conduit toujours à l'échec.

Dominique Wolton : Je crois que vous avez raison. Parce que pendant cent cinquante ans il y a eu des partis chrétiens, et le résultat...

Pape François : C'est une forme de « césaro-papisme », nous sommes bien d'accord. Et cela m'amène à parler d'une chose qui vous est si chère à vous, les Français : la laïcité.

Dominique Wolton : La question de la laïcité revient plus fortement aujourd'hui avec le fondamentalisme qui voudrait de nouveau réunir pouvoir politique et pouvoir religieux.

Pape François : L'État laïc est une chose saine. Il y a une saine laïcité. Jésus l'a dit, il faut rendre à César ce qui est à César, et à Dieu ce qui est à

Politique et société

Dieu. Nous sommes tous égaux devant Dieu. Mais je crois que dans certains pays comme en France, cette laïcité a une coloration héritée des Lumières beaucoup trop forte, qui construit un imaginaire collectif dans lequel les religions sont vues comme une sous-culture. Je crois que la France – c'est mon opinion personnelle, pas celle officielle de l'Église – devrait « élever » un peu le niveau de la laïcité, dans le sens où elle devrait dire que les religions font elles aussi partie de la culture. Comment exprimer cela de manière laïque ? Par l'ouverture à la transcendance. Chacun peut trouver sa forme d'ouverture. Dans l'héritage français, les Lumières pèsent trop lourd. Je comprends cet héritage de l'Histoire, mais c'est un travail à faire que de l'élargir. Il y a des gouvernements, chrétiens ou non, qui n'admettent pas la laïcité.

Que veut dire un État laïc « ouvert à la transcendance » ? Que les religions font partie de la culture, que ce ne sont pas des sous-cultures. Quand on dit qu'il ne faut pas porter de croix visibles autour du cou ou que les femmes ne doivent pas porter ça ou ça, c'est une bêtise. Car l'une et l'autre attitudes représentent une culture. L'un porte la croix, l'autre porte autre chose, le rabbin porte la kippa, et le pape porte la calotte ! (*rires*)... La voilà, la saine laïcité ! Le concile Vatican II parle très bien de cela, avec beaucoup de clarté. Je crois que, sur ces sujets, il y a des exagérations, notamment

Paix et guerre

quand la laïcité est placée au-dessus des religions. Les religions ne feraient donc pas partie de la culture ? Ce seraient des sous-cultures ?

Dominique Wolton : Avec toute l'expérience de l'Église, ses erreurs, ses réussites, que pourrait-elle apporter, comme élément de dialogue ou de cohabitation ? Que peut-elle faire pour débloquer des conflits de plus en plus violents, les guerres et les haines ?

Pape François : Je peux parler uniquement de mon expérience, ce que j'ai dit sur le juif, l'orthodoxe et le Palestinien. Et aussi sur l'expérience que j'ai vécue en République centrafricaine, en novembre 2015. J'ai rencontré tant de résistances avant de faire ce voyage ! Mais les gens de là-bas, y compris la présidente de transition, me demandaient d'y aller. La présidente de transition est catholique pratiquante, mais très aimée par les musulmans. Très aimée. J'ai voulu y aller, même si cela posait des problèmes de sécurité, pour dire ce que peut faire l'Église par exemple. À Bangui, dans le quartier des musulmans, je me suis rendu à la mosquée, j'ai prié à la mosquée, j'ai fait monter l'imam dans la papamobile pour faire un tour... Je ne dis pas que j'ai fait la paix, mais je dis que l'Église doit faire des choses de cet ordre-là. Il y a là-bas un bon archevêque, il y a un bon imam et il y a un bon président évangélique. Et tous les trois travaillent ensemble pour la paix. Tous les trois. Ils ne se disputent pas entre eux.

Que peut-on faire pour que le peuple vive en paix ? Il faut dire qu'entre la patrie, la nation et le peuple, il y a un intérêt qui est supérieur aux parties. Et pour moi, c'est un principe de géopolitique : le tout est supérieur aux parties.

Dominique Wolton : Mais les voyages que vous faites, ce sont des outils de paix, de communication, ou de négociation ? Pourquoi faites-vous autant de voyages, notamment en parlant sans cesse de violence, de paix, de négociation ?

Pape François : Je dis toujours que j'y vais en tant que pèlerin pour apprendre – en tant que pèlerin de paix. Vous avez utilisé un mot que je n'ai pas utilisé auparavant : c'est la négociation. Négocier. J'ai dit l'autre jour, lors d'une rencontre entre des entrepreneurs et des ouvriers à Ciudad Juárez : « Quand nous nous asseyons à la table des négociations, nous avons la conscience, la certitude que, dans une négociation, on perd toujours quelque chose, mais tous gagnent[1]. » La

---

1. Dernier jour du voyage au Mexique, mercredi 17 février 2016. Rencontre avec le monde du travail, collège

Paix et guerre

négociation est un instrument de paix, et on y participe avec l'objectif de perdre le moins possible... On perd toujours quelque chose lors des négociations, mais tout le monde gagne, et ça, c'est très bien. Pour utiliser un langage chrétien, un petit bout de sa propre vie pour la vie de la société, la vie de tous. La négociation, c'est important.

Dominique Wolton : Dans ce contexte, comment voyez-vous ce que vous appelez la « nouvelle évangélisation » ? Quel rapport entre les deux ?

Pape François : Je reprends ce que j'ai dit auparavant : évangéliser, ce n'est pas faire du prosélytisme. Et cela, c'est une phrase de Benoît XVI. Benoît XVI a dit d'abord au Brésil, à Aparecida, puis souvent ensuite, que l'Église grandit par attraction, non par prosélytisme[1]. La politique aussi. Untel est catholique, untel protestant, untel musulman, l'autre juif, mais elle grandit par attraction, par amitié... des ponts, des ponts

---

des Bacheliers de l'État de Chihuahua, Juárez. Cette partie de l'entretien a eu lieu le 25 février 2017.
1. Homélie de Benoît XVI, dite « document d'Aparecida », prononcée sur l'esplanade du sanctuaire Notre-Dame d'Aparecida, la sainte patronne du Brésil, lors de son voyage apostolique au Brésil à l'occasion de la conférence générale des évêques latino-américains et des Caraïbes, le 13 mai 2007.

Politique et société

et encore des ponts… Dans certaines situations, on doit arriver à la négociation car il n'y a pas d'autre moyen. Mais cela, c'est aussi une question d'humilité politique. Faisons ce qu'on peut faire, jusqu'où on peut le faire…

Selon moi, actuellement, les dangers politiques les plus graves sont l'uniformisation et la globalisation. Il y a aussi une chose terrible qui se produit en ce moment : les *colonisations idéologiques*. Il y a des idéologies qui s'infiltrent… Les évêques africains me l'ont dit plusieurs fois : « Notre pays a obtenu un prêt, mais avec des conditions imposées qui sont contraires à notre culture. » On voit ici à l'œuvre une idéologie néfaste et je l'explique, que ce soit dans *Evangelii gaudium*[1] ou dans *Laudato si'*[2]. Au centre de tout cela se trouve l'idéologie de l'idole, du « dieu argent » qui dirige tout. On doit au contraire remettre l'homme et la femme au centre tandis que l'argent doit être au service de leur développement. L'Afrique, qui est un continent exploité depuis toujours, se retrouve maintenant avec des idéologies pour la coloniser ! Comme si le destin de l'Afrique était d'être exploitée !

---

1. *Evangelii gaudium* (*La Joie de l'Évangile*), 24 novembre 2013.
2. *Laudato si'* (*Loué sois-tu*), 24 mai 2015.

Paix et guerre

Dominique Wolton : Quand une partie des prêtres, ou même des épiscopats se révoltent contre les dégâts de la mondialisation, leur action politique risque de basculer hors de l'évangile et de tomber du côté de l'action politique socialiste ou marxiste. Par exemple la théologie de la libération, critiquée par Rome. Comment garder la distance entre action politique et dimension spirituelle ?

Pape François : La théologie de la libération est une façon de penser la théologie qui, à plusieurs reprises, a emprunté aux idéologies non chrétiennes, qu'elles soient hégéliennes ou marxistes. Dans les années 1980, il y avait une tendance à l'analyse marxiste de la réalité, puis on l'a renommée la « théologie du peuple ». Je n'aime pas tellement ce nom, mais c'est sous ce nom que je l'ai connue. Aller avec le peuple de Dieu et faire la théologie de la culture.

Il y a un penseur que vous devriez lire : Rodolfo Kusch[1], un Allemand qui vivait dans le nord-ouest de l'Argentine, un très bon philosophe anthropologue. Il m'a fait comprendre une chose : le mot « peuple » n'est pas un mot logique. C'est un mot mythique. Vous ne pouvez pas parler de peuple

---

1. Günter Rodolfo Kusch (1922-1979), anthropologue et philosophe (ses œuvres sont inédites en français).

Politique et société

logiquement, parce que ce serait faire uniquement une description. Pour comprendre un peuple, comprendre quelles sont les valeurs de ce peuple, il faut entrer dans l'esprit, dans le cœur, dans le travail, dans l'histoire et dans le mythe de sa tradition. Ce point est vraiment à la base de la théologie dite « du peuple ». C'est-à-dire aller avec le peuple, voir comment il s'exprime. Cette distinction est importante. Et ça serait bien que vous, en tant qu'intellectuel, vous développiez cette idée d'une catégorie mythique ! Le peuple n'est pas une catégorie logique, c'est une catégorie mythique.

Dominique Wolton : En quoi votre expérience de l'Amérique latine permet-elle de mieux comprendre les contradictions de la mondialisation ? Y a-t-il un capital historique, politique, culturel de l'Amérique latine sur ce sujet ? Et si oui, quel regard vous permet-il de porter sur la mondialisation, la globalisation, le pillage et la destruction des identités culturelles, etc. ?

Pape François : L'Amérique latine, depuis le « document d'Aparecida[1] », a très fortement

---

1. Celui qui était encore le cardinal Bergoglio a présidé à la rédaction du texte final. Ce document est souvent cité en raison de l'influence qu'il a exercée sur la vie de l'Église en Amérique latine.

Paix et guerre

pris conscience qu'il faut défendre la Terre. La déforestation par exemple. L'Amazonie, la Pan-Amazonie – pas seulement la brésilienne –, est l'un des deux poumons de l'humanité. L'autre, c'est le Congo. Ils sont en train de réagir. Les mines aussi sont un danger, avec l'arsenic, le cyanure. Et tout cela salit les eaux. Il y a quelque chose qui selon moi est très grave... Je rencontre ici chaque mercredi des enfants atteints de maladies rares. Mais ces maladies rares, d'où viennent-elles ? De déchets atomiques, de déchets de batteries... on parle aussi des ondes électromagnétiques.

Il y a un problème très grave que nous devons essayer de dénoncer, c'est ce que j'ai voulu dire dans l'encyclique *Laudato si'*, ce sont les conséquences du dieu argent. J'ai étudié la chimie : on nous enseignait en ce temps que si l'on cultive du maïs, on le fait quatre ans, pas plus. Puis on s'arrête, on cultive de l'herbe pour les vaches pendant deux ans, pour « nitrogéner » la terre. Puis de nouveau trois, quatre ans de maïs. C'est comme ça. Aujourd'hui, tout est planté de soja jusqu'à ce que la terre en meure. Et c'est grave. L'Amérique latine est en train de prendre conscience de cela, mais elle n'a pas la force de réagir face aux grandes exploitations agricoles. Elle n'a même pas la force de résister à l'exploitation culturelle de ses propres citoyens.

Politique et société

Je pense à mes terres d'origine. En Argentine, combien de gens sont dépourvus de ce sens de la terre, de la patrie, du peuple ? Ils sont idéologisés, dans ce monde de la globalisation.

Bon, j'ai conscience d'avoir traité beaucoup de sujets...

L'Église doit entrer dans le peuple, doit être avec le peuple, faire grandir le peuple, et la culture de ce peuple. Le peuple doit pouvoir faire la liturgie de telle ou telle façon... Là est le grand apport de Vatican II : l'inculturation. Il faut continuer dans ce sens. J'étais l'autre jour à San Cristóbal de Las Casas, au Chiapas : cette liturgie indigène, si digne, si bien réalisée... ils la ressentent... et c'est beau... et catholique.

Dominique Wolton : Vous qui venez d'Amérique latine, comment voyez-vous l'Europe ? Il y a beaucoup de liens entre les deux continents, 500 millions d'habitants des deux côtés, les langues romanes, les liens culturels et politiques : comment voyez-vous les forces et faiblesses de l'Europe, comme chantier à la fois politique et spirituel ?

Pape François : *Vous connaissez ce que j'ai dit à Strasbourg*[*1] ?

---

1. Visite au Parlement européen le 25 novembre 2014.

Paix et guerre

Dominique Wolton : Oui.

Pape François : Je crois que l'Europe est devenue une « grand-mère ». Alors que je voudrais voir une Europe mère. Pour ce qui est des naissances, la France est en tête des pays développés, avec, je crois, plus de 2 %. Mais l'Italie, autour de 0,5 %, est beaucoup plus faible. C'est la même chose pour l'Espagne. L'Europe peut perdre le sens de sa culture, de sa tradition. Pensons que c'est l'unique continent à nous avoir donné une aussi grande richesse culturelle, et cela je le souligne. L'Europe doit se retrouver en revenant à ses racines. Et ne pas avoir peur. Ne pas avoir peur de devenir l'Europe mère. Et je dirai cela dans le discours pour le prix Charlemagne[1].

Dominique Wolton : Pour l'Europe, votre principale inquiétude et votre principal espoir ?

Pape François : Je ne vois plus de Schumann, je ne vois plus d'Adenauer…

---

1. Le prix international Charlemagne d'Aix-la-Chapelle est un prix fondé en 1949 et décerné depuis 1950 par la ville d'Aix-la-Chapelle (Allemagne) à des personnalités remarquables qui se sont engagées pour l'unification européenne. Il a été décerné le 6 mai 2016 au pape François.

Politique et société

Dominique Wolton : (*rires*) Il y a vous, tout de même. Et d'autres...

Pape François : L'Europe, en ce moment, a peur. Elle ferme, ferme, ferme...

Dominique Wolton : Le thème des frontières est toujours très important pour vous. Pourquoi cette volonté constante de demander à l'Église de sortir des frontières ou de demander à l'Église d'être aux frontières ?

Pape François : Les frontières ? Moi, je parle beaucoup des périphéries, ce qui n'est pas la même chose que les frontières. La périphérie peut être géographique, existentielle, humaine. Nos propres périphéries internes nous font d'ailleurs mieux voir la réalité que le centre. Parce que pour arriver au centre, on passe par des filtres, alors que dans les périphéries, on voit la réalité.

Dominique Wolton : Quand on est loin, on voit mieux.

Pape François : Mais je ne parle pas beaucoup des frontières.

Paix et guerre

Dominique Wolton : Quand même, vous dites : « L'Église doit sortir des frontières. »

Pape François : Ah non, là je parle des ponts. Faire des ponts.

Dominique Wolton : Oui, vous parlez des ponts, mais des ponts entre les frontières.

Pape François : Faire des ponts et non pas des murs, parce que les murs tombent. Voilà l'idée.

Dominique Wolton : « Périphérie », je trouve que c'est une idée pas assez développée. Le retour des frontières, depuis trente ans, dévalorise la problématique de la périphérie. Si l'on revalorisait les périphéries, cela permettrait de relativiser cette obsession des frontières, qui s'accompagne souvent de la haine de l'autre…

Pape François : Mais frontières et périphérie ne sont pas opposées. La périphérie, en revanche, s'oppose au centre. L'Europe s'est mieux représentée elle-même lorsque Magellan a atteint le Sud. Soudain, elle ne s'est plus représentée seulement depuis Paris, Madrid ou Lisbonne, qui étaient au centre de l'Europe. Les « périphéries existentielles » existent aussi, par exemple celles d'une société ou celles d'ordre personnel. La phrase que j'aime citer, c'est : « La réalité se comprend mieux depuis les périphéries que depuis le centre. » Tout d'abord parce que le centre est fermé, alors qu'en périphérie tu es avec les autres. Ensuite, aller aux périphéries, c'est le commandement évangélique. Les apôtres sont allés de Jérusalem au monde entier. Ils ne sont pas restés là-bas à bâtir une Église d'intellectuels. Au point que la première hérésie que dénonce l'apôtre Jean, c'est le gnosticisme, l'élite qui ne va pas vers le peuple.

Dominique Wolton : C'est ce que vous avez dit en ouvrant les portes de l'année de la Miséricorde (2016) : « Il faut ouvrir parce que c'est Jésus qui est dedans et qui veut sortir. »

Pape François : Oui.

Dominique Wolton : Pendant une guerre, l'état-major, pour décider, se trouve souvent éloigné du front. Parce que sur le front, on ne voit rien. C'est la même idée. D'ailleurs, le même problème se pose aujourd'hui avec la mondialisation de l'information : les journalistes peuvent tout traiter « en direct », pensant ainsi être « plus proches » de la réalité et de la vérité. Mais ils sont tellement proches qu'ils n'ont plus de distance du tout. Dans un livre que j'ai écrit sur la première guerre du Golfe, en 1990, *War Game*, j'ai pointé

Paix et guerre

du doigt l'apparition de l'information mondiale en direct et j'ai dit : « Attention, une information mondiale directe peut être aussi dangereuse. » Aujourd'hui, tout est « en direct ». Et on ne comprend pas mieux. Il n'y a pas plus de vérité parce qu'il n'y a plus aucun filtre…

Pape François : Cet aspect des frontières, en tant que limites sèches, est non moins réel. Et c'est pour cela que je répète : oui, il y a des frontières, mais il faut qu'il y ait aussi des ponts. Pour qu'une frontière ne devienne pas un mur.

Dominique Wolton : Quels sont les ponts que l'Église a ratés au XXe siècle, et ceux qu'elle a réussi à construire ?

Pape François : Je crois que l'Église a lancé beaucoup de ponts, beaucoup. Mais dans les premiers siècles, elle n'a pas toujours réussi… Je pense à l'époque de la Réforme, il y a cinq siècles. Elle n'a pas réussi à faire un pont avec les réformateurs parce que c'était dans un contexte politique très, très complexe. Il y avait aussi une question de mentalité, laquelle n'était pas mûre. Une mentalité qui repose sur le principe « *Cujus regio, ejus religio* », « Tel prince, telle religion », n'est pas une mentalité mature. Revenons plus en arrière, au temps des croisades. Qui a été le

Politique et société

premier à comprendre comment se comporter avec les musulmans ? François d'Assise, qui allait discuter avec leur chef. Mais faire la guerre, c'était dans la mentalité de l'époque... Ici, on touche à une question qui selon moi est très importante : une époque doit être interprétée avec l'herméneutique de cette même époque. Pas hors contexte.

Dominique Wolton : Oui, c'est sûr.

Pape François : On ne doit pas interpréter le passé avec l'herméneutique de notre époque.

Dominique Wolton : Épistémologiquement, c'est la définition de l'Histoire. Sinon, on commet des anachronismes. Hélas, on en fait tout le temps, des anachronismes... Mais parlons de la réunion interreligieuse d'Assise[1]. Qu'a-t-elle apporté comme progrès, à votre avis ? Lors de celle de septembre 2016, vous avez prononcé trois phrases fortes : vous êtes revenu sur « la troisième guerre mondiale par morceaux », vous avez dit : « Jamais une guerre n'est sainte », et « Il n'existe pas de dieu de la guerre ». Peut-on faire un bilan d'Assise, trente ans après ?

---

1. Rassemblement interreligieux pour la paix organisé par la communauté de Sant'Egidio dans la ville italienne d'Assise, institué par Jean-Paul II en octobre 1986.

Paix et guerre

Pape François : Je crois qu'Assise est un symbole de la paix. Et ces rencontres des leaders religieux, de toutes les religions, sont un témoignage que toutes les religions veulent la paix et la fraternité. Faire la guerre au nom de Dieu, ce n'est pas juste. La seule chose juste, c'est la paix.

Dominique Wolton : Trouvez-vous qu'en trente ans les rencontres d'Assise ont permis de peser un peu pour la paix ?

Pape François : Oui, oui. Peut-être pas sur une paix concrète, puisque nous sommes en état de guerre. Mais oui, dans la conception que cette guerre est injuste. Aujourd'hui encore, nous devons bien penser le concept de « guerre juste ». Nous avons appris en philosophie politique que, pour se défendre, on peut faire la guerre et la considérer comme juste. Mais peut-on dire une « guerre juste » ? Ou plutôt une « guerre de défense » ? Car la seule chose juste, c'est la paix.

Dominique Wolton : Vous voulez dire qu'on ne peut pas utiliser le terme de « guerre juste », c'est cela ?

Pape François : Je n'aime pas l'utiliser. On entend dire : « Moi, je fais la guerre parce que je

Politique et société

n'ai pas d'autres possibilités pour me défendre. » Mais aucune guerre n'est juste. La seule chose juste, c'est la paix.

Dominique Wolton : Oui, c'est radical.

Pape François : Parce qu'avec la guerre, on perd tout. Alors qu'avec la paix, on gagne tout.

Dominique Wolton : Enfin, parfois, la paix ne gagne pas mais... je comprends la philosophie. D'un point de vue herméneutique, il est important de séparer les deux.
N'y a-t-il pas un décalage entre la richesse et la diversité des « capteurs » dont l'Église dispose, et ce qu'elle en fait ? Les fidèles, ses prêtres, ses congrégations, ses associations représentent des « capteurs » diversifiés, et de qualité, pour saisir les enjeux politiques : il n'est pas certain que l'Église se serve toujours de cette connaissance et de cette diversité de perceptions du monde...

Pape François : Deux mots. Avant tout : la proximité. Quand les leaders de l'Église, appelons-les comme cela, ne sont pas proches du peuple, ils ne comprennent pas le peuple et ne font pas le bien. Second mot : la mondanité... Que je sois prêtre, évêque, laïc ou catholique, si je suis mondain,

Paix et guerre

les gens vont s'éloigner de moi... Le peuple de Dieu a du flair !

Dominique Wolton : Oui, mais tous les peuples ont de l'intuition. J'écris souvent : « Tous les peuples sont intelligents, très intelligents, même quand ils sont analphabètes. » L'intelligence n'est jamais fonction de la culture ou des diplômes.

Pape François : Les peuples ont la compréhension de la réalité.

Dominique Wolton : Bien sûr, ils n'ont pas forcément les mots pour le dire, mais ils voient et ressentent.

Pape François : Parce que le mot « peuple », je crois que je l'ai dit, n'est pas un concept logique, c'est un concept mythique. Pas mystique, mythique.

Dominique Wolton : Oui, ce n'est pas pareil ! Pourquoi précisez-vous « mythique et pas mystique » ?

Pape François : Parce qu'une fois j'ai dit mythique, et dans *L'Osservatore Romano,* ils se sont trompés involontairement dans la traduction, parlant de « peuple mystique »...

Politique et société

Dominique Wolton : (*rires*) Ah, je ne savais pas ! Ils ont dû se dire : « Il est fou, le pape ! »

Pape François : Et vous savez pourquoi ? Parce qu'ils n'ont pas compris ce que signifie le peuple mythique. Ils se sont dit « Non, c'est le pape qui s'est trompé, mettons "mystique" » !

Dominique Wolton : Quelle est la principale force de l'Église catholique dans la mondialisation aujourd'hui ? Ses atouts, ses forces et ses faiblesses ?

Pape François : La faiblesse, selon moi, c'est de vouloir moderniser sans discernement. C'est très général, mais cela résume beaucoup de choses. Une autre faiblesse, et ça nous touche, c'est le cléricalisme rigide. La rigidité. On voit des jeunes prêtres rigides. Ils ont peur de l'évangile et préfèrent le droit canonique. Mais cela, c'est une caricature, juste pour dire… Il y a aussi de la rigidité dans certaines expressions alors que le Seigneur nous a ouvert une telle joie, un tel espoir ! Les voici, les deux faiblesses graves que je connaisse : le cléricalisme et la rigidité. C'est pour cela que j'aime bien dire – excusez-moi, je me cite moi-même – que les prêtres doivent être des « bergers qui gardent une odeur de chèvre ». Si tu es un pasteur, c'est pour servir les gens. Pas pour te regarder dans le miroir.

Paix et guerre

La vraie richesse, ce sont les faibles. Les petits, les pauvres, les malades, ceux qui sont tout en bas, moralement affaiblis…, les prostituées, mais qui cherchent Jésus, et qui se laissent toucher par Jésus. Lorsque je suis allé en Afrique, il y avait seize prostituées qui travaillent avec un groupe de sœurs les aidant à sortir de la traite humaine. La richesse de l'Église se trouve là : chez les pécheurs. Pourquoi ? Parce que quand tu te sens pécheur, tu demandes pardon, et ce faisant, tu lances un pont. Et le pont s'établit ! Les petites choses, les choses simples : ça, c'est la richesse. C'est ce qui me fait du bien. Je parle d'expérience.

Les deux piliers de notre foi, de nos richesses : les Béatitudes[1] et Matthieu[2] ; le protocole selon

---

1. Les Béatitudes : « Heureux les pauvres en esprit / car le Royaume des Cieux est à eux. Heureux les doux, car ils recevront la terre en héritage. / Heureux les affligés, car ils seront consolés. / Heureux les affamés et assoiffés de la justice, car ils seront rassasiés. / Heureux les miséricordieux, car ils obtiendront miséricorde. / Heureux les cœurs purs, car ils verront Dieu. / Heureux les artisans de paix, car ils seront appelés fils de Dieu. / Heureux les persécutés pour la justice, car le Royaume des Cieux est à eux. / Heureux êtes-vous si l'on vous insulte, si l'on vous persécute et si l'on vous calomnie de toutes manières à cause de moi. / Soyez dans la joie et l'allégresse, car votre récompense sera grande dans les cieux », Matthieu 5, 3-12.

2. Évangile selon saint Matthieu 25.

Politique et société

lequel nous serons jugés : notre richesse est là. C'est là que nous devons la chercher. Mais vous allez dire que je suis un pape trop simpliste ! (*rires*) Mais grâce à Dieu…

Dominique Wolton : À brûle-pourpoint, pouvez-vous dire qu'elle est votre principale joie ?

Pape François : Je suis en paix avec le Seigneur. Des joies, j'en ai beaucoup. Quand les prêtres, face à leurs problèmes, viennent me demander de l'aide, je ressens la joie de celui qui reçoit un fils ; c'est une joie aussi de célébrer la messe. Je me sens prêtre, je n'ai jamais, jamais pensé finir ici, dans cette cage (*rires*) !

Dominique Wolton : (*rires*) Conservez bien votre humour. Parce que l'humour, c'est un court-circuit de l'intelligence. Tout le monde le comprend, tout le monde.

Pape François : Je dirais même plus : le sens de l'humour est ce qui, sur le plan humain, s'approche le plus de la grâce divine.

Paix et guerre

Discours du Saint-Père lors de la rencontre avec les membres de l'Assemblée générale de l'Organisation des Nations unies, New York, 25 septembre 2015

[...] C'est la cinquième fois qu'un pape visite les Nations unies. [...] Je ne peux que m'associer à l'appréciation de mes prédécesseurs, en réaffirmant l'importance que l'Église catholique accorde à cette institution et l'espérance qu'elle met dans ses activités.

[...] Le travail des Nations unies, à partir des postulats du Préambule et des premiers articles de sa Charte constitutionnelle, peut être considéré comme le développement et la promotion de la primauté du droit, étant entendu que la justice est une condition indispensable pour atteindre l'idéal de la fraternité universelle. [...] Donner à chacun ce qui lui revient, en suivant la définition classique de la justice, signifie qu'aucun individu ou groupe humain ne peut se considérer tout-puissant, autorisé à passer par-dessus la dignité et les droits des autres personnes physiques ou de leurs regroupements sociaux. [...]

Avant tout, il faut affirmer qu'il existe un vrai « droit de l'environnement ». En premier lieu, parce que nous, les êtres humains, nous faisons partie de l'environnement. [...] En second lieu, parce que chacune des créatures […] a une valeur en soi, d'existence, de vie, de beauté et d'interdépendance avec les autres créatures. […] Pour toutes les croyances religieuses, l'environnement est un bien fondamental.

L'abus et la destruction de l'environnement sont en même temps accompagnés par un processus implacable d'exclusion. En effet, la soif égoïste et illimitée de pouvoir et de bien-être matériel conduit tant à abuser des ressources matérielles disponibles qu'à exclure les faibles et les personnes ayant moins de capacités, soit parce que dotées de capacités différentes (les handicapés), soit parce que privées des connaissances et des instruments techniques adéquats, ou encore parce qu'ayant une capacité insuffisante de décision politique. […] L'exclusion économique et sociale est une négation totale de la fraternité humaine et une très grave atteinte aux droits humains et à l'environnement. Les plus pauvres sont ceux qui souffrent le plus de ces atteintes pour un grave triple motif : ils sont marginalisés par la société, ils sont en même temps obligés de vivre des restes, et ils doivent injustement subir les conséquences des abus sur l'environnement. Ces phénomènes constituent la « culture de déchet » aujourd'hui si répandue et inconsciemment renforcée.

[…] Le monde réclame de tous les gouvernants une volonté effective et des mesures immédiates

Paix et guerre

pour préserver et améliorer l'environnement naturel et vaincre le plus tôt possible le phénomène de l'exclusion sociale et économique, avec ses tristes conséquences (traites d'êtres humains, commerce d'organes et de tissus humains, exploitation sexuelle d'enfants, de travail esclave – y compris la prostitution –, de trafic de drogues et d'armes, de terrorisme et de crime international organisé). L'ampleur de ces situations et le nombre de vies innocentes qu'elles sacrifient sont tels que nous devons éviter toute tentation de tomber dans un nominalisme de déclarations à effet tranquillisant sur les consciences. Nous devons veiller à ce que nos institutions soient réellement efficaces dans la lutte contre tous ces fléaux. […]

[…] En même temps, les gouvernants doivent faire tout le possible afin que tous puissent avoir les conditions matérielles et spirituelles minimum pour exercer leur dignité […]. Ce minimum absolu a, sur le plan matériel, trois noms : toit, travail et terre ; et un nom sur le plan spirituel : la liberté de pensée, qui comprend la liberté religieuse, le droit à l'éducation et tous les autres droits civiques. […]

[…] La maison commune de tous les hommes doit continuer de s'élever sur une juste compréhension de la fraternité universelle et sur le respect de la sacralité de chaque vie humaine […] Elle doit aussi s'édifier sur la compréhension d'une certaine sacralité de la nature créée. Cette compréhension et ce respect exigent un niveau supérieur de sagesse, qui accepte la transcendance […], et qui comprend que le sens plénier de la vie individuelle et collective se révèle dans le service des autres et dans la prudente et respectueuse utilisation de la création, pour le bien commun. « L'édifice de la civilisation moderne doit se construire sur des principes spirituels, les seuls capables non seulement de le soutenir, mais aussi de l'éclairer », Paul VI.

[…] La louable construction juridique internationale de l'Organisation des Nations unies et de toutes ses réalisations […] peut être le gage d'un avenir sûr et heureux pour les futures générations. Et elle le sera si les représentants des États parviennent à laisser de côté des intérêts sectoriels et idéologiques, et chercher sincèrement le service du bien commun. Je demande à Dieu Tout-Puissant qu'il en soit ainsi, et je vous assure de mon soutien, de ma prière. […]

Paix et guerre

Déclaration commune lors de la rencontre du Saint-Père avec S. S. Cyrille, patriarche de Moscou et de toute la Russie, aéroport international José-Marti, La Havane, Cuba, 12 février 2016

1. Par la volonté de Dieu [...] nous, pape François et Cyrille, patriarche de Moscou et de toute la Russie, nous sommes rencontrés aujourd'hui à La Havane. Nous rendons grâce à Dieu, glorifié en la Trinité, pour cette rencontre, la première dans l'histoire. [...]

5. [...] Catholiques et orthodoxes, depuis presque mille ans, sont privés de communion dans l'Eucharistie. Nous sommes divisés par des blessures causées par des conflits d'un passé lointain ou récent, par des divergences, héritées de nos ancêtres [...] Nous déplorons la perte de l'unité, conséquence de la faiblesse humaine et du péché [...].

7. Déterminés à entreprendre tout ce qui est nécessaire pour surmonter les divergences historiques dont nous avons hérité, nous voulons unir nos efforts pour témoigner de l'Évangile du Christ [...], répondant ensemble aux défis du monde contemporain. [...]

8. Notre regard se porte vers les régions du monde où les chrétiens subissent la persécution.

Politique et société

En de nombreux pays [...] nos frères et sœurs en Christ sont exterminés par familles, villes et villages entiers. [...] En Syrie, en Irak et en d'autres pays du Proche-Orient, nous observons avec douleur l'exode massif des chrétiens de la terre [...] où ils vécurent depuis les temps apostoliques ensemble avec d'autres communautés religieuses.

9. Nous appelons la communauté internationale à des actions urgentes pour empêcher que se poursuive l'éviction des chrétiens du Proche-Orient. [...] Nous compatissons aussi aux souffrances des fidèles d'autres traditions religieuses devenus victimes de la guerre civile, du chaos et de la violence terroriste. [...]

12. Nous nous inclinons devant le martyre de ceux qui, au prix de leur propre vie, témoignent de la vérité de l'Évangile, préférant la mort à l'apostasie du Christ. [...]

13. En cette époque préoccupante est indispensable le dialogue interreligieux. [...] Dans les circonstances actuelles, les leaders religieux ont une responsabilité particulière pour éduquer leurs fidèles dans un esprit de respect pour les convictions de ceux qui appartiennent à d'autres traditions religieuses. Les tentatives de justifications d'actions criminelles par des slogans religieux sont absolument inacceptables. Aucun crime ne peut être commis au nom de Dieu [...].

Paix et guerre

15. [...] Nous sommes préoccupés par la situation de tant de pays où les chrétiens se heurtent à une restriction de la liberté religieuse [...], par la limitation actuelle des droits des chrétiens, voire de leur discrimination, lorsque certaines forces politiques, guidées par l'idéologie d'un sécularisme si souvent agressif, s'efforcent de les pousser aux marges de la vie publique.

16. Le processus d'intégration européenne [...] a été accueilli par beaucoup avec espérance, comme un gage de paix et de sécurité. Cependant, nous mettons en garde contre une intégration qui ne serait pas respectueuse des identités religieuses. Tout en demeurant ouverts à la contribution des autres religions à notre civilisation, nous sommes convaincus que l'Europe doit rester fidèle à ses racines chrétiennes. [...]

17. [...] Nous ne pouvons rester indifférents au sort de millions de migrants et de réfugiés qui frappent à la porte des pays riches.

19. La famille est le centre naturel de la vie humaine et de la société. [...] Orthodoxes et catholiques, partageant la même conception de la famille, sont appelés à témoigner que celle-ci est un chemin de sainteté [...].

21. Nous appelons chacun au respect du droit inaliénable à la vie. Des millions d'enfants sont privés de la possibilité même de paraître au monde. [...] Le développement de la prétendue

euthanasie conduit à ce que les personnes âgées et les infirmes commencent à se sentir être une charge excessive pour leur famille et la société en général. [...]

24. Orthodoxes et catholiques sont unis [...] aussi par la mission de prêcher l'Évangile du Christ. Cette mission [...] exclut toute forme de prosélytisme. Nous ne sommes pas concurrents, mais frères : de cette conception doivent procéder toutes nos actions les uns envers les autres et envers le monde extérieur [...].

28. [...] De notre capacité à porter ensemble témoignage de l'Esprit de vérité en ces temps difficiles dépend en grande partie l'avenir de l'humanité.

30. Remplis de gratitude pour le don de la compréhension mutuelle manifesté lors de notre rencontre, nous nous tournons avec espérance vers la Très Sainte Mère de Dieu [...]. Puisse la Bienheureuse Vierge Marie, par son intercession, conforter la fraternité de ceux qui la vénèrent, afin qu'ils soient au temps fixé par Dieu rassemblés dans la paix et la concorde en un seul Peuple de Dieu, à la gloire de la Très Sainte et indivisible Trinité !

François, évêque de Rome, pape de l'Église catholique

Cyrille, patriarche de Moscou et de toute la Russie

2

Religions et politiques

Juin 2016. Il fait meilleur. Le printemps s'est installé avec sa lumière et sa douceur sur Rome. Autre atmosphère. Même endroit. Le pape François arrive tout aussi naturellement que la première fois. Sans escorte. On se met au travail immédiatement. Le thème central est le retour des religions, la laïcité, le fondamentalisme. Même vivacité dans les échanges, et le sentiment d'avoir du temps... Tout est tranquille. Quel contraste quand on sort et que l'on retrouve le brouhaha de la place Saint-Pierre : le parvis est noir de monde et de bruit. À quelques mètres de cette foule, je travaille dans le calme, paisiblement, en confiance, avec le Saint-Père. Nous abordons des sujets graves. Étranges paradoxes des expériences et des décalages de temps. Je marche silencieusement, la tête remplie de nos échanges. Quelle liberté. Aucun protocole.

* * *

Politique et société

Dominique Wolton : Comment l'Église pourrait-elle contribuer aujourd'hui à la mondialisation ?

Pape François : Par le dialogue. Je pense que sans dialogue, aujourd'hui rien n'est possible. Mais un dialogue sincère, même si l'on doit se dire des choses désagréables en face. Sincère. Pas un dialogue du genre « oui, nous sommes d'accord », puis en sous-main on tient un autre discours.

Je pense que l'Église doit contribuer en faisant des ponts. Le dialogue est le « grand pont » entre les cultures. Hier, par exemple, j'ai parlé cinquante minutes avec Shimon Peres, 93 ans. C'est un homme qui a une vision, et tout notre dialogue consistait à faire des ponts ici et là. Je me sentais vraiment face à un grand, qui partageait ce même sentiment que l'Église doit faire des ponts, des ponts...

Dominique Wolton : Que l'Église pourrait-elle faire de plus que l'ONU, pour la paix, au plan mondial ?

Pape François : Je sais que l'ONU fait beaucoup de choses bien. J'entends aussi les critiques, les critiques de fond, qu'ils s'adressent à eux-mêmes. Il y a dans cette assemblée, qui doit élire bientôt son ou sa prochaine secrétaire

Religions et politiques

générale[1], un courant de saine autocritique proclamant qu'il faut « parler moins et agir plus ». Car le danger, que ce soit pour l'Église ou pour l'ONU, est celui du nominalisme[2] : se contenter de dire « on doit faire ceci et cela », puis avoir la conscience tranquille et ne rien faire, ou seulement de petites choses.

Mais il faut distinguer les deux, l'ONU et l'Église. L'ONU devrait avoir plus d'autorité, globale et physique. L'Église est uniquement une autorité morale. L'autorité morale de l'Église dépend du témoignage de ses membres, des chrétiens. Si les chrétiens ne témoignent pas, si les prêtres deviennent des affairistes et des arrivistes, si les évêques sont comme ceci… Ou si les chrétiens cherchent toujours à exploiter autrui, s'ils payent « au noir », ne font pas cas de la justice sociale, ils n'agissent pas en fidèles. Témoigner est un acte nécessaire dans les deux institutions, mais surtout dans l'Église. L'ONU doit prendre des décisions, élaborer un bon plan et le mettre en application. Ne pas uniquement l'annoncer. Mais oui, les deux sont face

---

1. Le Portugais António Guterres a été élu secrétaire général des Nations unies le 13 octobre 2016.
2. Doctrine d'après laquelle les idées générales ou les concepts n'ont d'existence que dans les mots servant à les exprimer.

Politique et société

au danger du nominalisme. Platon dans *Gorgias*, en parlant de l'information, des sophistes, disait plus ou moins cela : « Les discours des sophistes sont à la politique ce que le maquillage est à la santé[1] »... Platon !

Dominique Wolton : Où est Dieu dans la mondialisation ?

Pape François : Dans la mondialisation, comme je l'entends moi – celle en polyèdre –, il est partout, en tout. Dans chaque personne qui donne de soi et qui apporte sa propre contribution au tout. Dans chaque pays, dans le tout. Mais – et je parle en tant que catholique maintenant – votre question s'adresse à saint Basile de Césarée[2] et va au-delà de saint Basile. Qu'est-ce qui fait l'unité de l'Église et qu'est-ce qui en fait les différences ? Le Saint-Esprit. Ce Dieu qui instaure les différences, c'est-à-dire les singularités, cette variété si grande et si belle, est le même qui établit ensuite l'har-

---

1. *Gorgias* 234 : « Ce que la toilette est à la gymnastique, la cuisine l'est à la médecine [...] et ce que la toilette est à la gymnastique, la sophistique l'est à la puissance législative, et ce que la cuisine est à la médecine, la rhétorique l'est à la puissance judiciaire. » (Traduction de Victor Cousin.)

2. Basile le Grand (329-379), évêque de Césarée, docteur de l'Église, auteur de traités sur le Saint-Esprit.

Religions et politiques

monie. C'est pour cette raison que saint Basile dit du Saint-Esprit qu'il est l'harmonie. Dieu fait l'harmonie dans la mondialisation.

Dominique Wolton : Comment concilier diplomatie et évangélisation ?

Pape François : L'évangélisation est un mandat de Jésus-Christ, et la diplomatie est un comportement, un métier noble. Ce sont des choses de niveau différent.

Dominique Wolton : La diplomatie, ce sont des rapports de force et l'évangélisation, des rapports d'égalité ?

Pape François : Non, je ne sais pas si c'est comme ça. Parce que dans la diplomatie, il y a aussi des rapports de fraternité. Il y a des relations qui tiennent du « chercher ensemble quelque chose », il y a un dialogue, il y a une diplomatie bien pensée. Mais très souvent, les méthodes d'évangélisation se trompent aussi.

Dominique Wolton : On reproche souvent à l'Église de condamner plus fermement la violence que les inégalités. De faire deux poids deux mesures.

Politique et société

Pape François : Cela peut se passer comme ça, mais en ce qui me concerne, je parle clairement et avec force de l'une et de l'autre.

Dominique Wolton : Mais dans son histoire, l'Église a été plus sensible aux gouvernements conservateurs et plus inquiète devant les gouvernements de gauche. Ou progressistes…

Pape François : Les deux ont fait de bonnes choses, et se sont également trompés. Mais dans l'Évangile, c'est très clair : nous sommes fils de Dieu, et celui qui se croyait être le moins juste devint le plus juste. Le plus grand des pécheurs, Jésus le porte vers le haut. Il rétablit l'égalité dès le début.
Et la violence… pensons aux grandes dictatures du siècle dernier. En Allemagne, il y avait des chrétiens qui ne voyaient pas Hitler d'un mauvais œil, mais il y en avait d'autres qui savaient ce qu'il en était. C'était la même chose ici en Italie. La violence des dictatures… les violences sont nombreuses. Mais j'ai davantage peur de la violence en gants blancs que de la violence directe. La violence de tous les jours, celle faite aux domestiques, par exemple !

Dominique Wolton : Comment éviter que mondialisation signifie inégalités, augmentation des richesses seulement pour certains ?

Religions et politiques

Pape François : Dans le monde aujourd'hui, 62 fortunés possèdent à eux seuls la même richesse que 3,5 milliards de pauvres. Dans le monde aujourd'hui, il y a 871 millions d'affamés. 250 millions de migrants qui n'ont où aller, qui n'ont rien.

Le trafic de drogue aujourd'hui brasse plus ou moins 300 milliards de dollars. Et dans les paradis fiscaux, on estime que 2 400 milliards de dollars « voltigent », circulent d'un endroit à l'autre.

Dominique Wolton : Depuis longtemps, l'Église condamne le capitalisme sauvage… les textes et déclarations l'attestent… Pourquoi n'est-ce pas davantage entendu dans le monde ? Les gens ne savent-ils pas ou n'ont-ils pas envie d'entendre, de comprendre ? Que pourrait-on faire pour condamner cette expansion du capitalisme sauvage, décuplé par la mondialisation ?

Pape François : Pensez aujourd'hui aux mouvements de travailleurs. Il y a dans le monde entier des mouvements populaires. Ces gens-là se font exclure parfois même par les syndicalistes, car les syndicalistes peuvent venir des classes dominantes, des classes moyennes supérieures tout au moins. C'est un mouvement fort qui réclame ses droits. Mais il y a aussi une répression brutale dans certains pays, et si l'on s'exprime trop, on met sa vie en danger. Une des dirigeantes d'un mouvement populaire, qui a participé au premier mouvement populaire exprimé au Vatican, a été tuée en Amérique centrale…

C'est difficile, c'est pour cela que quand les pauvres s'unissent, ils ont une grande force ensemble. Une force religieuse aussi.

Dominique Wolton : Pensez-vous que le renforcement des inégalités dans le cadre de la mondialisation donne un regain à la théologie de la libération ?

Pape François : Je ne voudrais pas parler de la théologie de libération des années 1970, car c'est quelque chose de propre à l'Amérique latine. Mais il y a toujours, dans chaque théologie juste et vraie, une dimension de libération, car la mémoire du peuple d'Israël commence avec la libération d'Égypte, non ? La libération de l'esclavage, n'est-ce pas ? Toute l'histoire de l'Église, et pas uniquement de l'Église, mais de toute l'humanité, est remplie de ces oppresseurs, d'une minorité qui domine.

Dominique Wolton : Oui, mais maintenant, avec la mondialisation et la mondialisation de l'information, cela se voit davantage. Cela se voit tous les jours. Ceci est inédit dans l'Histoire.

Religions et politiques

Pape François : Ça, c'est une histoire de péché... Et là nous devons remonter à la source de la capacité de pécher ou à la racine du péché que nous avons tous, n'est-ce pas ? Sans verser dans le pessimisme parce qu'il y a eu la rédemption de Jésus-Christ, qui justement est le triomphe sur le péché, la source est là, la blessure est là, la possibilité est là. Si tu es pauvre, et que je suis riche et veux tout dominer, je te corromps, et au travers de ta corruption, je te domine.

La corruption est vraiment la méthode utilisée par un petit nombre, qui a la force et l'argent, pour atteindre un grand nombre.

Dominique Wolton : Vous avez dit, à propos de la miséricorde, une belle phrase : « La miséricorde est un voyage qui va du cœur à la main. »

Pape François : C'est très vrai. Je crois que la miséricorde est au centre de l'Évangile[1]. Quel

---

1. La compassion pour la souffrance d'autrui est, pour les chrétiens, une bonté qui incite à l'indulgence et au pardon envers une personne coupable d'une faute et qui s'en repent. La miséricorde divine est la bonté de Dieu par laquelle il pardonne les fautes de l'homme. Lorsque Dieu fait miséricorde aux hommes, il ne leur donne pas ce qu'ils mériteraient (sa colère) mais au contraire il leur accorde sa grâce, c'est-à-dire la vie éternelle. Il est miséricordieux

Politique et société

est le conseil que Jésus lui-même nous donne ? « Soyez miséricordieux comme le Père. » Mais pour faire ce voyage, le cœur doit être touché par la compassion, par la misère humaine, par n'importe quelle misère. C'est ce qui fait que le cœur est touché et qu'il commence son voyage.

Dominique Wolton : Comment la miséricorde peut-elle ouvrir une nouvelle voie dans le monde, dans ce monde de compétition, de violence ?

Pape François : Parlons *au niveau de la simplicité** : ce qui me semble important, ce sont les œuvres. Dans ce monde de violence, par exemple, il y a beaucoup de femmes et d'hommes, de prêtres, de sœurs, de religieuses qui sont consacrés à des hôpitaux, des écoles… Tellement de gens bien. Ils sont une claque à la face de la société. Car c'est une forme de témoignage : « Je consume ma vie. » Quand on va dans les cimetières d'Afrique et que l'on voit ces morts, ces missionnaires, surtout des Français, morts jeunes, à 40 ans, parce qu'ils contractaient la malaria… Cette richesse de la miséricorde émeut. Et les gens, quand ils reçoivent ce témoignage, comprennent et changent.

---

envers l'homme pour que celui-ci le soit dans sa vie quotidienne : « Soyez miséricordieux comme votre Père est miséricordieux », Matthieu 5, 48.

Religions et politiques

Ils veulent être meilleurs… Ou bien alors ils tuent celui qui témoigne ! Parce que la haine les emporte. Témoigner comporte ce risque.

Je vous ai dit ce que j'ai vu en Centrafrique ? Une sœur, âgée de 83-84 ans, avec une petite fille de 5 ans. Je l'ai saluée : « D'où es-tu ? — Je suis de là-bas, et je suis venue ce matin en canoë. » À 83-84 ans ! « Je viens chaque semaine pour faire les courses. Je suis ici depuis que j'ai 23 ans (elle venait de Brescia, en Italie), je suis infirmière et j'ai fait venir au monde 2 300 enfants. Cette pauvre petite fille, sa mère est morte en couche, et elle n'avait pas de père, et je l'ai adoptée légalement. Elle m'appelle maman. »

Ça, c'est de la pure tendresse. Du dévouement. Toute une vie ! Les œuvres des miséricordieux. Pour moi, rendre visite à des malades, aller en prison, faire sentir au prisonnier qu'il peut avoir l'espoir de la réinsertion, c'est cela la prédication de l'Église.

L'Église prêche davantage avec les mains qu'avec les mots.

Dominique Wolton : Quel bilan faites-vous de l'année 2016 de la Miséricorde ?

Pape François : Je n'arrive pas à faire un bilan parce que, quand je prononce ce mot, je pense au recensement du roi David. Et le Seigneur a

Politique et société

puni le roi David pour ça[1]. C'est pour cela que j'ai peur de faire ce genre de choses. Mais je ne dirai que des choses objectives. Cela a été une excellente chose que le Jubilé ne se soit pas tenu seulement à Rome. Cela a souligné la synodalité de l'Église, de chaque Église diocésaine. Les évêques dans les Églises diocésaines pouvaient organiser deux, trois, quatre Portes saintes. Ils en ont organisé dans des prisons, dans des hôpitaux… Comme ça, c'est tout le peuple de Dieu qui est rentré dans cette dynamique. Parce que ceux qui peuvent venir à Rome sont peu nombreux ! Ensuite, une autre chose très marquante : la première Porte de la miséricorde du Jubilé qui a été ouverte n'a pas été celle de Saint-Pierre, mais celle de Bangui, en Centrafrique, cinq jours avant. À la périphérie… Quand je préparais le voyage en Afrique, au Kenya, en Ouganda et en Centrafrique, Monseigneur Gallagher m'a demandé : « Vous êtes déjà allé en Afrique ? », je lui ai dit : « Jamais », il m'a répondu : « Vous en reviendrez amoureux ! »…

Dominique Wolton : Et c'est vrai…

---

1. David eut l'orgueil de vouloir connaître le nombre exact de personnes peuplant son royaume et il en fut puni par l'envoi de la peste. Par analogie, faire un bilan précis, ici, c'est recenser et pécher par orgueil.

Religions et politiques

Pape François : Mais j'ai précisé : « S'il vous plaît, dans la liturgie, ne me prévoyez pas des messes de six heures. » Et on m'a répondu : « Non, ne t'inquiète pas, pas plus de quatre heures ! » Pour eux, la messe, c'est la fête de tout le dimanche. Ils dansent, mais ils dansent religieusement : la danse est là pour porter la Parole de Dieu. On était tous bouche bée : un fait religieux. C'était très, très beau. Un vrai fait religieux. Et puis ce qui a beaucoup aidé le Jubilé, ce sont les missionnaires de la miséricorde. Ce sont des prêtres proposés par les évêques, par les généraux des congrégations religieuses, qui sont allés dans tous les diocèses pour absoudre tous les péchés, même ceux réservés au Saint-Siège[1]. Et puis il y a eu le fait d'étendre le pouvoir d'absoudre le péché de l'avortement à tous les prêtres. Attention, cela ne signifie pas banaliser l'avortement. L'avortement, c'est grave, c'est un péché grave. C'est le meurtre d'un innocent. Mais si péché il y a, il faut faciliter le pardon. Puis à la fin, j'ai décidé que cette

---

1. Ces péchés sont la profanation des espèces consacrées (ou Saintes Espèces, ou Espèces eucharistiques, c'est-à-dire le pain et le vin changés en corps du Christ), l'absolution de son complice, la consécration épiscopale sans mandat pontifical, la violation directe du secret de la confession et la violence contre la personne du pape.

mesure serait permanente. Chaque prêtre peut désormais absoudre ce péché.

Dominique Wolton : Votre position ouverte et humaniste suscite des oppositions dans l'Église catholique.

Pape François : Une femme qui a une mémoire physique de l'enfant, parce que c'est souvent le cas, et qui pleure, qui pleure depuis des années sans avoir le courage d'aller voir le prêtre... lorsqu'elle a entendu ce que j'ai dit... vous rendez-vous compte du nombre de personnes qui respirent enfin ?

Dominique Wolton : Oui, parce que c'est toujours une tragédie, l'avortement.

Pape François : Qu'ils trouvent au moins le pardon du Seigneur, et qu'ils ne le commettent plus. Puis, il y a le problème – et vous les Français vous êtes très créatifs en la matière – des lefebvristes[1]. J'ai pensé aux gens qui vont aux messes des lefebvristes, et j'ai donné aux prêtres lefebvristes la capacité d'absoudre tous les péchés. Pas les leurs,

---

1. Marcel Lefebvre (1905-1991), supérieur général des Pères du Saint-Esprit, opposé au concile de Vatican II, fonda la Fraternité sacerdotale Saint-Pie-X et le séminaire d'Écône. Il fut excommunié en 1988.

Religions et politiques

car ils doivent encore s'expliquer avec nous. Mais ceux des gens qui viennent à eux. L'Église est ouverte à tous. Et cela a fait beaucoup de bien.

Une autre chose qui a également fait du bien, c'est la catéchèse sur les œuvres de miséricorde[1]. Car on les avait oubliées. Je vous donne un exemple : il y a deux ans, des membres d'une organisation apostolique, tous laïcs, sont venus ici. C'était au moment où j'ai annoncé l'année de la Miséricorde. Je leur ai demandé : « Combien d'entre vous savent par cœur la liste des œuvres de miséricorde ? » Ils étaient six. Six sur cinq mille...

Dominique Wolton : Et encore, vous n'avez pas demandé que ces six personnes les récitent...

―――――――

1. Il y a quatorze œuvres de miséricorde, sept corporelles et sept spirituelles. Les premières reprennent les indications des Évangiles, notamment le chapitre 25 de Matthieu : « Donner à manger aux affamés, donner à boire à ceux qui ont soif, vêtir ceux qui sont nus, accueillir les étrangers, assister les malades, visiter les prisonniers, ensevelir les morts. » Les œuvres spirituelles forment une liste de gestes très concrets et ordinaires qui touchent tous les domaines de la vie amicale, familiale, professionnelle ou ecclésiale : « Conseiller ceux qui sont dans le doute, enseigner les ignorants, avertir les pécheurs, consoler les affligés, pardonner les offenses, supporter patiemment les personnes ennuyeuses, prier Dieu pour les vivants et pour les morts. »

Politique et société

Pape François : C'est pour cela que j'ai beaucoup travaillé dans les catéchèses. Moi aussi je suis allé les faire. Un vendredi par mois, j'allais dans un lieu à la rencontre de personnes dans des situations difficiles : des malades, que ce soit en stade terminal ou des enfants, des prêtres qui sont en psychothérapie pour des problèmes graves, des réfugiés, des migrants, des prostituées rescapées de la prostitution. J'ai parlé avec eux. Et je suis aussi allé voir les prêtres qui ont quitté le ministère, parce que ces *défroqués** sont regardés avec mépris. Ce sont des hommes qui, à un moment donné, pour une raison ou pour une autre, ne se sont pas senti la force de continuer et ont choisi de demander la dispense. Puis ils ont trouvé une femme, ou l'avaient trouvée avant, on ne le sait pas. Ils ont fondé une famille avec la permission de l'Église, ils vont à l'Église le dimanche… Et moi je suis allé les voir. L'idée, c'était cela : TOUS. Ce qui me venait à l'esprit, c'est le passage de l'Évangile où le roi organise un banquet de noces auquel les invités ne veulent pas venir. Qu'a-t-il répliqué ? « Allez au croisement des chemins et invitez tout le monde au banquet, bons et méchants, sains et malades, aveugles, sourds, tous, tous. » L'idée est celle-là. Tous dans le même sac. Le sac, c'est la miséricorde de Dieu. Je crois que ça a fait beaucoup de bien. Ce n'est pas quelque chose que j'ai inventé sur le plan pastoral… cela vient de Paul VI après le

Religions et politiques

Concile... Jean-Paul II a accompli trois gestes forts à ce propos : l'encyclique *Dives in Misericordia*[1], la canonisation de sainte Faustine et l'institution de la fête de la Miséricorde le premier dimanche de Pâques. J'en suis très heureux : beaucoup de gens se sont rapprochés du confessionnal. Je suis descendu confesser sur la place, et j'ai vu je ne sais combien de milliers de jeunes. On était deux cents confesseurs d'un côté, et deux cents de l'autre, les jeunes étaient sur la Via della Conciliazione. C'était d'une beauté ! La rencontre avec le Seigneur, la rencontre avec Jésus. Cela a été une grâce.

Dominique Wolton : Oui, c'est la grâce.

Pape François : Et ça, c'est le bilan. Mais ne dites pas le mot « bilan ». Je voudrais remercier Monseigneur Fisichella, qui a organisé ce Jubilé de la Miséricorde.

Dominique Wolton : Ce qui vous a le plus surpris dans les JMJ en Pologne, durant l'été 2016 ?

Pape François : Cracovie, c'est une petite ville. Et avec tellement de gens ! Tant de jeunes !

---

1. *Dieu riche en miséricorde,* seconde encyclique écrite par Jean-Paul II en 1980 et publiée le 30 novembre de la même année.

Politique et société

L'enthousiasme des jeunes ! Ils veulent entendre la vérité. Les jeunes veulent qu'on leur parle en face, sans leur raconter d'histoires, sans mensonges. Et c'est pour cela que c'est très important pour moi que les jeunes soient en contact avec les personnes plus âgées. Les personnes âgées sont la mémoire d'un peuple, ils sont la sagesse. Les jeunes sont la force, l'utopie. Et ce pont entre les jeunes et les personnes âgées, nous devons le retrouver, parce que tous les deux, aujourd'hui, dans ce monde, sont des laissés-pour-compte. Les personnes âgées sont rejetées, nous jetons la mémoire d'un peuple, notre racine. Quant aux jeunes, seuls les plus compétitifs s'en tirent. Les autres, avec la drogue, le chômage, sont mis à l'écart. Or, la richesse du futur, du monde, d'un pays, d'une nation se trouve vraiment parmi ces déclassés. Qu'ils se parlent !

Dominique Wolton : Oui, c'est exact, il n'y a pas assez d'intercommunication aujourd'hui. Pourquoi faites-vous un synode sur les jeunes en 2018 ?

Pape François : Le mécanisme est le suivant : à la fin d'un synode, chaque père synodal laisse un billet avec trois thèmes, puis on fait une consultation auprès de toutes les conférences épiscopales. Les trois thèmes arrivés en tête étaient : en première position, les jeunes, en deuxième position, la formation des prêtres et, en troisième, la paix et le dialogue interreligieux. J'ai pris en compte le premier et le deuxième thème. Pour moi, le premier thème ne concerne pas uniquement les jeunes, il s'étend au deuxième : la foi et le discernement vocationnel. Pourquoi ? Parce que les jeunes, tous les jeunes, ont une foi ou une « non-foi ». Or, on doit grandir dans le discernement. Pour cette raison, j'ai pensé à fusionner le premier et le deuxième thème : les jeunes et la formation. Mais le terme « formation » n'est pas beau. Alors j'ai opté pour « discernement et option vocationnelle ». Cela, c'est très important et il faut y réfléchir : en quoi exactement croient les jeunes ? Quant au discernement vocationnel, je crois qu'aujourd'hui, dans l'Église, c'est un des plus grands problèmes : le manque de discernement.

Dominique Wolton : Il y a aujourd'hui plus de 7 milliards d'individus… Le témoignage suffit-il ?

Pape François : « L'Église dans le Royaume de Dieu est comme un grain de moutarde. » Ne pas comprendre ça, ce serait faire preuve de triomphalisme. Alors il faudrait procéder à l'examen de l'Église.

Dominique Wolton : À propos, aimez-vous qu'on vous appelle le « pape des pauvres » ?

Politique et société

Pape François : Cela ne me plaît pas, parce que c'est une idéologisation. Une appellation idéologique. Non, moi je suis le pape de tous. Des riches et des pauvres. Des pauvres pécheurs, dont je suis le premier, oui, ça, c'est vrai.

Dominique Wolton : En janvier 2016, vous avez dit : « L'immigration est un phénomène naturel de l'histoire. » Phrase magnifique, mais l'Europe repousse tous les réfugiés. Que faire ?

Pape François : Oui. L'Europe...

Dominique Wolton : L'Europe trahit ses valeurs.

Pape François : Ah, ça, c'est vrai, alors que l'Europe a été créée par les Langobards[1] et d'autres barbares. Puis ils se sont tous mélangés. Le problème actuel de l'immigration est qu'elle fait peur. Mais qui fait peur à qui ?

Dominique Wolton : Pourquoi l'Église ne se fait-elle pas plus entendre sur le fait d'accepter l'immigration et d'accueillir les migrants ?

---

1. Les Langobards (Lombards), peuple germanique originaire de Scandinavie, installé dans la péninsule italienne au VIe siècle, ont donné leur nom à l'actuelle Lombardie.

Religions et politiques

Pape François : Je crois que si elle ne le fait pas, elle manque à son devoir. Rappelons-nous ce qui marque le début de l'Église ! La Pentecôte[1] !

Dominique Wolton : L'Église est très attentive à l'écologie, on l'a lu dans votre encyclique sur le sujet [*Laudato si'*]. Mais la guerre, ce n'est pas l'écologie. La guerre, ce sont les hommes. C'est notamment refuser la diversité culturelle.

L'expérience qu'a l'Église de la question politique de la diversité culturelle est beaucoup plus essentielle que la question de l'écologie. L'écologie, c'est important, bien sûr, mais témoigner de la grandeur et de la richesse de la diversité culturelle est sans doute encore plus important... Pourquoi l'Église prend-elle position nettement sur l'écologie notamment au travers de votre encyclique *Laudato si'*, et beaucoup moins sur la diversité culturelle, alors qu'il y a eu en 2005 la déclaration de l'UNESCO, qui est un texte exceptionnel en faveur du respect de la diversité culturelle ?

---

1. Fête chrétienne qui célèbre la venue du Saint-Esprit, cinquante jours après Pâques, sur les apôtres et les personnes présentes avec eux, et rapportée dans les Actes des Apôtres. Concluant officiellement le temps pascal, elle donne à l'Église les prémices de sa mission : annoncer la bonne nouvelle de la résurrection du Christ à toutes les nations.

Politique et société

Pape François : L'Église, pour ce qui concerne la diversité culturelle, a commencé le jour de la Pentecôte. C'est là qu'elle a fait le choix de la diversité culturelle. Si on lit le livre des Actes des Apôtres, l'apôtre Philippe est conduit devant le trésorier de la reine Candace[1] d'Éthiopie et le baptise... Paul va à Athènes et parle de Dieu... Et, des siècles plus tard, Matteo Ricci[2] « ouvre » la Chine... Souvent, Rome ne comprenait pas cette attitude, parce que Rome était fermée. Ça, c'est vrai. L'Église a toujours la tentation de trop se défendre. Elle a peur. C'est une mauvaise tentation, ce n'est pas bon. Où le Seigneur dit-il dans les Évangiles qu'il faut chercher la sécurité ? Il a dit au contraire « risque, vas-y, pardonne ! » (*silence*) et évangélise. On a voulu freiner Matteo Ricci en Chine, Roberto de Nobili[3] en Inde. Et il y en eut tellement d'autres...

---

1. Actes 8, 26-40.
2. Matteo Ricci (1552-1610), jésuite italien, mort à Pékin, fut le premier Européen à assimiler la culture chinoise. Il inventa la transcription du mandarin en lettres latines.
3. Roberto de Nobili (1577-1656), jésuite italien, missionnaire dans l'Inde du Sud et précurseur des études indianistes, inquiéta l'Église par sa méthode d'inculturation de la foi chrétienne.

Religions et politiques

Dominique Wolton : Vous avez fait l'encyclique sur l'écologie. Mais pourquoi pas une encyclique sur la richesse de l'homme et de la diversité culturelle ?

Pape François : Vous savez que les célébrations liturgiques sont différentes à travers le monde, en Orient, en Afrique : chacun a sa liturgie.

Dominique Wolton : L'expérience de l'Église catholique concernant la diversité culturelle est considérable. Pourquoi ne pas en parler davantage, ne serait-ce que du point de vue de l'anthropologie politique ?

Pape François : La tentation est toujours celle de l'uniformité des règles... Prenez, par exemple, l'exhortation apostolique *Amoris laetitia*. Quand je parle des familles en difficulté, je dis : « Il faut accueillir, accompagner, discerner, intégrer... » et puis chacun verra les portes ouvertes. Ce qu'il se passe, en réalité, c'est qu'on entend les gens dire : « Ils ne peuvent pas faire leur communion », « Ils ne peuvent pas faire ceci, cela » : la tentation de l'Église, elle est là. Mais non, non et non ! Ce type d'interdictions, c'est ce qu'on retrouve dans le drame de Jésus avec les pharisiens[1]. Le

---
1. Matthieu 23, 22-26.

Politique et société

même ! Les grands de l'Église sont ceux qui ont une vision qui va au-delà, ceux qui comprennent : les missionnaires.

Dominique Wolton : Quelle est, selon vous, la plus grande menace contre la paix aujourd'hui dans le monde ?

Pape François : L'argent.

Dominique Wolton : « Le fumier de Satan », pour désigner l'argent, est une de vos phrases.

Pape François : Mais cela, c'est présent dans les Évangiles. Quand Jésus parle de la division du cœur, il ne dit pas « ta femme ou Dieu », il dit « l'argent ou Dieu[1] », c'est clair. Ce sont deux choses opposées.

Dominique Wolton : Vous avez parlé à Assise, en septembre 2016, de la « troisième guerre mondiale en morceaux ». Pourquoi ?

Pape François : Oui, pourtant c'est très clair, non ? Le Moyen-Orient, la menace de la Corée du Nord en Extrême-Orient – on ne sait pas comment ça finira –, l'Afrique, l'Amérique,

---
1. Matthieu 6, 24 -34.

Religions et politiques

l'Amérique centrale et l'Amérique du Sud : il y a des guerres, des guerres... Et en Europe : l'Ukraine, le Donbass, la Russie... L'Europe est en guerre. Il n'y a pas de déclaration de guerre, il faut croire que c'est quelque chose de vieux et de dépassé. On fait la guerre, et on la fait, en effet ! Le problème est de savoir qui est derrière tout ça. Selon moi, c'est un fantôme : les trafiquants d'armes. Mais est-ce légal de fabriquer des armes ? Oui, c'est légal. Chaque pays en a besoin pour se défendre. Mais en donner aux trafiquants, qui infiltrent les pays en guerre entre eux... Et pourquoi ? Pour l'argent.

En ce moment, il y a en Afrique, et en Syrie aussi, disons au Moyen-Orient pour ne pas se tromper..., des endroits auxquels la Croix-Rouge n'a pas accès pour ses missions d'assistance, mais les armes, oui. Il y a des douanes qui laissent passer les armes, mais pas l'aide humanitaire ! Selon moi, ces « affaires » avec les armes, c'est terrible. Et que dire devant un pays aussi développé que les États-Unis et qui doit pourtant lutter si âprement au Congrès dans l'espoir d'obtenir une loi qui interdirait les armes en vente libre...

Dominique Wolton : Une action urgente qui pourrait être faite pour les chrétiens au Moyen-Orient ? Un échec, une réussite pour eux ?

Politique et société

Pape François : Ils souffrent énormément et nous travaillons beaucoup pour eux. On travaille beaucoup. On n'en parle pas, mais on travaille beaucoup.

Dominique Wolton : Un signe positif alors ? Un événement qui pourrait surgir ? Qui pourrait les réhabiliter ? Ou à l'inverse un échec ?

Pape François : On est en relation permanente, et nous faisons tout pour qu'ils conservent leurs terres.

Dominique Wolton : D'accord, mais est-ce que quelque chose de positif a changé en cinq, dix ans ?

Pape François : Beaucoup, beaucoup. L'Église travaille en continu.

Dominique Wolton : Donc vous êtes plutôt optimiste pour eux ?

Pape François : Ça, c'est le futur. Je ne sais pas ce qu'il se passera. Ils souffrent beaucoup, beaucoup. Il y a une réelle persécution dans certains lieux. Mais j'ai confiance.

Religions et politiques

Dominique Wolton : Mais où est Dieu à Auschwitz ? Et où est Dieu dans l'écrasement des chrétiens d'Orient ?

Pape François : Je ne sais pas où est Dieu. Mais je sais où est l'homme dans cette situation. L'homme fabrique les armes et les vend. C'est nous, et notre humanité corrompue. Mais pour les gens, c'est facile de poser cette question : « Et Dieu, pourquoi permet-il cela ? » Mais c'est nous qui commettons tout cela ! Et pourquoi nous permettons-nous de faire ça ? Le trafiquant d'armes qui vend des armes à celui qui se bat contre un autre, et qui ensuite en vend aussi à son adversaire... Quelle corruption...

Dominique Wolton : Vous venez d'Amérique latine, avec des racines européennes. Quelle est l'originalité de l'Amérique du Sud dans la mondialisation ?

Pape François : L'Amérique du Sud, ce sont des Églises nouvelles et jeunes. Leur spécificité, c'est la jeunesse. Elles ont beaucoup de défauts, identiques à ceux des Églises développées : une certaine fraîcheur n'empêche pas le cléricalisme, par exemple. Le danger, pour les Églises organisées, anciennes, c'est la rigidité. Selon moi, c'est un

Politique et société

des dangers les plus grands, en ce moment, que rencontre le clergé de l'Église.

Dominique Wolton : Que peuvent apporter les Églises d'Afrique ou d'Asie à l'expérience catholique ?

Pape François : Tant de choses ! Tant de choses différentes. L'Asie a un immense héritage spirituel, 2000-3000 ans avant Jésus-Christ, pas autant pour l'Afrique. Mais l'Afrique te donne de la joie, de la fraîcheur. Un nonce m'a raconté l'autre jour que, dans la cathédrale de la capitale du pays dans lequel il exerce, devant la Porte sainte – parce que le Jubilé se fête dans toutes les régions du monde –, il y avait une longue file de gens qui attendaient pour entrer et célébrer le Jubilé. Ils entraient, certains s'approchaient du confessionnal, certains priaient – ils sont catholiques, chrétiens. Et la grande majorité continuait jusqu'à l'autel de la Madone : ils sont musulmans ! Parce que même les musulmans veulent faire le Jubilé, mais ils le font avec la Madone. Et ça, c'est une richesse de l'Afrique, cette cohabitation.

La richesse de l'Afrique ! L'Afrique est grande. Pauvre, mais grande. Elle sait faire la fête !

Religions et politiques

Dominique Wolton : Jean-Marie Lustiger m'avait confié[1] que le prochain pape serait latino-américain, après africain et après asiatique. Et voilà que déjà... Mais je reviens une seconde sur l'Amérique latine. Vous en venez. Que vous apportent cette expérience et cette identité latino-américaine pour voir le monde ? Qu'avez-vous de différent par rapport à un Européen, un Asiatique, un Africain ?

Pape François : Mon cas est un peu complexe, parce qu'en Argentine il y a eu beaucoup de vagues migratoires, et le phénomène de métissage est très fort. Je suis fils d'Italien, mon père est arrivé jeune, à 22 ans, en Argentine. J'ai du sang italien. C'est un peu difficile à dire...
Disons que ce que je ressens, c'est la *liberté**. Moi, je me sens libre.

Dominique Wolton : Les chrétiens au Proche-Orient subissent beaucoup de massacres, de malheurs. Que faudrait-il faire d'urgent ? Il y a quelque chose de raté avec les chrétiens d'Orient ? C'est tout de même la première Église ! Que l'on songe : les Églises catholiques orientales, fidèles à Rome, les Églises orthodoxes de rite byzantin,

---

1. *Cf.* Jean-Marie Lustiger, *Le Choix de Dieu*, entretiens avec Dominique Wolton, B. de Fallois, 1987.

Politique et société

les Églises arménienne, copte, syriaque occidentale, guèze…

Pape François : C'est un monde très difficile. À Buenos Aires, j'étais très ami avec les chrétiens d'Orient au sens le plus large. Les Ukrainiens sont très nombreux, mais ils ne sont pas orientaux. Les Arméniens non plus. Ceux de Constantinople, d'Antioche, les Melchites, sont peu nombreux. Quand ils avaient un problème juridique ou économique, ils allaient voir un avocat catholique, comme si c'était un prêtre normal. Certaines fois, ils utilisaient notre Curie. Et moi, j'allais à Noël, le 6 janvier, aux Vêpres avec les Russes. Je restais dîner avec eux, puis faire la fête… chez nous, il y avait beaucoup de familiarité.

Dominique Wolton : La première urgence, est-ce le dialogue interreligieux avec l'islam ou l'œcuménisme ?

Pape François : Pour répondre à la question, cela dépend de l'endroit où vous êtes dans le monde. En Syrie, c'est sûrement le dialogue avec l'islam, mais aussi à l'intérieur de l'islam, avec les alaouites, les sunnites – il y a trop de sectarisme. Dans d'autres endroits, c'est l'œcuménisme, le problème le plus sérieux. En Arménie par exemple, où je vais, ils sont « apostoliques » (orthodoxes),

Religions et politiques

et ils ont souffert d'un problème de communication pendant le concile de Chalcédoine[1], dont les propositions ont été l'objet d'interprétations contradictoires.

Dominique Wolton : Pourquoi aller en Arménie ?

Pape François : En 2015, ils ont fêté le centenaire du « mot que l'on ne doit pas prononcer », celui qui énerve tout le monde, le génocide. Sont venus ici, à Saint-Pierre, Nersès Bedros XIX Tarmouni[2] et les deux autres patriarches. Je n'avais pas pu y aller en 2015, j'ai promis de m'y rendre en 2016[3].

Dominique Wolton : Et sur le dialogue avec l'islam, ne faudrait-il pas demander un peu de réciprocité ? Il n'y a pas de vraie liberté pour les chrétiens, en Arabie saoudite et dans certains pays musulmans. C'est difficile pour les chrétiens. Et les fondamentalistes islamistes assassinent au nom de Dieu...

---

1. Le concile de Chalcédoine (451) réaffirma le dogme de la Sainte Trinité en établissant la double nature divine et humaine du Christ dans une parfaite fusion. Mais l'information fut transmise aux Arméniens de manière confuse, les conduisant à condamner la doctrine de Chalcédoine et, par voie de conséquence, à préférer le monophysisme.
2. Nersès est décédé le 25 juin 2015.
3. Voyage effectué du 24 au 26 juin 2016.

Politique et société

Pape François : Ils n'acceptent pas le principe de la réciprocité. Certains pays du Golfe aussi sont ouverts, et nous aident à construire des églises. Pourquoi sont-ils ouverts ? Parce qu'ils ont des ouvriers philippins, des catholiques, des Indiens... Le problème, en Arabie saoudite, c'est que c'est vraiment une question de mentalité. Avec l'islam, toutefois, le dialogue avance bien, parce que, je ne sais pas si vous savez, mais l'imam d'Al-Azhar est venu nous rendre visite. Et il y aura une rencontre là-bas : j'irai.

Je pense que cela leur ferait du bien de faire une étude critique du Coran, comme nous l'avons fait avec nos Écritures. La méthode historique et critique d'interprétation les fera évoluer.

Dominique Wolton : Et le voyage dans une capitale musulmane ?

Pape François : Je suis allé en Turquie, à Istanbul. Ankara et Istanbul.

Dominique Wolton : Pour l'Europe, vous dites : « Il faut construire les ponts et détruire les murs. » Très belle phrase. Mais pourquoi l'Église ne ferait-elle pas un exemple en organisant une réunion de dialogue interreligieux et œcuménique pour l'Europe ? D'autant que nous avons toutes

Religions et politiques

les religions en Europe : l'islam, le judaïsme et le christianisme, sans parler des traditions de la libre-pensée et du socialisme ! Ce serait spectaculaire, pour relancer l'Europe, qui est tout de même la plus grande expérience démocratique au monde. Et pour les Européens : une réunion œcuménique et interreligieuse aurait une réelle signification.

Pape François : Mais les ponts se font. Il y en a beaucoup.

Dominique Wolton : Dans un autre domaine : pourquoi l'Église, depuis près de cent ans, ne critique-t-elle pas davantage la destruction du secteur primaire, et la destruction du monde ouvrier ? Plus de 80 % de la population active se retrouvent dans le secteur tertiaire, dans des bureaux, devant des ordinateurs, etc. L'Église ne parle pas beaucoup de ce changement profond qui touche l'homme et son rapport au travail, à la nature, au temps, et qui n'est pas loin de constituer une catastrophe anthropologique...

Pape François : J'en ai beaucoup parlé dans *Laudato si'*.

Dominique Wolton : Oui, mais sous l'angle de l'écologie, pas pour évoquer cent ans

Politique et société

d'industrialisation, d'exode rural, avec la folie des grandes villes dans le monde… Pourquoi, sur cette question, l'Église n'a-t-elle pas dit grand-chose ? On a l'impression qu'elle a épousé l'idéologie moderniste et qu'elle a eu peur d'être considérée comme « conservatrice ».

Pape François : Dans mes écrits, je critique ce que vous dites.

Dominique Wolton : Oui, vous.

Pape François : Il y en a d'autres qui le font. Peut-être pas tous. Mais on est en effet devant un phénomène d'autodestruction. Je vous ai parlé d'un politique africain dont la première mesure a été en faveur de la reforestation, pour que les gens retournent à la campagne. Parce que la terre est morte. La terre est morte.

Dominique Wolton : Dans la tradition catholique, il y a pourtant la condamnation du capitalisme, mais peu de réflexion critique sur la disparition, au nom de la technique, de l'équilibre entre les trois secteurs de l'agriculture, de l'industrie et des services ainsi que de l'intérêt d'un certain équilibre dans les rapports ville-campagne.

Religions et politiques

Pape François : Je ne saurais dire… Je reviens à *Laudato si'*. Moi aussi j'ai pris des choses chez des théologiens. Romano Guardini par exemple. Guardini parlait de la deuxième forme de l'inculture. Dieu donne à l'homme une inculture pour qu'il la fasse culture. Mais l'homme s'empare ensuite de cette culture. Et la rend tellement autonome qu'elle se détruit et crée une autre inculture. La mort de la terre, par exemple avec la monoculture.

Dominique Wolton : En Amérique latine, on connaît bien ce risque-là.

Pape François : Oui, la monoculture… Un politique m'a expliqué qu'il avait dit à Chávez : « Votre défaut, c'est la monoculture. » Et lui a répondu : « Mais il y a du pétrole. — Le pétrole, ce n'est pas suffisant. Tu dois cultiver du tabac, du blé… parce que tu as beaucoup de terres. » Il ne l'a pas fait. Et le résultat est là. Puis, ces multinationales arrivent, avec de nouvelles machines…

Dominique Wolton : Pourquoi l'Église ne dit-elle pas plus nettement qu'on ne peut réduire l'homme à l'économie et à l'urbanisation intensive ?

Pape François : Guardini en a parlé. Je parle de lui parce que je le connais. Peut-être y en

Politique et société

a-t-il d'autres. Il y a beaucoup de citations dans *Laudato si'* et *Evangelii gaudium*… Mais peut-être avez-vous raison en disant qu'ils ont peu parlé…

Dominique Wolton : Vous dites, il faut que l'État existe et s'engage…

Pape François : L'économie libérale de marché est une folie. On a besoin que l'État régule un petit peu. Et c'est ce qui manque : le rôle de l'État comme régulateur. C'est pour cela que, lors de mon discours pour le prix Charlemagne (2016), j'ai demandé à l'Europe d'abandonner la liquidité de l'économie pour retourner à quelque chose de concret, c'est-à-dire à l'économie sociale de marché. J'ai gardé le marché, mais « sociale » de marché.

Dominique Wolton : Pourquoi l'Église, qui est probablement la principale institution mondiale à défendre la diversité linguistique, ne dit-elle pas plus nettement que cette diversité est un patrimoine extraordinaire, surtout depuis Vatican II qui a officiellement reconnu cette diversité culturelle et l'importance des langues vernaculaires ?

Pape François : Je dis quelle est notre discipline liturgique. Chaque communauté, même la plus petite, a le droit de célébrer le culte dans sa

Religions et politiques

propre langue. Et les missels sont nombreux. Je dis : s'il vous plaît, faites confiance aux évêques qui sont en place.

Dominique Wolton : Oui, mais quand même, l'Église pourrait le dire plus officiellement, comme elle sait le faire pour d'autres sujets. Dire par exemple à l'UNESCO que la diversité linguistique est une richesse, un patrimoine universel ?

Pape François : Eh oui, justement, dès la fondation de l'Église, avec la Pentecôte, est apparue la diversité linguistique !

Dominique Wolton : Mais la référence à « la Pentecôte », en 2016, cela n'est pas suffisant face aux violences du monde ! Pourquoi pas une encyclique sur cet enjeu majeur de la diversité linguistique et culturelle, à l'heure de la mondialisation ?

Pape François : Le pape mourra avant ! J'ajouterais aussi à ce que vous dites le langage des gestes. Parce qu'ici, dans certains pays, la culture veut que le salut à la messe soit aussi un salut de la main. En Argentine, par exemple, c'est aussi s'embrasser.

Dominique Wolton : En quoi l'Église catholique est-elle moderne ?

Politique et société

Pape François : Le mot modernité est un mot qui a beaucoup de significations. On peut parler de l'*esprit de la modernité**, on peut parler de la modernité comme d'une chose qui aujourd'hui est nécessaire pour aller de l'avant : c'est positif. On peut parler de la modernité comme l'esprit négatif dont le Seigneur dit qu'il faut s'en défendre. Il demande au Père de défendre les disciples de la mondanité. Je crois que tout est dit dans Evangelii gaudium. Le rapport avec la modernité. Mais il y a un autre document, qui, chaque fois que je le lis, me semble de plus en plus merveilleux : l'Épître à Diognète[1], une lettre du IIe siècle. Et justement, c'est cela, l'esprit de la modernité de l'Église. Il y est expliqué qu'un chrétien est ouvert, moderne. J'ai pensé à ce mot, « ouvert » : je crois que le plus spécifique pour un chrétien, c'est d'être ouvert. Ouvert à l'Esprit.

La fermeture n'est pas chrétienne. La fidélité est chrétienne. Si je me ferme, si je me défends, ce n'est pas chrétien. Défendre les valeurs par la fermeture n'est pas une voie chrétienne. Les valeurs

---

1. L'Épître à Diognète est une lettre d'un auteur chrétien anonyme à un païen de haut rang nommé Diognète qui date de la fin du IIe siècle. Il s'agit d'un écrit apologétique pour démontrer la nouveauté radicale du christianisme sur le paganisme et le judaïsme.

se défendent d'elles-mêmes, se proclamant comme elles sont, comme Jésus nous les a données. Ce sont des paroles chrétiennes. Et elles se défendent par l'enseignement qu'on en fait, parce qu'on les transmet. La transmission de la foi et la transmission des valeurs. Le rôle des parents, des mères, des grands-mères, des pères, des grands-pères, etc. Les valeurs se défendent, mais pas par la fermeture. L'esprit chrétien est ouvert. La modernité, c'est l'ouverture. Ne pas avoir peur.

Quand Paul est arrivé à Athènes, le pauvre, il a vu tous ces idolâtres et pourtant il n'a pas eu peur. De mémoire, il s'est souvenu d'un poème d'un idolâtre, alors il le leur a récité pour se rapprocher d'eux, dans une attitude ouverte. Mais eux, quand ils ont entendu parler de la résurrection, ils ont eu peur et sont partis. Et c'est pour cela que je parle de la conversion de l'Église dans *Evangelii gaudium*. Je parle d'une Église « qui sort ».

Dominique Wolton : Oui, sortir des frontières et de la périphérie.

Pape François : Sortir de soi-même. Pas une Église fermée. Devant les congrégations générales, avant le conclave, dans une intervention brève, j'ai dit ceci : « Nous lisons dans l'Apocalypse que Jésus dit : "Je suis à la porte et j'appelle, et si quelqu'un m'ouvre la porte, j'entrerai." » Mais très souvent,

Politique et société

Jésus est à la porte et il appelle, mais parce qu'il est à l'intérieur, nous ne le laissons pas sortir.

Dominique Wolton : L'Église défend la tradition. Pourquoi ne dit-elle pas quelque chose pour relativiser le poids excessif de la vitesse dans nos sociétés ? Se réinscrire dans le temps. L'Église pourrait s'exprimer à propos de la modernité temporelle. Le temps moderne est instantané. Il n'y a plus le temps de la transmission. Y a-t-il une réflexion qui puisse valoriser cette conception chrétienne du temps, le temps de transmission et de la réflexion, en opposition au temps instantané ?

Pape François : Il y a une transmission rapide, c'est vrai. Il y a toujours une transmission. C'est vrai dans la nouvelle conception du temps. À mon avis, cela n'est pas condamnable. Mais on doit trouver le moyen.

Dominique Wolton : Sauf que la transmission rapide oublie le temps. Et rend le monde horizontal. Il y a une telle quantité d'information contemporaine qu'il n'y a plus de regard sur l'histoire.

Pape François : Mais sur ça, je ne suis pas en mesure d'émettre un avis abouti. Je dois y réfléchir, étudier la question… Mais il est vrai que,

Religions et politiques

sans mémoire, l'homme ne peut pas vivre. Si cette façon de communiquer ne laisse pas de place à la transmission, elle ne laisse pas de place à la mémoire. Et sans mémoire, on ne peut pas aller de l'avant. On entre en orbite. Je dirais qu'il y a un danger, celui de retomber dans la pensée linéaire. La pensée linéaire qui ne prend pas, n'élabore pas et ne donne pas. Selon moi, les trois piliers de la réalité historique de l'homme, et aussi de la communication, sont la mémoire du passé – de mon passé, du passé de ma culture –, la mémoire comme donnée que je reçois – la réalité présente –, et la promesse, l'espérance qui est promesse. Notez que l'espérance n'est pas la même chose que l'optimisme. L'espérance, le futur comme espérance. Vous avez un grand chrétien, qui est, je crois, mort sans baptême, mais un grand chrétien : Péguy[1]. Péguy est celui qui a bien compris le rôle de l'espérance dans le christianisme. Il était plus chrétien que moi ! Curieusement, il n'a pas réussi à entrer dans l'Église, il est mort à la guerre, mais lui, l'espérance, il l'appelle la plus humble des vertus. C'est celle qui te porte en avant, mais toujours avec le passé et le courage. La mémoire, c'est le courage

---

1. Charles Péguy (1873-1914), écrivain, poète et essayiste, fut baptisé à sa naissance, mais ne « trouva » la foi catholique qu'en 1907.

du présent et l'espérance du futur. Qui n'est pas la même chose que l'optimisme.

Au contraire, le monde de la modernité, entre guillemets, est plus optimiste qu'« espérant ».

Dominique Wolton : Pourquoi, dans le monde actuel, n'y a-t-il pas de projets d'architecture catholiques ambitieux ? Comme cela se fait en Asie avec les pagodes, ou même dans l'islam… Pourquoi pas de grandes utopies architecturales ? Il y en a tellement eu dans le passé. Un patrimoine, mais pas d'utopie ?

Pape François : Je dirais une chose. La beauté est un des trois fondamentaux : vérité, bonté et beauté – et unité aussi, un quatrième, mais ça, c'est nous, les Jésuites, qui le disons. On parle trop de la vérité, de défendre la vérité : où trouver Dieu dans la vérité ? C'est difficile… Trouver Dieu dans la bonté : ah, quand on parle de la bonté, c'est plus facile. Trouver Dieu dans la beauté, ça, on en parle peu, de la route de la poésie, c'est-à-dire de la capacité créatrice de Dieu. Dieu est un poète, qui fait les choses harmonieusement. Des trois fondamentaux, la beauté est probablement la moins développée. Au Moyen Âge, quand il n'y avait pas de livres de catéchisme, la catéchèse se trouvait dans les cathédrales. Et les cathédrales sont des monuments de beauté de la foi. La foi est belle.

Religions et politiques

Aujourd'hui, il y a deux choses, le monde des affaires, reposant sur la vitesse, et le monde du maquillage, où la beauté n'est pas « en soi », mais se donne artificiellement pour un temps et puis s'en va.

Dominique Wolton : Une grande utopie artistique pour le début du XXIe siècle ?

Pape François : C'est vrai, ce serait beau. Mais moi, j'explique ce que je sais. Il y a certains architectes, peintres, poètes – de grands poètes –, mais il n'y a plus de Dante. C'est vrai. Je pense que c'est une conséquence du monde des affaires et du monde du « maquillage », qui est celui de la mondanité. Aujourd'hui, il est plus facile de se maquiller que de se rendre beau. Je dois y réfléchir davantage, car c'est une belle question. Mais souvenez-vous : la vérité, la bonté et la beauté. Et puis le reste, la foi, l'espérance, la charité.

Dominique Wolton : Vos origines latino-américaines et votre formation jésuite vous donnent-elles le moyen de vivre les choses autrement ?

Pape François : Un exemple qui me vient en tête, mais je ne sais pas comment l'exprimer : je suis libre. Je me sens libre. Ça ne veut pas dire que je fais ce que je veux, non. Mais je ne me sens

Politique et société

pas emprisonné, en cage. En cage ici, au Vatican, oui, mais pas spirituellement. Je ne sais pas si c'est ça... À moi, rien ne me fait peur. C'est peut-être de l'inconscience ou de l'immaturité !

Dominique Wolton : Les deux !

Pape François : Mais oui, les choses viennent comme ça, on fait ce qu'on peut, on prend les choses comme elles viennent, on évite de faire des choses, certaines marchent, d'autres pas... Ça peut être de la superficialité, je ne sais pas. Je ne sais pas comment l'appeler. Je me sens comme un poisson dans l'eau.

Religions et politiques

Discours du Saint-Père lors de sa participation à la IIe Rencontre mondiale des mouvements populaires, foire Expo Feria, Santa Cruz de la Sierra (Bolivie), 9 juillet 2015

Chers frères et sœurs,
La Bible nous rappelle que Dieu écoute le cri de son peuple et je voudrais moi aussi unir de nouveau ma voix à la vôtre : les fameux trois « T », terre, toit et travail pour tous. Je l'ai dit et je le répète : ce sont des droits sacrés.

1. Premièrement : *Commençons par reconnaître que nous avons besoin d'un changement.*

[…] Vous m'avez rapporté […] les multiples exclusions et les injustices dont vous souffrez […]. S'il en est ainsi, j'insiste, disons-le sans peur : nous voulons un changement, un changement réel, un changement de structures.

Je voudrais aujourd'hui réfléchir avec vous sur le changement que nous voulons […]. Quand le capital est érigé en idole et commande toutes les options des êtres humains, quand l'avidité pour l'argent oriente tout le système socio-économique, cela ruine la société, condamne l'homme, le transforme en esclave, détruit la fraternité […] et met même en danger notre maison commune, la sœur et mère terre. […] Vous, les plus humbles, […] vous pouvez et faites beaucoup. J'ose vous dire

Politique et société

que l'avenir de l'humanité est, dans une grande mesure, entre vos mains, dans votre capacité de vous organiser et de promouvoir des alternatives créatives, dans la recherche quotidienne des trois « T », (travail, toit, terre) et aussi, dans votre participation [...] aux grands processus de changement [...]. Ne vous sous-estimez pas !

2. Deuxièmement : *Vous êtes des semeurs de changement.*

[...] Le changement conçu non pas comme quelque chose qui un jour se réalisera parce qu'on a imposé telle ou telle option politique ou parce que telle ou telle structure sociale a été instaurée. Nous avons appris douloureusement qu'un changement de structures qui n'est pas accompagné d'une conversion sincère des attitudes et du cœur finit tôt ou tard par se bureaucratiser, par se corrompre et par succomber. Il faut changer le cœur. [...]

Il est indispensable que [...] les peuples et les organisations sociales construisent une alternative humaine à la globalisation qui exclut. [...] Aux dirigeants, je vous demande : soyez créatifs et ne perdez jamais l'enracinement dans ce qui est proche, [...] si vous construisez sur des bases solides, sur les besoins réels et sur l'expérience vivante de vos frères, [...] sûrement vous n'allez pas vous tromper.

Religions et politiques

Troisièmement. [...] Ni le Pape ni l'Église n'ont le monopole de l'interprétation de la réalité sociale ni le monopole de la proposition de solutions aux problèmes contemporains. J'oserais dire qu'il n'existe pas de recette. [...]

Je voudrais, cependant, proposer trois grandes tâches qui requièrent l'apport décisif de l'ensemble des mouvements populaires :

3.1. *La première tâche est de mettre l'économie au service des peuples* : disons NON à une économie d'exclusion et d'injustice où l'argent règne au lieu de servir. [...] L'économie ne devrait pas être un mécanisme d'accumulation mais l'administration adéquate de la maison commune. [...] La juste distribution des fruits de la terre et du travail humain n'est pas de la pure philanthropie. C'est un devoir moral. [...] Il s'agit de rendre aux pauvres et aux peuples ce qui leur appartient.

3.2. *La deuxième tâche est d'unir nos peuples sur le chemin de la paix et de la justice.*

Les peuples du monde [...] veulent que leur culture, leur langue, leurs processus sociaux et leurs traditions religieuses soient respectés. [...] Le nouveau colonialisme adopte divers visages. Parfois, c'est le pouvoir anonyme de l'idole argent [...]. À d'autres occasions, sous la noble apparence de la lutte contre la corruption, contre le trafic de stupéfiants ou le terrorisme [...] nous voyons que l'on impose aux États des mesures qui ont peu à voir avec la résolution de ces questions, et bien des fois aggravent les choses.

3.3. *Et la troisième tâche, peut-être la plus importante que nous devons assumer aujourd'hui, est de défendre la Mère Terre.*

La maison commune de nous tous est pillée, dévastée, bafouée impunément. […] Il y a un impératif éthique, clair, définitif et urgent, d'agir, qui n'est pas accompli. […] Les peuples et leurs mouvements sont appelés à se mobiliser, à exiger – pacifiquement mais avec ténacité – l'adoption urgente de mesures appropriées. Je vous demande, au nom de Dieu, de défendre la Mère Terre.

Pour finir, je voudrais vous dire : l'avenir de l'humanité n'est pas uniquement entre les mains des grands dirigeants, des grandes puissances et des élites. Il est fondamentalement entre les mains des peuples ; dans leur capacité à s'organiser […].

Je prie pour vous, avec vous et je veux demander à Dieu notre Père de vous accompagner et de vous bénir […]. Et, s'il vous plaît, je vous demande de prier pour moi. Et si quelqu'un parmi vous ne peut pas prier, avec respect, je lui demande qu'il pense à moi en bien et qu'il m'envoie des ondes positives. Merci.

Religions et politiques

Discours du Saint-Père lors de sa participation à la IIIe Rencontre mondiale des mouvements populaires, salle Paul-VI, Vatican, 5 novembre 2016

Frères et sœurs,
Lors de notre dernière rencontre, en Bolivie, [...] nous avons énuméré certains devoirs incontournables pour marcher vers une alternative humaine face à la mondialisation de l'indifférence : 1. placer l'économie au service des peuples ; 2. édifier la paix et la justice ; 3. défendre la Mère Terre. [...] Je voudrais ici aborder des thèmes plus spécifiques, reçus de vous :

La terreur et les murs

[...] Il y a presque cent ans, Pie XI prédisait l'affirmation d'une dictature économique mondiale qu'il appela « impérialisme international de l'argent » (Enc. *Quadragesimoanno*, 15 mai 1931, n. 109). [...] Ce fut Paul VI qui dénonça la « nouvelle forme abusive de domination économique sur le plan social, culturel et également politique » (Enc. *Octogesimaadveniens*, 14 mai 1971, n. 44). [...] Toute la doctrine sociale de l'Église et le magistère de mes prédécesseurs se rebellent contre l'idole de l'argent qui règne au lieu de servir, tyrannise et terrorise l'humanité.

Politique et société

Aucune tyrannie ne s'alimente sans exploiter nos peurs. […] D'où le fait que toute tyrannie est terroriste. Et quand cette terreur, qui a été semée dans les périphéries à travers des massacres, l'oppression et l'injustice, explose dans les centres à travers diverses formes de violence […] les citoyens sont tentés par la fausse sécurité des murs physiques ou sociaux. […] Des citoyens murés, terrorisés d'un côté ; exclus, exilés, encore plus terrorisés de l'autre. […]

La peur est alimentée, manipulée… Elle nous affaiblit, nous déstabilise, détruit nos défenses psychologiques et spirituelles, nous anesthésie face à la souffrance des autres et, à la fin, nous rend cruels. […] Chers frères et sœurs, tous les murs tombent. Tous. Ne nous laissons pas tromper. […] Affrontons la terreur par l'amour.

L'Amour et les ponts

Les 3 « T », votre cri que je fais mien, a quelque chose de cette intelligence humble, mais dans le même temps forte et réparatrice. Un projet-pont des peuples face au projet-mur de l'argent. Un projet qui vise au développement humain intégral. […] Nous devons aider à guérir le monde de son atrophie morale. Ce système atrophiant est en mesure de fournir certaines « prothèses » cosmétiques qui ne sont pas le véritable […] développement de l'être humain dans son intégralité, le développement qui ne se réduit pas à la consommation [...].

Un autre point : Banqueroute et sauvetage
[...] Vous avez consacré une journée au drame des migrants, des réfugiés. [...] Il s'agit d'une situation scandaleuse, que je ne peux décrire que par un mot que j'ai prononcé à Lampedusa : honte. [...]

Je fais miennes les paroles de l'archevêque Hiéronymos de Grèce : « Celui qui voit les yeux des enfants que nous rencontrons dans les camps de réfugiés est en mesure de reconnaître immédiatement la "banqueroute" de l'humanité » [discours au camp de Moria, Lesbos, 16 avril 2016]. Comment se fait-il qu'aujourd'hui, quand une banque fait faillite, apparaissent immédiatement des sommes scandaleuses pour la sauver, mais que lorsque se produit cette banqueroute de l'humanité, on ne trouve pas une millième partie de ces sommes pour sauver ces frères qui souffrent tant ?

[...] Cela m'amène au deuxième thème : les mouvements populaires ne sont pas des partis politiques. [...] Mais n'ayez pas peur d'entrer dans les grandes discussions, dans la Politique avec une majuscule [...] car « la politique est l'une des formes les plus élevées de la charité, de l'amour ».

Politique et société

Je voudrais souligner deux risques autour de la relation entre les mouvements populaires et la politique : le risque de se laisser encadrer et le risque de se laisser corrompre.

[…] Tant que vous restez dans la case des « politiques sociales », tant que vous ne remettez pas en discussion la politique économique ou la Politique, on vous tolère. […] Quand vous élevez la voix, quand vous prétendez indiquer au pouvoir une organisation plus intégrale, alors on ne vous tolère plus […]. C'est ainsi que la démocratie s'atrophie, devient un nominalisme, perd de sa représentativité, se désincarne car elle laisse le peuple en dehors […].

[…] Le second risque est de se laisser corrompre. […] La corruption n'est pas un vice exclusif de la politique. […] Il existe une corruption enracinée dans certains domaines de la vie économique […] et qui fait moins la une que la corruption directement liée au domaine politique et social. […]. Ceux qui ont choisi une vie de service ont une obligation supplémentaire, […] il faut vivre la vocation de service avec un grand sens d'austérité et d'humilité. […]

[…] L'exemple d'une vie austère au service du prochain est la meilleure façon de promouvoir le bien commun […]. Je vous demande, à vous dirigeants, de ne pas vous lasser de pratiquer cette austérité morale, personnelle.

Religions et politiques

Chers amis, [...] je vous demande de prier pour moi, et ceux qui ne peuvent pas prier, pensez à moi avec bienveillance et envoyez-moi de bonnes ondes.

3

Europe et diversité culturelle

Juillet 2016. Il y aura trois rencontres en trois jours ! Que de temps et, pour moi, quelle exigence : être à la hauteur. Il fait très chaud, Rome est envahie par les touristes, beaucoup plus nombreux sur la place Saint-Pierre que les fidèles. Mélanges de styles et de postures... Je commence à connaître le chemin. L'Église et l'Europe, la diversité culturelle. Les identités et les hommes, le retour des frontières. L'Église face à une autre vision de la mondialisation que la sienne. Anciennes et nouvelles Églises. Comment, sur ce tout petit territoire, qui semble hors du temps et de l'espace, avec si peu d'hommes, existe néanmoins, et si peu visible, le mouvement incessant d'aller et retour vers l'immense réalité extérieure. L'Histoire et le temps sont omniprésents. Une sorte de vertige me saisit. Et en même temps, ce ne sont que des individus peu nombreux, fragiles, face à de considérables responsabilités, avec les obligations de dialoguer et les épreuves de l'incommunication...

* * *

Politique et société

Dominique Wolton : Qu'est-ce qui pourrait être fait en Europe, politiquement, culturellement, en faveur des immigrés et des réfugiés ? Quel acte spectaculaire pourrait-on, ou devrait-on faire ? Le 15 janvier 2017, par exemple, il va y avoir la « 103e Journée, dans l'Église catholique, des migrants et des réfugiés ». À l'occasion de cet événement, ne pourrait-il pas y avoir une action de toutes les religions, en Europe, pour les réfugiés et les immigrés ?

Pape François : Les Européens ne sont pas d'accord sur ce sujet. Dans les trois discours que j'ai faits sur l'Europe, les deux à Strasbourg et celui pour le prix Charlemagne, j'ai parlé de tout ça. Tout est là.

Dominique Wolton : Oui, mais ça ne bouge pas.

Pape François : Je crois qu'il y a des efforts qui sont faits.

Dominique Wolton : Un peu les Allemands. Merkel. Pas les Français. Les deux peuples les plus courageux, ce sont les Italiens et les Grecs, parce qu'ils aident concrètement les réfugiés, ils sont solidaires et généreux. Vous avez dit le 13 octobre 2016 que « le chrétien qui ferme sa porte aux réfugiés ou à celui qui a besoin d'aide est un

Europe et diversité culturelle

hypocrite ». C'est bien, mais après ? Bien sûr, cela ne dépend pas de vous, mais un acte symbolique de toutes les religions en Europe pour les réfugiés ? De la part des chrétiens, des musulmans, des juifs ?

Pape François : Oui, on peut en parler, toutes les religions parlent des réfugiés. Mais il y a des problèmes politiques, et certains pays n'ont pas assez de place, d'autres n'ont pas le courage nécessaire, et d'autres ont peur. D'autres n'ont pas su intégrer les immigrés et ils les ont ghettoïsés. C'est très complexe. Considérons le problème des Africains, par exemple. Ils fuient la guerre et la faim. Et quand il y a la guerre et la faim chez eux, le problème arrive ici ensuite. On doit aussi se demander : pourquoi y a-t-il une guerre là-bas ? Qui donne des armes ?

Dominique Wolton : Bien sûr, l'explication historique et économique est déterminante, mais la question est quand même de savoir pourquoi la haine de l'autre est ressortie si fortement en Europe ? On ne s'attendait pas à ce que l'Europe ait une réaction aussi hostile aux immigrés. D'autant que les Européens sont très souvent eux-mêmes des réfugiés de la deuxième ou troisième génération…

Politique et société

Pape François : C'est aussi parce que cela se mélange avec le terrorisme.

Dominique Wolton : Oui, mais pas seulement.

Pape François : Pas seulement, peut-être. Mais c'est très important.

Dominique Wolton : Disons que la conjoncture permet de mélanger les deux, mais je crois hélas que la méfiance à l'égard de l'autre pèse plus lourd que le seul terrorisme.

Pape François : La vie est comme ça. *C'est la vie**.

Dominique Wolton : C'est vrai, c'est la vie ! Quelle contribution les catholiques – qui ont joué un rôle historique très important dans la création de l'Europe, dans les années 1945-1960 – peuvent-ils apporter pour relancer ce projet ? Au fur et à mesure que l'Europe politique s'est construite, l'engagement des Églises a disparu. L'origine de l'Europe, ce sont les socialistes et les chrétiens-démocrates. Au moment où l'on va vers l'Europe politique, pourquoi les cinq familles spirituelles de l'Europe, c'est-à-dire le christianisme, le judaïsme, l'islam, le socialisme et la libre-pensée, ne peuvent-elles prendre une initiative commune ?

Europe et diversité culturelle

Vous avez parlé de célébrer l'âme de l'Europe au prix Charlemagne : comment pourrait-on aujourd'hui mobiliser en faveur de ce qui est la plus grande utopie démocratique de l'histoire de l'humanité ? Jamais 27 à 30 pays, soit 500 millions d'habitants avec plus de 25 langues, n'ont tenté pacifiquement de cohabiter.

Pape François : Le pape Benoît XVI avait invité les agnostiques lors de la dernière rencontre à Assise de son pontificat. C'est important. On ne peut pas les laisser de côté. Ce que je pense à propos de l'Europe, je l'ai clairement exprimé dans les deux discours de Strasbourg, et dans le troisième discours que j'ai fait lorsque j'ai reçu le prix Charlemagne. Je ne voulais pas recevoir ce prix. Parce que je n'ai jamais accepté les distinctions, cela ne me plaît pas. Ce n'est pas de l'humilité, c'est peut-être de la pusillanimité, je ne sais pas. Mais il est clair que ce n'est pas de l'humilité.
Les distinctions ne me plaisent pas. Je n'aime pas *les hautes décorations**.

Dominique Wolton :... Austère.

Pape François : Je ne sais pas si c'est être austère. Ça ne me plaisait pas, mais je l'ai accepté après en avoir beaucoup discuté. Je l'ai accepté pour le bien de l'Europe. Parce que je crois qu'en

Politique et société

ce moment l'Europe est en crise. L'unité de l'Europe est en crise. Une des choses que j'ai dites et sur laquelle j'ai beaucoup insisté, c'est le dialogue. Il faut que nos enfants, dès l'école primaire, apprennent à dia-lo-guer.

Dans nos écoles, on enseigne les mathématiques, les lettres, la physique, la chimie, mais le dialogue ? C'est aussi la structure phénoménologique de l'école, de l'enseignement. C'est : « Moi je parle et toi tu écoutes. Si tu ne comprends pas quelque chose, tu demandes et moi je réponds. » On peut dire que ce pourrait être le début d'un processus qui irait plus loin et qui enseignerait à dialoguer.

Je me souviens qu'une fois, lors de ma première année en tant qu'évêque, en 1992, je suis allé dans un collège où une jeune fille m'a demandé : « Mais pourquoi je ne peux pas avorter ? » Et j'ai immédiatement pensé que si je répondais en commençant par « Parce que... », personne n'accepterait la réponse. J'ai dit : « C'est une belle question. Réfléchissons-y tous ensemble. » Et tous se sont mis à chercher le « pourquoi ». Dans les écoles, on doit enseigner à cheminer en cherchant les choses. Apprendre en cherchant. Et non pas « question-réponse, question-réponse ».

On doit commencer à l'école, mais continuer ensuite. Nous avons perdu – pensez aux parlements –, nous avons perdu, et à quel point !, la culture de l'écoute.

Europe et diversité culturelle

Dominique Wolton : Alors, justement, pourquoi les grandes familles spirituelles n'essaieraient-elles pas, sur cette question de la construction de l'Europe, de dire : « On s'engage un peu. » Il pourrait y avoir une initiative des religions et des mouvements laïcs.

Pape François : Mais il y a des rencontres, des dialogues…

Dominique Wolton : Du point de vue de l'espace démocratique public, ce n'est pas visible… À La Havane, en février 2016, avec le patriarche de Russie, vous avez dit cette phrase : « Enfin, nous nous voyons. » Pourquoi ne pas faire la même chose avec toutes les religions et les familles spirituelles pour l'Europe politique ? C'est-à-dire même si on est athée, même si on est franc-maçon, même si on est socialiste, même si on est juif, même si on est musulman… Parce que l'Europe, c'est tout de même le plus gros chantier de la démocratie et de la paix.

Pape François : Je pense que cela fait partie de l'art de la politique, mais de la politique au sens noble du terme. Les Églises doivent entrer dans ce dialogue, et réfléchir à ce qu'il se passe aujourd'hui en Europe. Parce que l'Europe va mal.

Politique et société

Dominique Wolton : Alors pourquoi pas une rencontre solennelle de tous ? Voilà, on est très différents, du point de vue des religions, du rapport au monde, mais on a un amour commun pour ce que représente l'Europe : le plus grand chantier pacifique démocratique de l'histoire du monde, et on le soutient. Vous pourriez faire un acte politique avec un grand « P », avec toutes les religions et toutes les familles de pensée. Parce que si nous, les Européens, nous réussissons, c'est une leçon d'espoir. Si on échoue, c'est catastrophique. Pas seulement pour nous, mais pour le reste du monde. Donc, pourquoi est-ce que les Églises ne font pas un événement solennel pour dire : « C'est fondamental » ? Vous voyez, ce serait symbolique.

Pape François : Mais je partage vos inquiétudes. Vous dites « il faut », et je prends ce « il faut », et j'essaierai de répandre cette réflexion, et faire une rencontre sur l'Europe. Je voudrais faire une rencontre sur l'Europe avec les intellectuels européens. Ça, j'ai en tête de le faire. Mais on peut aussi le faire avec les Églises. Il y a une belle phrase qui dit que l'Europe va de l'Atlantique à l'Oural…

Dominique Wolton : Oui c'est la même phrase que celle du général de Gaulle, « de l'Atlantique

Europe et diversité culturelle

à l'Oural ». Et il prenait même la Russie, en espérant sortir la Russie du communisme.

Pape François : Il y a des valeurs communes, mais il y a aussi, dans nos dialogues interreligieux, des questions théologiques qui sont plus spécifiques. Ce sont deux modes de dialogue différents. Mais on peut faire ce dialogue en intégrant les religions dans un dialogue plus général sur l'Europe. J'ai été très touché quand le président Hollande, qui m'a téléphoné puis m'a écrit une belle lettre, a envoyé comme représentante à la remise du prix Charlemagne la ministre de l'Éducation.

Dominique Wolton : L'Europe, c'est la cohabitation culturelle, et l'expérience catholique est également, finalement, une expérience de cohabitation à l'échelle mondiale. L'universalité chrétienne et la cohabitation culturelle, comme condition de la paix au XXIe siècle, ont des points communs. En utopie politique, il y a un point commun entre l'utopie plutôt laïque de la cohabitation européenne et le rêve universel de l'Église catholique. L'Église catholique pourrait-elle être à l'initiative d'une espèce de rencontre symbolique entre tous ?

Pape François : Oui, elle le peut.

Politique et société

Dominique Wolton : (*rires*) Je suis trop utopique... Parce que même le multiculturalisme est constitutif de l'histoire de l'Église catholique et aussi de l'histoire de l'Europe. L'Église catholique a un patrimoine historique, philosophique considérable sur la question du rapport à l'autre, de la cohabitation, du dialogue. Bien sûr, il y a eu hier des massacres et des dominations, mais aujourd'hui cela a changé, et tout cela reste trop fermé. Vous devriez plus ouvrir. Sans faire forcément de l'évangélisation !

Pape François : Oui, on peut.

Dominique Wolton : Oui, pourquoi pas (*rires*). Un exemple selon vous ?

Pape François : Ça serait un bon service à rendre. Mais je dois dire qu'il y a un dialogue entre nous sur les problèmes politiques et sociaux – sans parler du dialogue religieux, qui fonctionne –, mais aussi sur beaucoup de problèmes politico-sociaux. Par exemple sur la peine de mort.

Dominique Wolton : Oui, mais en Europe on est dans l'ensemble d'accord à propos de la peine de mort. En Europe, il n'y a plus la peine de mort.

Europe et diversité culturelle

Pape François : Oui mais, ce que je dis, c'est que chez nous ce dialogue existe. Et aussi sur l'accueil des réfugiés, sur l'intégration des familles… Et puis l'Europe, c'est une histoire d'intégration culturelle, multiculturelle comme vous dites, très forte. Depuis toujours. Les Longobards, nos Lombards d'aujourd'hui, sont des barbares qui sont arrivés il y a longtemps… Et puis tout s'est mélangé et nous avons notre culture. Mais quelle est la culture européenne ? Comment, moi, je définirais aujourd'hui la culture européenne ? Oui, elle a d'importantes racines chrétiennes, c'est vrai. Mais ça, ce n'est pas suffisant pour la définir.

Il y a toutes nos capacités. Ces capacités d'intégrer, de recevoir les autres. Il y a aussi la langue dans la culture. Dans notre langue espagnole, 40 % des mots sont arabes. Pourquoi ? Parce qu'ils étaient là pendant sept siècles. Et ils ont laissé leur trace.

Dominique Wolton : Oui, ce n'est pas assez connu. Et les Européens ont trop oublié les racines arabes, juives et toutes les autres…

Pape François : À l'époque, la politique a consisté à chasser les juifs. La politique au XVIe siècle était « trop » catholique. Le trop nous fait du mal. Il est normal de dire « nous, on pense comme ça », mais si je pense « trop comme ça », quelque chose ne va plus, et cela conduit à l'exagération, au fondamentalisme, à l'isolement, à la fermeture au dialogue et à la parole de l'autre.

Dominique Wolton : L'Europe est aujourd'hui confrontée à la même tentation du repli sur soi, à la recherche d'une identité hypothétique qui serait menacée par la mondialisation.

Pape François : Une société ne doit pas être homogénéisée... Homogénéiser, ce n'est jamais fécond, cela entraîne toujours la stérilité.

Dominique Wolton : Face à ce double risque de l'éclatement et de l'homogénéisation, pourquoi est-ce que les forces spirituelles ne disent pas l'importance de ce projet politique ? C'est fragile, l'Europe, comme projet politique.

Pape François : Il y a eu une voix. Je l'ai dit, mais il y a eu aussi d'autres voix. Bartholomée Ier, ainsi que d'autres religieux. Mais comment peut-on refaire cette unité en Europe ? Comment la retrouver ? Je crois qu'on ne doit pas oublier le rôle des femmes en Europe. Les femmes ont cette capacité maternelle d'unir. Les enfants se disputent entre eux, mais la mère impose l'unité. Je crois que l'Europe a besoin de plus de femmes courageuses. Il y en a. Mais on a besoin de plus de femmes courageuses qui puissent, en tant que femmes, réaliser ce travail d'unification et de réconciliation entre les peuples, de dialogue entre les peuples. Je suis en train de lire un texte qui est sorti dans *L'Osservatore Romano* sur la maternité comme unité. Vous l'avez lu ?

Dominique Wolton : Non.

Pape François : La prochaine fois, je vous l'apporte, il est vraiment à-propos. Il y a une vraie dynamique des femmes et de leur capacité. Certaines femmes me disent : « Mais pourquoi nous ne pouvons pas devenir des diaconesses ? » Ça, c'est un ministère. On peut y réfléchir. Mais à moi il me plaît davantage que la fonction et le rôle de la femme dans une société évoluée. Parce que certains confondent cela avec les revendications des femmes, comme si c'était un « machisme en jupe ». Mais non, c'est autre chose. Le machisme, c'est une brutalité et une chose négative. Le « machisme en jupe », c'est la même chose. Cela ne représente pas ce que la femme doit représenter dans la société. Or, elles ont un grand rôle à jouer dans l'unité européenne. Dans les guerres. Dans les deux grandes guerres, les vraies héroïnes ont été les femmes.

Dominique Wolton : Oui, pour les femmes, leur rôle est largement sous-valorisé. Je reviens sur la *laïcité*. La force de l'Europe et de l'Église est de

Politique et société

reconnaître la laïcité. Or, avec le retour du fondamentalisme, il y a de nouveau le risque de fusion du religieux et du politique. L'Église catholique pourrait dire nettement « non, pas ce chemin ». L'Église catholique et même le christianisme pourraient dénoncer cette illusion de fusion du politique et du religieux, parce qu'on en a vu les conséquences négatives pendant trois, quatre siècles…

Pape François : C'est curieux, ces fondamentalistes européens qui portent toujours le drapeau du christianisme, de l'Église. C'est un fondamentalisme qui a besoin d'utiliser l'Église, mais contre l'Église, car il la dénature.

Dominique Wolton : Et pourquoi ne dites-vous pas quelque chose ?

Pape François : Sans nommer de pays, on peut parler de ce principe général : l'Église est parfois utilisée pour justifier une posture fondamentaliste.

Dominique Wolton : L'innovation serait que, face aux tentations de repli et au fondamentalisme, l'Église catholique soit la première à dire « non, c'est une impasse ». Vous seriez à « l'avant-garde » de ce que représentent le défi et l'utopie européens : *être ensemble malgré toutes les différences.*

Europe et diversité culturelle

Pape François : Je prêche souvent sur ce thème aux messes du matin, ici à Sainte-Marthe.

Il n'y a rien de nouveau sous le soleil. C'est le même problème qu'au temps de Jésus, quand Jésus-Christ a commencé à parler. Le peuple le comprenait parfaitement et s'enthousiasmait parce qu'il parlait avec autorité. En revanche, les docteurs de l'Église de ce temps-là étaient fermés. Fondamentalistes. « On peut aller jusqu'ici, mais pas jusque-là. » C'est le combat que je mène aujourd'hui avec l'exhortation *Amoris laetitia*. Parce que certains disent encore : « Ça, on peut, ça, on ne peut pas. » Mais il existe une autre logique. Jésus-Christ ne respectait pas les habitudes qui étaient devenues des commandements, car il touchait les lépreux, ce qui ne se faisait pas ; il ne lapidait pas l'adultère, ce que les autres faisaient ; il parlait avec la Samaritaine, alors que l'on ne pouvait pas, parce qu'on devenait impur. Il s'est laissé toucher par une femme qui perdait du sang, et ça c'était impur. Est-ce Jésus-Christ qui ne respectait pas la loi, ou bien la loi des autres qui n'était pas dans le vrai ? Elle était dégénérée, oui. Par le fondamentalisme. Et Jésus-Christ a répondu en prenant la direction inverse.

Je crois que cela s'applique à tous les aspects de la culture. Quand je détruis l'harmonie intentionnellement – parce que la destruction de l'harmonie est toujours intentionnelle –, que je me saisis

Politique et société

d'un élément et le rends absolu, je détruis l'harmonie. C'est ce que font les fondamentalistes.

Dominique Wolton : Dernière question sur l'Europe : si vous aviez une phrase à dire sur l'Europe ? Un rêve, une utopie, un désir ?

Pape François : Il y a un problème en Europe. L'Europe n'est pas libre. L'économie de l'Europe n'est pas une économie productive de la terre, une économie concrète. Elle a perdu sa « concrétude ». C'est une économie liquide. La finance. C'est pour ça que les jeunes n'ont pas de travail.

Dominique Wolton : La finance est un modèle de libéralisme trop inégalitaire. La finance a mangé l'économie, qui a mangé le politique… L'Europe est la seule partie du monde aujourd'hui complètement libérale. Partout, la régulation est revenue, sauf en Europe où les valeurs économiques libérales des années 1980 perdurent !

Pape François : C'est le virtuel contre le réel. Le virtuel détaché de la réalité, et dont l'unique méthode d'action est un facteur de destruction.

Dominique Wolton : Vous avez dit « l'Europe n'est pas libre parce que la finance… », vous voulez continuer ?

Europe et diversité culturelle

Pape François : ... C'est ce que m'a dit un ambassadeur en venant remettre ses lettres de créance : « *Nous sommes tombés dans l'idolâtrie de l'argent**. » Et l'Europe est tombée dedans. Et puis, j'aimerais parler des personnes, des leaders européens. En discutant avec les politiques qui viennent ici, j'ai constaté que les jeunes s'expriment sur un autre ton. Ils sont obligés de négocier, mais ils ont un autre idéal. Moi, j'ai beaucoup de confiance dans les jeunes politiques européens. Je crois qu'on doit les aider. Il y a de grands leaders européens en ce moment... Merkel est indiscutablement un grand leader européen. Avez-vous parlé avec Tsipras ?

Dominique Wolton : Non, je ne lui ai pas parlé.

Pape François : Discutez avec lui. Le jour où je suis allé à Lesbos, il était très discret. Il s'est éloigné et ne s'est pas montré. Mais, à la fin, quand nous avons décidé de ramener avec nous les douze réfugiés syriens, tous musulmans, il a fait un commentaire. Et il m'a dit quelque chose de courageux : « Ce qui dépasse tous les accords, ce sont les droits de l'homme. » Un politique qui pense comme cela, c'est un politique de l'avenir, qui réfléchit à ce qu'est l'Europe. Il y a beaucoup de jeunes qui pensent comme ça. Pensons aux mouvements populaires. J'en parlerai après.

Politique et société

Dominique Wolton : Je reviens sur l'Europe et l'Amérique latine : ce qui vous frappe dans la comparaison des deux ?

Pape François : La piété populaire en Amérique latine est très forte. Il y a le même phénomène dans certaines parties d'Europe. Le peuple en Europe a été protagoniste de l'histoire et de la catéchèse. En Amérique latine, c'est la même chose. Nous sommes « sous-développés », mais également sous domination, soumis à la puissance des colonisations idéologiques et économiques. Nous ne sommes pas libres. Certes, nous avons notre façon d'être, mais les multinationales ont fait leur œuvre ! Prenez le Brésil… Mais ce n'est pas mon sujet.

Dominique Wolton : Deux questions sur l'Amérique latine. Pourquoi les épiscopats ont-ils été plus souvent du côté des régimes conservateurs que progressistes ?

Pape François : La majorité… parce qu'il y a une partie de l'épiscopat qui est progressiste dans le bon sens du terme. Pasteurs du peuple. Il y a un progressisme idéologique qui est lié à votre Mai 68. Ce progressisme idéologique a disparu. Mais il y a une théologie dite « du peuple ». Le

Europe et diversité culturelle

peuple fait avancer la foi. Ça, c'est très développé en Amérique latine. Mais il y a aussi dans certains pays le problème des prêtres-patrons, des prêtres-princes, des évêques-seigneurs...

Dominique Wolton : Vous allez gagner avec le thème de la « théologie du peuple » ? Avec les inégalités de la mondialisation, le marxisme ne va-t-il pas repartir, et avec lui le thème de la « théologie de la libération[1] » ? Que peut devenir la théologie du peuple ?

Pape François : Oui, ça oui. Oui, parce que le peuple n'a jamais accepté ces petits groupes.
Le peuple a sa piété, sa théologie. Elles sont saines et concrètes. Fondées sur les valeurs de la famille, du travail. Même les péchés du peuple sont des péchés concrets. En revanche, les péchés de ces théologies idéologiques ont trop d'« angélicalité ». Les péchés les plus graves sont ceux qui ont beaucoup d'angélisme. Les autres ont peu

---

1. Née en Amérique latine, l'expression « théologie de la libération » a été employée pour la première fois par le prêtre péruvien Gustavo Gutiérrez dans son ouvrage du même titre paru en 1972. Cette théologie est un réquisitoire contre le capitalisme, et réclame d'autres doctrines et pratiques politiques. Elle utilise des méthodes d'analyse marxiste et prône la libération du peuple pour retrouver la tradition chrétienne de la solidarité.

d'angélisme, mais beaucoup d'humanité. Vous me comprenez ? J'aime utiliser le mot « angélicalité », parce que le pire péché, c'est l'orgueil. Celui des anges.

Dominique Wolton : Oui. Juste une précision. Vous parlez beaucoup du peuple, et en Europe, c'est un mot dont on se méfie. On parle des sociétés, des communautés, des individus. Moins du mot « peuple », qui est un mot très beau, mais qui ramène au populisme lié aux dérives historiques d'extrême droite et d'extrême gauche.

Pape François : Le peuple existe aussi en Europe.

Dominique Wolton : Bien sûr.

Pape François : Mais le peuple n'est pas une catégorie logique. C'est une catégorie mythique. C'est un « mythos ». Pour comprendre le peuple, il faut aller dans un village de France, d'Italie ou d'Amérique. Ce sont les mêmes. Et là, on vit la vie du peuple. Mais on ne peut pas l'expliquer. On peut expliquer la différence qu'il y a entre une nation, un pays et un peuple. Un pays, c'est celui qui est entre les frontières. Une nation, c'est la constitution légale et juridique de ce pays. Mais un peuple, c'est une autre chose. Les deux

Europe et diversité culturelle

premiers sont des catégories logiques. Le peuple est une catégorie mythique. Pour comprendre le peuple, tu dois vivre avec le peuple. Et seuls ceux qui ont vécu avec le peuple comprennent... Je pense à Dostoïevski. Il a compris le peuple : « Qui ne croit pas en Dieu ne croit pas dans le peuple. » C'est de Dostoïevski.

Dominique Wolton : Cela, il faut le dire, le redire. Parce que le mot « peuple » n'est plus un mot suffisamment utilisé dans les catégories politiques, sauf de manière péjorative avec le populisme, et la dérive démagogique et autoritaire. C'est vrai qu'il serait utile de revaloriser le mot peuple, au sens anthropologique que vous utilisez.

Pape François : Parce que l'on utilise trop le mot « peuple » comme une catégorie logique. Le populisme par exemple – « ça, c'est un parti populiste » – relève de cette logique. Mais le peuple est une réalité mythique. Ou on le vit, ou on ne le vit pas. Même chez vous, il y a un écrivain, Joseph Malègue, qui a écrit un roman, *Augustin*. Il a une expression très belle : « Les classes moyennes de la sainteté[1]. » Il a l'intuition, sur le plan de la sain-

---

1. Joseph Malègue (1876-1940), *Augustin ou Le Maître est là*, Spes, 1933.

Politique et société

teté, de ce qu'est le peuple. Péguy, voilà un autre qui a compris le peuple. Il l'a bien compris.

Dominique Wolton : Oui mais Péguy en France, c'est presque « maudit », car c'est « réactionnaire ». C'est un grand poète, bien sûr.

Pape François : Il a compris le peuple, et très bien. En revanche, Léon Bloy, à mon avis, ne l'a pas bien compris. Il peut être compris comme une idéologie du peuple. Et il y a un autre Français remarquable : Bernanos. Lui, il a compris le peuple, il a compris cette catégorie mythique. *A contrario*, l'Action française, le cardinal Billot[1]... Vous savez comment a fini Billot ?

Dominique Wolton : Non.

Pape François : Le cardinal Billot était très lié à l'Action française. On dit que Pie XI lui a envoyé une lettre très, très dure. Lors d'une rencontre avec les cardinaux, Billot est venu avec les autres. Le pape les saluait et quand il est arrivé à Billot, celui-ci a dit : « Mon Saint-Père, je m'excuse de

---

1. Louis Billot (1846-1931) fut fait cardinal en 1911 par Pie X. Son désaccord avec la condamnation de l'Action française par Rome en 1926 le conduisit à démissionner l'année suivante.

ce que j'ai fait, mais pardonnez-moi, je renonce au cardinalat. » Et savez-vous ce qu'a fait Pie XI ? Il lui a pris sa barrette en disant : « J'accepte ! » C'est historique.

Dominique Wolton : (*rires*) C'était en quelle année ?

Pape François : En 1927, je crois.

Dominique Wolton : Que faire pour sortir de l'idéologie de la modernité, selon laquelle on dit « l'Église est en avance », « l'Église est en retard » ?

Pape François : Pour moi, la modernité a un double sens. Il y a les mondes modernes, il suffit de voir le film de Charlie Chaplin… Il y a la modernité que l'on voit maintenant. Et l'Église doit accepter les modes de vie d'aujourd'hui. Mais il y a un autre sens, qui s'assimile à la mondanité. Ça, c'est un mot négatif pour les chrétiens. Le chrétien ne peut pas être mondain. Il doit être dans le monde, et vivre la modernité du monde, mais sans être mondain. Il a un autre message pour le monde. Il doit prendre la bonne part du monde, et dialoguer avec le monde.

Politique et société

Dominique Wolton : Les sociétés ont beaucoup changé en cent cinquante ans, avec l'éducation sanitaire, la démocratie, la politique, la liberté, l'égalité. Qu'a apporté ce progrès politique laïc à l'Église ? L'Église en effet ne dit jamais : « Merci, c'est formidable le monde moderne. » Elle dit plus souvent : « Attention ! »

Pape François : Je crois que Vatican II a ouvert des portes dans cette voie.

Dominique Wolton : Il y a deux histoires parallèles, il y a l'histoire de l'Église, et il y a l'histoire du progrès et de la démocratie. Évidemment, il y a constamment des liens, mais l'Église dit rarement ce qu'a apporté la modernité...

Pape François : Je crois que c'est un peu exagéré, ce que vous dites.

Dominique Wolton : Par rapport à quoi ?

Pape François : Je crois que, dans les documents, les discours, l'Église fait beaucoup l'éloge du monde moderne. Il suffit de regarder Paul VI, mais aussi Pie XI. Pie XI a lancé Radio Vatican et beaucoup de choses modernes. Faisons une analyse sur trois niveaux : dans les textes, on trouve cette estime et cette ouverture au monde moderne,

Europe et diversité culturelle

avec des « attention à ça », avec certains avertissements, mais on le trouve. Deuxièmement, dans la classe dirigeante de l'Église, certains y sont opposés, mais d'autres sont courageux. Enfin, le peuple de Dieu, en principe, c'est celui qui souffre le plus. Les laïcs deviennent plus facilement esclaves des mauvais côtés de la modernité. Plus facilement – je ne dis pas « toujours ». Quand vous voyez le surpoids des enfants, parce qu'ils mangent des repas modernes avec frites, hot-dogs et Coca-Cola…

Dominique Wolton : Pour le *fast food*, bien sûr. Mais l'Église peut à la fois dire qu'il y a du progrès dans la modernité, ce qui est vrai, et en même temps condamner une modernité qui n'a pas de sens, qui n'a pas de générosité, qui est très égoïste. On peut dire les deux. Ce que je veux dire par là, c'est que l'Église catholique, avec toute son histoire, est bien placée, sans dogmatisme, pour dire : « Voilà ce qu'il y a de bien dans la modernité et le progrès, et voilà ce qui laisse l'homme tout seul. » Selon vous, où commence et où finit la politique pour l'Église ?

Pape François : L'Église doit faire la charité, et mes prédécesseurs, Pie XI et Paul VI, ont dit que l'une des formes les plus élevées de charité, c'est la politique. L'Église doit entrer dans la « haute »

Politique et société

politique. Parce que l'Église fait la haute politique. Celle qui consiste à porter vers l'avant les gens sur une proposition évangélique. Mais elle ne doit pas s'immiscer dans les « basses » politiques de partis et toutes ces sortes de choses. En revanche, l'Église est tellement utilisée par la basse politique… Tellement utilisée. Par les fondamentalistes, on en a déjà parlé. Pensez à votre histoire. Au fameux « Monsieur l'abbé ». Et que cachaient ces « Monsieur l'abbé » ? Des prêtres qui servaient la cour et faisaient de la basse politique. Ce n'étaient pas des pasteurs. Les vrais pasteurs, c'est le curé d'Ars[1], c'est saint Pierre Fourier[2], qui était confesseur de la Cour, mais se tenait toujours à part. Il attendait que l'on vienne lui parler des choses du cœur. Mais il ne faisait pas de la basse politique. Moi, je ne trouve pas ça bien du tout, les pasteurs et les prêtres de réceptions, d'aéroports…

Dominique Wolton : Vous avez dit au congrès des communautés chrétiennes en mai 2015, à Bogotá je crois : « Un catholique ne peut se

---

1. Jean-Marie Vianney (1786-1859), curé de la paroisse d'Ars, vénéré par l'Église catholique.
2. Pierre Fourier (1565-1640), religieux augustin, curé de Mattaincourt, était très attaché à la famille ducale de Lorraine. Son engagement dans le renouvellement de la pastorale éducative en fait un pionnier de la Réforme catholique.

Europe et diversité culturelle

contenter de regarder du balcon. » Alors, il faut s'engager dans la politique ?

Pape François : Oui ! Mais dans la grande politique.

Dominique Wolton : Bien sûr.

Pape François : Ça je crois que je l'ai dit à Rio de Janeiro. « Regarder du balcon. » *Regarder l'histoire qui passe**.

Dominique Wolton : Pourquoi est-ce que l'Église est plus sévère avec les catholiques de gauche, les prêtres ouvriers, la théologie de la libération, qu'avec les catholiques de droite, la congrégation Saint-Pie-X, ou, souvent, avec les dictatures. Pourquoi ?

Pape François : Je ne comprends pas très bien où vous voulez en venir. Pourquoi l'Église est-elle plus sévère avec les catholiques de gauche qu'avec ceux de droite ?

Dominique Wolton : Oui. Historiquement, au cours du XXe siècle...

Pape François : Ça peut être dans le sens où la gauche cherche toujours de nouvelles voies. En

Politique et société

revanche, quand on maintient le statu quo, que l'on se rigidifie, cela ne constitue pas de menace, cela laisse vivre tranquillement… mais du coup l'Église ne grandit pas. Ça, c'est une chose qui n'est pas une menace pour moi. Mais, appelons cela la gauche, ce n'est pas la gauche, mais la gauche de Jésus-Christ, était très dangereuse pour eux. Souvent la gauche… mais cela ne me plaît pas, ce mot.

Dominique Wolton : Peut-être, mais c'est le vocabulaire politique dans la démocratie, où il y a en général deux camps.

Pape François : L'Évangile… l'Église s'est souvent identifiée aux pharisiens. Et non pas aux pécheurs. L'Église des pauvres, l'Église des pécheurs…

Dominique Wolton : Vous avez dit « une Église pauvre pour les pauvres ». Oui, mais cela, c'est l'Évangile et c'est vous. Mais, après, il y a l'institution de l'Église.

Pape François : Il y a les péchés des dirigeants de l'Église, qui manquent d'intelligence ou se laissent manipuler. Mais l'Église, ce ne sont pas les évêques, les papes et les prêtres. L'Église, c'est le peuple. Et Vatican II a dit : « Le peuple de Dieu, dans son ensemble, ne se trompe pas. » Si vous voulez connaître l'Église, allez dans un village où se vit la vie d'Église. Allez dans un hôpital où il y a tant de chrétiens qui viennent aider, des laïcs, des sœurs… Allez en Afrique, où l'on trouve tant de missionnaires. Ils brûlent leur vie là-bas. Et ils font de vraies révolutions. Pas pour convertir, c'est à une autre époque que l'on parlait de conversion, mais pour servir.

Dominique Wolton : Le message le plus radical de l'Église depuis toujours, depuis l'Évangile, est de condamner la folie de l'argent. Pourquoi ce message n'est-il pas entendu ?

Pape François : Il ne passe jamais ? Mais parce que certains préfèrent parler de morale, dans les homélies ou dans les chaires de théologie. Il y a un grand danger pour les prédicateurs, les prêcheurs, qui est de tomber dans la médiocrité. De ne seulement condamner que la morale – je vous demande pardon – « sous la ceinture ». Mais les autres péchés, qui sont les plus graves, la haine, l'envie, l'orgueil, la vanité, tuer l'autre, ôter la vie…, ceux-là on n'en parle pas tant que ça. Entrer dans la mafia, faire des accords clandestins… « Tu es un bon catholique ? Alors donne-moi le chèque. »

Dominique Wolton : Je suis d'accord. Que répondez-vous à ceux qui n'arrêtent pas de souligner les exactions et les crimes de l'Église pendant des siècles ?

Pape François : Quand l'Église a arrêté d'être servante et est devenue patronne ?

Dominique Wolton : Oui, cela a duré longtemps.

Pape François : Oui, mais c'est une culture de l'époque, aussi. L'Église a perdu cette culture.

Dominique Wolton : C'est le contexte historique... Trouvez-vous que ce soit suffisant comme explication ?

Pape François : Il y a un contexte historique qui déterminait, et l'Église choisissait. Je ne sais pas si j'ai parlé de la catéchèse médiévale, celle qui s'apprenait dans les cathédrales. Le peuple a appris la vraie foi dans les cathédrales. En 1974, quand il y a eu le conflit entre la Compagnie[1] et la Curie vaticane, j'étais dans la Congrégation générale. Les traditionalistes allaient porter des fleurs dans l'église des douze apôtres, où se trouve la tombe de Clément XIV, en espérant que la Compagnie soit dissoute, comme cela

---

1. La Compagnie de Jésus, ou ordre des Jésuites.

Europe et diversité culturelle

s'était produit en son temps. La Compagnie, et c'est un jésuite fier qui vous en parle, a eu la gloire d'imiter la mort et la résurrection de Jésus-Christ, puisqu'elle a été anéantie par le pape, obéissant à cette décision avant de renaître sous un autre pape. La Compagnie a été sauvée par une Allemande protestante, devenue ensuite orthodoxe, une grande femme : Catherine II. C'est elle qui a sauvé la Compagnie. La grande Marie-Thérèse a résisté jusqu'à la fin, mais elle a dû se résigner, parce que tous ses enfants étaient mariés à des Bourbon.

Dominique Wolton : Oui, c'est long, l'histoire. Le message le plus simple que vous pouvez dire pour conseiller de s'engager dans la politique ?

Pape François : Le faire pour servir. Le faire par amour. Ne pas le faire par intérêt personnel, par cupidité ou pour le pouvoir. Faire comme l'ont fait les grands hommes politiques de l'Europe. Pensez aux trois fondateurs, Schuman, Adenauer et De Gasperi. Ce sont trois modèles, il y en a beaucoup d'autres.

Dominique Wolton : En mai 2016, vous avez dit à propos du prix Charlemagne : « Il faut construire des ponts et abattre les murs. » Une idée pour cela ? Un exemple ?

Politique et société

Pape François : Serrer les mains. Quand je donne la main à quelqu'un, je jette un pont. Quand je vois l'autre là-bas et que je m'intéresse à lui, je commence à construire un pont.

Selon moi, le pont le plus humain, le pont universel, disons, c'est cela : serrer les mains. Si un homme n'est pas capable de serrer des mains en faisant comme ça avec l'autre (le geste accompagne la parole), il n'est pas capable de faire des ponts.

Dominique Wolton : Et un pont aujourd'hui en Europe ? Un exemple, un symbole ?

Pape François : L'accueil des réfugiés... Et aussi aller chez eux, dans leurs pays, les aider à survivre en faisant la paix et en créant des sources de travail pour qu'ils ne soient pas obligés de fuir. Investir.

Dominique Wolton : Oui, parce que l'Europe est très riche.

Pape François : Mais on n'emportera pas d'argent avec soi ! Je n'ai jamais vu de camion de déménagement derrière une voiture funéraire...

Europe et diversité culturelle

Discours du pape François lors de la remise du prix Charlemagne, salle Royale, Vatican, 6 mai 2016

[…] La créativité, le génie, la capacité de se relever et de sortir de ses propres limites caractérisent l'âme de l'Europe. Au siècle dernier, elle a témoigné à l'humanité qu'un nouveau départ était possible : après des années de conflits tragiques, qui ont abouti à la plus terrible guerre dont on se souvienne, est apparue dans l'histoire, par la grâce de Dieu, une nouveauté sans précédent. Les cendres des décombres n'ont pas pu éteindre l'espérance et la recherche de l'autre, qui brûlaient dans le cœur des Pères fondateurs du projet européen. Ils ont jeté les fondations d'un rempart de paix, d'un édifice construit par des États qui ne s'étaient pas unis de force, mais par un choix libre du *bien commun*, en renonçant pour toujours à s'affronter. L'Europe, après tant de divisions, s'est finalement retrouvée elle-même et a commencé à édifier sa maison.

Cette « famille de peuples[1] », admirablement agrandie entre-temps, dernièrement semble moins sentir comme siens les murs de la maison com-

---

1. Discours au Parlement européen, Strasbourg, 25 novembre 2014.

Politique et société

mune, érigés parfois en s'éloignant du judicieux projet conçu par les Pères. Cette atmosphère de nouveauté, cet ardent désir de construire l'unité paraissent de plus en plus éteints : nous, les enfants de ce rêve, nous sommes tentés de céder à nos égoïsmes, en ayant en vue notre propre intérêt et en pensant construire des enclos particuliers. Cependant, je suis convaincu que la résignation et la fatigue ne font pas partie de l'âme de l'Europe et qu'également « les difficultés peuvent devenir des promotrices puissantes d'unité[1] ».

Au Parlement européen, je me suis permis de parler d'une « Europe grand-mère ». Je disais aux eurodéputés qu'en bien des endroits grandissait l'impression générale d'une Europe fatiguée et vieillie, stérile et sans vitalité, où les grands idéaux qui ont inspiré l'Europe semblent avoir perdu leur force attractive ; une Europe en déclin qui semble avoir perdu sa capacité génératrice et créative. Une Europe tentée de vouloir assurer et dominer des espaces plutôt que de créer des processus d'inclusion et de transformation : une Europe qui est en train de « se retrancher » au lieu de privilégier des actions qui promeuvent de nouveaux dynamismes dans la société ; des dynamismes capables d'impliquer et de mettre en mouvement tous les acteurs sociaux (groupes

---

1. *Ibid.*

Europe et diversité culturelle

et personnes) dans la recherche de solutions nouvelles aux problèmes actuels, qui portent du fruit dans d'importants événements historiques ; une Europe qui, loin de protéger les espaces, devienne une mère génératrice de processus (*cf. Evangelii gaudium*, n° 223).

[...] Robert Schuman, dans ce que beaucoup reconnaissent comme l'acte de naissance de la première communauté européenne, a dit : « L'Europe ne se fera pas d'un coup, ni dans une construction d'ensemble : elle se fera par des réalisations concrètes, créant d'abord une solidarité de fait[1]. » À présent justement, dans notre monde divisé et blessé, il faut retourner à cette *solidarité de fait*, à la même *générosité concrète* qui a suivi le deuxième conflit mondial, parce que – continuait Schuman – « la paix mondiale ne saurait être sauvegardée sans des efforts créateurs à la mesure des dangers qui la menacent[2] ». Les projets des Pères fondateurs, hérauts de la paix et prophètes de l'avenir, ne sont pas dépassés : ils inspirent, aujourd'hui plus que jamais, à construire des ponts et à abattre des murs. [...]

Ainsi, la communauté des peuples européens pourra vaincre la tentation de se replier sur des

---

1. Déclaration du 9 mai 1950, salon de l'Horloge, Quai d'Orsay, Paris.
2. *Ibid.*

paradigmes unilatéraux et de s'aventurer dans des « colonisations idéologiques » ; elle redécouvrira plutôt la grandeur de l'âme européenne, née de la rencontre de civilisations et de peuples, plus vaste que les frontières actuelles de l'Union et appelée à devenir un modèle de nouvelles synthèses et de dialogue. Le visage de l'Europe ne se distingue pas, en effet, par l'opposition aux autres, mais par le fait de porter imprimés les traits de diverses cultures et la beauté de vaincre les fermetures.

[...] S'il y a un mot que nous devons répéter jusqu'à nous en lasser, c'est celui-ci : *dialogue*. Nous sommes invités à promouvoir une culture du dialogue en cherchant par tous les moyens à ouvrir des instances afin qu'il soit possible et que cela nous permette de reconstruire le tissu social. La culture du dialogue implique un apprentissage authentique, une ascèse qui nous aide à reconnaître l'autre comme un interlocuteur valable ; qui nous permette de regarder l'étranger, le migrant, celui qui appartient à une autre culture comme un sujet à écouter, considéré et apprécié. Il est urgent pour nous aujourd'hui d'impliquer tous les acteurs sociaux dans la promotion d'« une culture qui privilégie le dialogue comme forme de rencontre », en promouvant « la recherche de consensus et d'accords, mais sans la séparer de la préoccupation d'une société juste, capable de

Europe et diversité culturelle

mémoire, et sans exclusions » (*Evangelii gaudium*, n° 239).

[...] Cette culture du dialogue, qui devrait être insérée dans tous les cursus scolaires comme axe transversal des disciplines, aidera à inculquer aux jeunes générations une manière de résoudre les conflits différente de celle à laquelle nous nous habituons.

[...] Ces derniers temps, j'ai réfléchi à cet aspect et je me suis demandé : comment pouvons-nous faire participer nos jeunes à cette construction lorsque nous les privons de travail ; de travaux dignes qui leur permettent de se développer grâce à leurs mains, grâce à leur intelligence et à leur énergie ? Comment voulons-nous leur reconnaître la valeur de protagonistes, lorsque les taux de chômage et de sous-emploi de millions de jeunes Européens sont en augmentation ? Comment éviter de perdre nos jeunes, qui finissent par aller ailleurs à la recherche d'idéaux et de sens d'appartenance parce qu'ici, sur leur terre, nous ne savons pas leur offrir des opportunités et des valeurs ?

[...] Je rêve d'une Europe jeune, capable d'être encore mère : une mère qui ait de la vie, parce qu'elle respecte la vie et offre l'espérance de vie. Je rêve d'une Europe qui prend soin de l'enfant, qui secourt comme un frère le pauvre et celui qui arrive en recherche d'accueil parce qu'il n'a plus

Politique et société

rien et demande un refuge. Je rêve d'une Europe qui écoute et valorise les personnes malades et âgées, pour qu'elles ne soient pas réduites à des objets de rejet improductifs. Je rêve d'une Europe où être migrant ne soit pas un délit mais plutôt une invitation à un plus grand engagement dans la dignité de l'être humain tout entier. Je rêve d'une Europe où les jeunes respirent l'air pur de l'honnêteté, aiment la beauté de la culture et d'une vie simple, non polluée par les besoins infinis du consumérisme ; où se marier et avoir des enfants sont une responsabilité et une grande joie, non un problème du fait du manque d'un travail suffisamment stable. Je rêve d'une Europe des familles, avec des politiques vraiment effectives, centrées sur les visages plus que sur les chiffres, sur les naissances d'enfants plus que sur l'augmentation des biens. Je rêve d'une Europe qui promeut et défend les droits de chacun, sans oublier les devoirs envers tous. Je rêve d'une Europe dont on ne puisse pas dire que son engagement pour les droits humains a été sa dernière utopie. Merci.

Europe et diversité culturelle

Discours du pape François aux chefs d'État et de gouvernement de l'Union européenne réunis en Italie à l'occasion du 60ᵉ anniversaire du traité de Rome, salle Royale, vendredi 24 mars 2017

Honorables hôtes,

Je vous remercie de votre présence, ce soir, à la veille du 60ᵉ anniversaire de la signature des traités fondateurs de la Communauté économique européenne et de la Communauté européenne de l'énergie atomique. Je désire signifier à chacun l'affection que le Saint-Siège nourrit pour vos pays respectifs et pour toute l'Europe, aux destins desquels il est indissolublement lié, par disposition de la Providence divine. […] Le 25 mars 1957 fut une journée chargée d'attentes et d'espérances, d'enthousiasme et d'anxiété, et seul un événement exceptionnel, par sa portée et ses conséquences historiques, pouvait la rendre unique dans l'histoire. […]

Les pères fondateurs et les responsables étaient bien conscients que, apposant leur signature sur les deux traités, ils donnaient vie à cette réalité politique, économique, culturelle, mais surtout humaine, que nous appelons aujourd'hui l'Union européenne. […] S'il fut clair dès le début que le cœur palpitant du projet politique européen ne

Politique et société

pouvait qu'être l'homme, le risque que les traités restent lettre morte fut aussi évident. Ceux-ci devaient être remplis d'esprit vital. Et le premier élément de la vitalité européenne est la solidarité. [...] La capacité de s'ouvrir aux autres naît de la solidarité. « Nos plans ne sont pas égoïstes », a dit le chancelier allemand Adenauer[1]. Le ministre des Affaires étrangères français Pineau lui faisait écho : « Sans doute, les pays en s'unissant [...] n'entendent pas s'isoler du reste du monde et dresser autour d'eux des barrières infranchissables. » Dans un monde qui connaissait bien le drame des murs et des divisions, l'importance de travailler pour une Europe unie et ouverte était bien claire, ainsi que la volonté commune d'œuvrer pour supprimer cette barrière artificielle qui, de la mer Baltique à l'Adriatique divisait le continent. Comme on a peiné pour faire tomber ce mur ! [...] Dans l'absence de mémoire qui caractérise notre temps, on oublie souvent une autre grande conquête, fruit de la solidarité ratifiée le 25 mars 1957 : le temps de paix le plus long des derniers siècles. [...]

Au cours de ces dernières soixante années, le monde a beaucoup changé. Si les pères fondateurs,

---

1. Konrad Adenauer, chancelier de la République fédérale d'Allemagne, « Discours prononcé à l'occasion de la signature des traités de Rome », 25 mars 1957.

Europe et diversité culturelle

qui avaient survécu à un conflit dévastateur, étaient animés par l'espérance d'un avenir meilleur et déterminés par la volonté de le poursuivre, en évitant que surgissent de nouveaux conflits, notre époque est davantage dominée par l'idée de crise. Il y a la crise économique, qui a caractérisé les dix dernières années, il y a la crise de la famille et des modèles sociaux consolidés, il y a une diffuse « crise des institutions » et la crise des migrants : beaucoup de crises, qui cachent la peur et le désarroi profond de l'homme contemporain, qui demande une nouvelle herméneutique pour l'avenir. Cependant, le terme « crise » n'a pas en soi une connotation négative. Il n'indique pas seulement un mauvais moment à dépasser. Le mot crise a pour origine le verbe grec *crino* (κρίνω), qui signifie *examiner, évaluer, juger*. […] Quelle est alors l'herméneutique, la clef d'interprétation avec laquelle nous pouvons lire les difficultés du présent et trouver des réponses pour l'avenir ? Le rappel de la pensée des Pères serait, en effet, stérile s'il ne servait pas à nous indiquer un chemin, s'il ne se faisait pas stimulation pour l'avenir et source d'espérance. […]

Nous trouvons les réponses précisément dans les piliers sur lesquels ils ont voulu édifier la Communauté économique européenne et que j'ai déjà rappelés : *la centralité de l'homme*, une solidarité effective, l'ouverture au monde, la poursuite

Politique et société

de la paix et du développement, l'ouverture à l'avenir. [...]

L'Europe retrouve l'espérance lorsque l'homme est le centre et le cœur de ses institutions. J'estime que cela implique l'écoute attentive et confiante des requêtes qui proviennent aussi bien des individus que de la société et des peuples qui composent l'Union. Malheureusement, on a souvent l'impression qu'est en cours un « décrochage affectif » entre les citoyens et les institutions européennes, souvent considérées comme lointaines et pas attentives aux diverses sensibilités qui constituent l'Union. [...] L'Union européenne naît comme *unité des différences* et *unité dans les différences*. Les particularités ne doivent donc pas effrayer, et on ne peut penser que *l'unité soit préservée par l'uniformité*. Elle est plutôt l'*harmonie* d'une communauté. Les pères fondateurs ont choisi justement ce terme comme le pivot des entités qui naissaient des traités, en mettant l'accent sur le fait qu'on *mettait en commun* les ressources et les talents de chacun. [...] Au contraire, les populismes prospèrent précisément à partir de l'égoïsme, qui enferme dans un cercle restreint et étouffant et qui ne permet pas de surmonter l'étroitesse de ses propres pensées et de « regarder au-delà ». Il faut recommencer à penser de manière européenne, pour conjurer le danger

Europe et diversité culturelle

opposé d'une uniformité grise, c'est-à-dire le *triomphe des particularismes.* […]

L'Europe retrouve l'espérance lorsqu'elle ne s'enferme pas dans la peur et dans de fausses sécurités. Au contraire, son histoire est fortement déterminée par la rencontre avec d'autres peuples et cultures et son identité « est, et a toujours été, une identité dynamique et multiculturelle[1] ». […] On ne peut pas se contenter de gérer la grave crise migratoire de ces années comme si elle n'était qu'un problème numérique, économique ou de sécurité. La question migratoire pose un problème plus profond, qui est d'abord culturel. Quelle culture propose l'Europe aujourd'hui ? La peur, souvent visible, trouve, en effet, dans la perte d'idéaux sa plus radicale cause. Sans une vraie perspective d'idéaux, on finit par être dominé par la crainte que l'autre nous arrache à nos habitudes consolidées, nous prive des conforts acquis, mette en quelque sorte en cause un style de vie trop souvent fait uniquement de bien-être matériel. Au contraire, la richesse de l'Europe a toujours été son ouverture spirituelle et la capacité à se poser des questions fondamentales sur le sens de l'existence. […] L'Europe a un patrimoine d'idéaux et

---

1. « Discours lors de la remise du prix Charlemagne, 6 mai 2016 », *L'Osservatore Romano,* Édition française (12 mai 2016), p. 10.

Politique et société

de spiritualité unique au monde qui mérite d'être proposé à nouveau avec passion et avec une fraîcheur renouvelée et qui est le meilleur antidote contre *le vide de valeurs* de notre temps, terrain fertile pour toute forme d'extrémisme. [...]

L'Europe retrouve l'espérance lorsqu'elle s'ouvre à l'avenir. Lorsqu'elle s'ouvre aux jeunes, en leur offrant de sérieuses perspectives d'éducation, de réelles possibilités d'insertion dans le monde du travail. Lorsqu'elle investit dans la famille, qui est la première et fondamentale cellule de la société. [...]

Honorables hôtes,

Vu l'allongement général de l'espérance de vie, soixante ans sont aujourd'hui considérés comme le temps de la pleine maturité. Un âge crucial où encore une fois on est appelé à se remettre en cause. L'Union européenne est aujourd'hui appelée à se remettre en cause, à soigner les inévitables ennuis de santé qui surviennent avec les années et à trouver de nouveaux parcours pour poursuivre son chemin. Cependant, à la différence d'un être humain de soixante ans, l'Union européenne n'a pas devant elle une vieillesse inévitable, mais la possibilité d'une nouvelle jeunesse. [...] De mon côté, je ne peux qu'assurer de la proximité du Saint-Siège et de l'Église à l'Europe entière, à l'édification de laquelle elle a depuis toujours contribué et contribuera toujours, en invoquant

Europe et diversité culturelle

sur elle la bénédiction du Seigneur, afin qu'il la protège et lui donne la paix et le progrès. C'est pourquoi, je fais miennes les paroles que Joseph Bech a prononcées au Capitole : *Ceterum censeo Europam esse ædificandam*, d'ailleurs je pense que l'Europe mérite d'être construite.

Merci !

4

Culture et communication

Juillet 2016. L'atmosphère du matin est toujours plus légère. La sécurité et les gardes suisses commencent à nous connaître. Ils parlent d'ailleurs français. Toujours cette même confiance. Le Saint-Père toujours aussi direct et disponible… Il est chez lui, entre et repart directement. On travaille, mais on rit aussi et on bavarde, de façon aussi naturelle que sont infinis, inépuisables, parfois tragiques, les thèmes que nous abordons. Je suis constamment frappé par la simplicité avec laquelle il parle. Si vif, tellement compréhensible et si peu protocolaire. Comment fait-il ? Je me pince parfois pour réaliser avec qui je dialogue. Le « style » français, car il y en a un, lui plaît. Quelle liberté, quelle sérénité, presque. La confiance et l'empathie sont au rendez-vous. Il est question de l'Histoire, encore et toujours. De l'évangélisation, de l'Église dans un monde ouvert, de la pastorale, des expériences du passé, des dictatures et des démocraties, de l'action de l'Église. La traduction s'impose moins. Le Saint-Père parle mieux français qu'il ne le dit ; il le comprend

Politique et société

bien en tout cas. Les échanges sont complétés par cet inestimable langage des yeux, des gestes et des comportements. Une ambiance, un peu miraculeuse, règne…

* * *

Dominique Wolton : Vous savez, je pense à la solitude relative dans laquelle vous êtes ici. Vous comprenez ?

Pape François : Oui.

Dominique Wolton : Tout seul.

Pape François : Non.

Dominique Wolton : Non, bien sûr, non. Mais vous ne pouvez pas sortir, vous ne pouvez pas aller marcher, vous promener.

Pape François : Oui, mais je suis heureux…

Dominique Wolton : La théorie de la communication que je défends depuis des années est une théorie humaniste et politique, non pas technique et économique. Comme vous ! Mais cette théorie humaniste est très minoritaire parce que tout le monde préfère les techniques et l'économie. Pourtant, le plus important, c'est l'homme, le dialogue, pas les techniques. D'ailleurs, à y bien regarder, au-delà de la performance époustouflante des techniques, c'est toujours la relation humaine qui est recherchée… Cela rejoint votre recherche des ponts. Et le premier d'entre eux, se serrer la main !

Pape François : J'aime beaucoup parler du langage des gestes. C'est une belle forme de communication. Parce que des cinq sens, le plus important, c'est le toucher…

Dominique Wolton : Nous nous retrouvons : j'ai consacré le dernier numéro de la revue *Hermès* à « La voie des sens[1] ». Notamment pour revaloriser le toucher, le goût, l'odorat, par rapport à la vue et à l'ouïe qui sont aujourd'hui exacerbées.

Pape François : Je me suis retrouvé au seuil de la mort à 21 ans à cause d'une infection pulmonaire grave. On m'a enlevé une partie du poumon. Et tous venaient me voir, mes amis, ma famille, et tous me disaient « courage ! ». Et moi, j'avais juste envie de tous les renvoyer au village,

---

1. « La voie des sens », *Hermès*, n° 74, CNRS éditions, mars 2016. Revue internationale sur la communication comme enjeu scientifique et politique, *Hermès* a été créée en 1988 par Dominique Wolton, qui la dirige toujours aujourd'hui.

Politique et société

tous ! Puis une sœur est venue me voir, une dame âgée qui m'avait préparé pour ma première communion. Elle m'a pris la main. Elle m'a transmis une paix... Au moment de partir, elle m'a dit « tu es en train d'imiter Jésus ». Elle est partie comme ça ! Et pensez donc à ce que l'on entend quand on se rend à des obsèques ! Ces « oh mamma ! ». Alors que prendre dans ses bras, donner une accolade ! On ne peut rien dire devant le mystère d'une autre personne. Quand je veux transmettre quelque chose à quelqu'un, je dois m'efforcer de penser que je suis devant le mystère d'une autre personne. Et je dois communiquer du plus profond de mon mystère, de mon expérience, le plus silencieusement possible. Et dans des situations limites, seulement par le toucher. Si on y pense, c'est le langage des enfants. Quand je regarde un enfant, que je me trouve devant un enfant, je ne pense pas à lui demander : « Comment ça va, à l'école ? » Je lui fais comme ça, comme ça (*gestes*). C'est exprimer la proximité par des gestes.

Dominique Wolton : La première fois que je vous ai vu, j'ai eu besoin de vous toucher. Avoir le contact. Alors je ne sais pas si on touche les papes, mais moi j'en ai ressenti le besoin...

Pape François : Quand j'étudiais la philosophie à 28 ans, je ne sais pas si je l'ai dit, j'ai lu un article

Culture et communication

d'un écrivain allemand qui disait que le sens le plus humain, c'est le toucher.

Dominique Wolton : À ce propos, j'ai des questions sur le silence, le silence et la communication.

Pape François : D'après mon expérience, je peux dire que je ne peux pas communiquer sans silence. Dans les expériences les plus authentiques d'amitié, et aussi d'amour, d'amour avec le père, la mère, les frères, les moments les plus beaux sont ceux où se mélangent la parole, les gestes et le silence. Un ami est venu me voir la semaine dernière : « Comment ça va ? — Bien. » Nous étions là, lui et moi… On a parlé de certaines choses. Il m'a parlé de sa femme, de ses enfants et ses petits-enfants. C'était bien. Et puis, à un certain moment, on est restés en silence. En paix. C'était beau. Puis il m'a posé une question, et moi j'en ai posé une autre. On est restés une heure ensemble, mais je crois que pendant cette heure-là, nous n'avons pas parlé plus de la moitié du temps. Il y avait une communication de paix, d'amitié. C'était beau. J'étais heureux et lui aussi. Et ce silence ne doit pas être comme de l'amidon qu'on met sur les chemises pour les figer : alors, cela devient de la rigidité, un silence formel, et ce n'est plus du silence.

Politique et société

Dominique Wolton : C'est du protocole...

Pape François : Cela n'est plus le silence. Le silence, c'est tendre, affectueux, chaud, chaleureux. Et aussi douloureux dans les moments difficiles. On ne peut pas avoir une communication de qualité sans une capacité de silence. C'est dans le silence que naît la capacité d'écouter, de comprendre, de chercher à comprendre, souffrir quand on ne peut pas comprendre. Je ne comprends pas et je souffre. Mais la vraie communication est humaine.

Passons à Dieu. La communication est une trinité, un mystère dans la façon dont il est transmis. Mais la Bible nous dit que Dieu a fait l'homme et la femme à son image. De même pour la façon dont ils communiquent entre eux. Avec la parole, les caresses, la sexualité, le silence... Et tout cela est sacré. La communication ne s'achète pas. Elle ne se vend pas. Elle se donne. On peut communiquer de façon authentique, comme nous le faisons là. En revanche, faire semblant de communiquer, cela relève de la manipulation, du trucage. J'ai souvent vu des programmes à la télévision – depuis les années 1990, je ne la regarde plus, c'est un vœu fait à la Vierge – avec des gens importants – un artiste, un médecin, un scientifique, un étudiant – qui parlaient entre

Culture et communication

eux. Mais j'ai très peu de fois assisté à une réelle communication.

Dominique Wolton : Il n'y avait que des rôles ? Mais vous le savez, la communication est toujours quelque chose de plus compliqué. Il se passe parfois quelque chose qui échappe aux protagonistes...

Pape François : Je repense à ce que j'étais en train d'écrire pour les jeunes avant de les rencontrer à Cracovie, en 2016. J'avais pris l'image de construire des ponts, et pas des murs. Et je ne sais pas si je vous l'ai dit, je l'avais déjà en tête : quel est le pont fondamental ? Quel lien un humain peut-il faire avec un autre humain ? Le pont le plus humain ? Prendre la main. Quand je serre la main à quelqu'un, je fais un pont.

Dominique Wolton : Oui, bien sûr... Le premier pont, c'est cela. Vous inviterez tout le monde à faire des ponts devant vous ?

Pape François : Oui. La première fois cela m'est venu spontanément, c'était au Kenya. Dans le grand stade de Nairobi, il y avait tous les jeunes. Il y avait aussi le président de la République, son gouvernement, les ministres. On m'avait dit qu'un des thèmes les plus « chauds » était le tribalisme,

Politique et société

qui est très puissant en Afrique. Le Kenya est un pays avec une grande majorité de chrétiens – catholiques et anglicans – et le président est catholique. Mais ils étaient tous là, chrétiens, musulmans, tous. Il y avait aussi des Africains de tribus opposées. Et moi, je ne parle pas bien anglais parce que j'ai un problème phonétique – même l'espagnol, je ne le parle pas bien. J'ai du mal avec la prononciation, je dois m'exercer beaucoup pour avoir une prononciation correcte. Mais je devais faire ce discours. Grâce à Dieu, j'avais un excellent traducteur, un prêtre d'ici, qui vient de Gibraltar, et qui a deux langues maternelles, l'espagnol et l'anglais. Il comprend ce que je veux dire, et peut restituer ce que je dis, parce qu'il me connaît bien. À un certain moment je lui ai dit : « Je ne peux pas parler comme ça devant un stade rempli de jeunes. » Alors j'ai commencé à improviser en espagnol. Et lui m'a tout de suite suivi. S'il ne comprenait pas quelque chose, il l'inventait. Dans la même lignée. À un certain point, quand je suis arrivé au point crucial du tribalisme, j'ai dit : « Halte au tribalisme ! Répétez avec moi : "halte au tribalisme !" Mais dites-le avec les mains, faisons des ponts ! » Et tout le stade s'est pris la main, même le président de la République. Ils ont fait ces ponts, et ils ont commencé à réfléchir sur le fait que le premier pont humain, c'est de se prendre la main.

Culture et communication

Dominique Wolton : À la messe d'ailleurs, c'est aussi ce qui se fait. Oui, la communication, c'est d'abord humain et c'est physique.

Pape François : On n'est pas des anges !

Dominique Wolton : Bien sûr. Et moi ce que j'aime en Amérique latine, comme en Afrique, c'est que tout le monde se touche. Par contre, aux États-Unis, les beaux sourires mutuels sont souvent autant de distance. Glacial. Personne ne se touche, tout le monde craint le harcèlement…

Pape François : Et pourquoi ? Je crois que j'en ai déjà parlé, à propos du film *Le Festin de Babette*.
Je parle en tant que catholique, mais ça, c'est un peu risqué de le dire, car cela peut être perçu comme non œcuménique. Et pourtant, il est difficile d'imaginer, entre chrétiens, une célébration fondée sur la seule parole. Il est nécessaire de rompre le pain, de boire dans la coupe, de s'embrasser, de se saluer… Ce que l'on voit clairement dans ce film, c'est la transformation de personnes qui étaient « enfermées » dans la parole et qui, à la suite de ce naufrage, ont la chance, grâce à cette cuisinière, d'apprendre à être heureuses autrement.
Et puis il y a une autre chose que je voudrais dire à propos de communication.

Politique et société

Personnellement, je ne bois presque pas. Pas tous les jours. Mais, humainement, on ne peut pas concevoir une communication de qualité sans boire, ou manger, ou faire quelque chose ensemble. *Toucher, manger, boire.* Le vin en est le symbole. Le vin, comme dit la Bible, égaye le cœur de l'homme. Néhémie, dans le livre d'Esdras, voyant les gens en pleurs dans le temple après avoir écouté les paroles de la loi, leur dit : « Ne pleurez pas, mais rentrez chez vous, mangez, buvez, donnez des mets à ceux qui n'ont rien préparé. » Et voilà comment finit la fête de Dieu… La communication finit toujours, et ça je ne le dis pas religieusement ou de façon sacrée, mais humainement… il y a une vraie communion dans le manger et le boire.

En Argentine, on a une très belle expression : quand on veut parler à quelqu'un, on se dit : « On se retrouve pour prendre un café. » Prendre un café. Non pas pour parler, mais pour « prendre un café ». On comprend que c'est pour parler d'affaires, pour communiquer… Mais c'est quand même un « café ». Ici, je crois que l'archétype est le vin. Une anecdote pour vous faire rire. En Arménie, ils m'ont offert une arche de Noé. Vous l'avez sûrement vue à la télévision : une grande arche en bronze qui pèse une tonne, je crois. Et nous avons ici un petit olivier, un vrai, qu'avec le patriarche nous avons mis en terre. Mais l'arche

Culture et communication

Elle n'est pas encore arrivée, parce qu'elle est trop lourde, elle doit arriver par un bateau spécial. J'ai demandé au patriarche : « Mais est-ce que Noé est dedans ? » Et lui a répondu : « Non, non ! » et moi j'ai ajouté : « Mais je me demande s'il est encore ivre… », parce que c'est lui qui a inventé le vin. D'ailleurs, les Arméniens disent qu'ils ont le meilleur cognac du monde. Ils le vendent sous la marque Ararat. Le patriarche m'a répondu que non, il n'était pas ivre de vin, mais d'Ararat… Il y a une scène biblique très belle, même avec l'excès du vin : celle de l'ivresse de Noé, car c'est une scène de tendresse. Il y a le fils qui regarde son père (Noé) nu, ivre, qui rit. Il y a les deux autres fils qui lui parlent et qui couvrent le père. L'excès de vin provoque aussi la tendresse. Tout cela pour dire qu'on ne peut établir une véritable communication sans faire un pont, et sans manger. La parole seule n'est pas suffisante. Il existe un autre moyen, gratuit, de communiquer : c'est la danse.

Dominique Wolton : Oui, c'est magnifique, et c'est physique.

Pape François : Le peuple communique par la danse. C'est-à-dire qu'il communique avec son corps, avec tout son corps. Il y a aussi une autre façon de communiquer : les pleurs. Pleurer

Politique et société

ensemble. Quand une femme et son mari veillent un enfant malade, ils pleurent ensemble, en espérant qu'il guérisse. Danser, serrer les mains, s'embrasser, manger et boire ensemble, pleurer… Si on ne fait pas ces choses-là, il n'y a pas de communication possible. Il m'est arrivé quelquefois, et je le dis sincèrement, de prêcher et de devoir m'arrêter parce que j'avais envie de pleurer. Quand j'étais vraiment plongé dans un sermon, je communiquais avec le peuple. Je vais terminer sur les façons de communiquer par un terme essentiel, sans lequel il n'y a aucune communication : le jeu. Les enfants communiquent par le jeu. Le jeu a la qualité de développer la capacité inventive. Ce sont des créatifs, les enfants !

Dominique Wolton : Oui. Ils inventent tout le temps.

Pape François : Notre football d'aujourd'hui est déchu, il a perdu le sens humain de la communication qu'avait le football amateur. Ce sont des exemples pour illustrer cette dimension que je ne voudrais pas que l'on oublie : il n'y a pas de vraie communication sans gratuité. La gratuité signifie être capable de perdre du temps. Je ne sais pas si je vous ai parlé de ce couple qui fêtait ses 60 ans de mariage ? Ici, lors des audiences du mercredi, nous avons beaucoup de jeunes mariés. Certains sont mariés depuis six mois, et parfois quand ils viennent pour la bénédiction, la mariée a déjà un gros ventre et ils me demandent de bénir le ventre. Mais c'est très beau. Et puis, parmi eux, il y a des anciens, mariés depuis cinquante ou soixante ans. Et moi, je pose toujours des questions pour faire rire : « Qui a eu plus de patience ? » Et la réponse est toujours la même : « Tous les deux ! » J'ai vu ainsi un couple, encore jeune, puisque l'épouse s'était mariée à l'âge de 15 ans et le mari à 17 ans. Soixante ans de mariage donc, et ils avaient 75 et 77 ans. Mais ils étaient beaux, ils avaient des yeux magnifiques. Je leur ai demandé : « Vous vous êtes disputés ? » Et eux m'ont répondu : « Constamment. — Mais maintenant vous êtes heureux de ce parcours ? » Ils sont restés silencieux, puis ils se sont regardés dans les yeux, et ils m'ont dit : « On est amoureux. » Mais comment ont-ils communiqué au sujet de leur amour ? Ils se sont d'abord regardés, puis ils ont répondu. Le geste parlait de lui-même.

Les plus vieux ont une plus grande capacité à bien communiquer – pas tous : certains s'énervent et font la guerre aux autres. Ils ont cette capacité parce qu'ils ont la sagesse. La sagesse qui vient avec les années.

Les personnes âgées me parlent beaucoup, j'ai une grande tendresse pour les anciens. Quand je vois des personnes âgées, principalement des

Politique et société

vieilles dames, avec ce bel éclat dans les yeux, je fais arrêter la papamobile. Elles disent des choses si sages. Je crois que dans le monde d'aujourd'hui, c'est le moment des vieux, des grands-parents.

Ce monde se veut celui de l'efficacité et du travail, mais il écarte les jeunes puisqu'il ne leur donne pas de travail, et il écarte les vieux puisqu'il les met en maison de retraite. Il est sur la voie du suicide. Il y a cette prophétie de Joël 3, 1 : « Les vieux rêveront, les jeunes feront des prophéties. » Le moment est venu où les anciens doivent rêver et nous raconter leurs rêves. Pour que les jeunes accomplissent les prophéties et changent le monde. Ce n'est pas l'heure des adultes, si l'on peut dire, des gens mûrs. Non, les protagonistes qui sauveront le monde seront ces deux groupes-là. À condition que les vieux rêvent et racontent leurs rêves, et que les jeunes s'emparent de ces rêves et les portent en avant.

Il y a une scène qui me touche beaucoup dans l'Évangile : celle de la présentation au Temple. Quatre fois, ce passage de l'Évangile[1] précise que c'était des jeunes qui allaient accomplir la loi, et trois fois ils disent que ce sont deux anciens, Siméon et Anne, qui étaient mus par l'Esprit. Ce sont eux qui ont la capacité des rêves de l'Esprit. Les jeunes doivent recevoir ces rêves et accom-

---

1. Luc 2, 22-38.

Culture et communication

plir les prophéties. On dirait que je suis en train de prêcher !

Dominique Wolton : Quand vous recevez des chefs d'État ou d'autres personnes, dans les rencontres personnelles, y a-t-il du temps pour le silence ?

Pape François : Généralement, non. Non, parce qu'il y a le protocole. Avec certains jeunes, pas des chefs d'État, mais avec deux chefs de gouvernement et certains jeunes parlementaires, je suis arrivé à rester en silence.

Dominique Wolton : Pourquoi ne demandez-vous pas systématiquement un moment de silence avec les chefs d'État ? Peut-être que ce serait bien, dans les rencontres internationales, de proposer un moment de silence. Alors, il se passerait peut-être quelque chose, une communication authentique. Parce que le monde actuel est tellement fou de vitesse, d'interactivité, de bruit, que si, dans un voyage officiel, vous dites : « Si vous voulez, on peut rester quelques instants en silence », peut-être cela serait-il possible, et avec une force réelle.

Pape François : Mais je réussis à le faire sur la place Saint-Pierre avec la foule. À l'Angélus, ou

Politique et société

à d'autres moments, je demande le silence et la place répond bien à cette demande de silence.

Dominique Wolton : Le soir de l'élection, quand vous êtes venu sur le balcon, vous avez demandé à la foule un moment de silence.

Pape François : Un moment de silence, de prière. Et ils ont bien répondu.

Dominique Wolton : Ce thème du silence, si vous pouvez le populariser, est fondamental par rapport à un monde qui est tout le temps bruyant, rapide. Retrouver un peu de silence, ce serait un apport humain étonnant. Comment dire le bien, l'amour de l'autre, la miséricorde, dans un monde saturé de bruit, de mots et d'interactions ?

Pape François : D'après mon expérience avec les médias et le monde de la communication, ils retiennent ce qui leur convient. Les médias doivent faire face à quatre écueils. Je ne parle pas de la communication, mais des médias. Le premier est la désinformation. Dire uniquement une partie des choses, celle qui leur convient. Je pense aux journaux d'information : ils amènent le lecteur à former un jugement erroné sur la réalité, puisqu'on ne livre que la moitié des faits. Le deuxième danger, c'est la calomnie. Salir l'autre.

Culture et communication

La calomnie, comme dit le barbier de Séville, ce n'est pas un vent léger, c'est un ouragan. Le troisième est la diffamation. Une personne peut avoir fait des erreurs dans sa vie passée. Puis elle peut avoir changé, elle a même peut-être demandé pardon. On constate que son comportement est différent. Le danger est que les médias, pour saper son autorité, rappellent ce passé. C'est cela, la diffamation. Le quatrième est cette « maladie » des médias, triste, déplaisante, désagréable, qui consiste à se complaire dans les récits, les évocations les plus scabreuses, brutales et voyeuristes.

Ces quatre écueils sont partout dans la communication sociale, les médias.

Dominique Wolton : C'est la même chose pour internet.

Pape François : Et nous sommes habitués à ça. Nous nous sommes habitués. C'est très difficile de trouver, dans les médias, quelqu'un qui parle d'une situation sans salir, sans ne dire qu'une partie des choses, sans attenter à la dignité de l'autre.

Dominique Wolton : Oui, la dignité de la personne.

Politique et société

Pape François : Les médias, selon moi, doivent sauvegarder la dignité de la personne.

Dominique Wolton : Tout ce que vous dites, je l'écris depuis vingt ans, trente ans. Mais moi, on ne m'entend pas. J'espère que vous, on va vous écouter davantage… Pourquoi est-ce que l'Église ne parle pas de « communication » mais de « communication sociale » ? Surtout depuis Vatican II.

Pape François : Mais sur l'anthropologie de la communication, on ne trouve pas grand-chose dans les textes. Vous savez où il y a peut-être quelque chose ? Dans *La Théologie du corps* de Jean-Paul II. Il a parlé du mariage et a fait cette théologie du corps qui en a scandalisé beaucoup. Mais il a dit comment une femme et un homme communiquent, sans peur mais de façon naturelle. Je crois que ça a été la première fois qu'un pape, ou l'Église officiellement, a parlé de la communication personnelle, et non sociale. Mais la communication est toujours un fait social, même quand elle est personnelle.

Dominique Wolton : Oui, toujours. Parce que la communication, c'est une relation, c'est l'autre.

Pape François : *Et communiquer, c'est se donner entre les mains de l'autre**.

Culture et communication

Dominique Wolton : Et lisez, s'il vous plaît, les cinq pages du résumé que je vous ai donné sur ma théorie de la communication, car c'est exactement ce que j'écris depuis trente ans…

Pape François : Mais alors pourquoi est-ce qu'on fait ce livre… ?

Dominique Wolton : Ce livre intéressera peut-être plus les laïcs, car vous êtes souvent plus aimé chez les laïcs et chez les athées que chez les catholiques, vous le savez. (*rires*). Vous êtes le dernier « communiste » d'Europe…

Pape François : J'ai reçu des parlementaires français l'autre jour, avec le cardinal Barbarin. Et auparavant, le dimanche[1] précédant la fête du Christ-Roi, j'avais reçu le pèlerinage des pauvres d'Europe, également avec le cardinal Barbarin.

Dominique Wolton : Oui, je le connais.

Pape François : Il est bien.

Dominique Wolton : Il est très intelligent.

---

1. Le 13 novembre 2016.

Politique et société

Pape François : Il venait en vélo au conclave !

Dominique Wolton : L'idée de réunir les pauvres ici, c'est très bien. Alors votre successeur, que fera-t-il ? Il sera obligé de continuer ! (*rires*)

Pape François : Mais le Saint-Esprit y pourvoira…

Dominique Wolton : Oui, peut-être. Mais la différence entre nous deux, c'est que, pour vous, il y a toujours le Saint-Esprit, pour moi, ce n'est pas certain. Vous voyez ? (*rires*)

Pape François : *Vous irez en enfer* !* (*rires*)

Dominique Wolton : (*rires*) oui. Vous avez plus d'autorité que moi. Mais nous sommes tellement d'accord. Vous savez, aujourd'hui, c'est la folie des techniques, des médias, d'internet, des réseaux sociaux, la folie de la vitesse, de l'interactivité. Quand je maintiens que la communication technique est toujours plus facile que la communication humaine, ce qui explique son succès, les résistances sont réelles. La technique est tellement séduisante, la relation humaine tellement difficile. Et pourtant, le seul enjeu, c'est l'autre, avec l'amour et l'altérité.

Culture et communication

Pape François : Mais… quelque chose m'est arrivé un dimanche, quand j'allais sortir pour aller au palais, pour l'Angélus. Un évêque vient me voir et me dit qu'il a fait entrer un petit groupe de cent personnes, qui sont venues pour une bénédiction, mais que je n'ai pas besoin de m'approcher, ils sont là uniquement pour une bénédiction. J'ai d'abord pensé : « Si je fais cette bénédiction de loin, je devrais la faire comme ça » (*geste*). Mais après je suis sorti, et j'ai vu les gens qui m'attendaient. Et ça, ce n'est pas de la théorie, ce n'est pas de la politique, c'est un besoin humain. Et tout de suite, tous sont venus me toucher, les jeunes, leurs parents… Ils essayaient de prendre une photo, un selfie. Et je n'ai pas dit une seule parole. Si, à l'un d'entre eux, un garçon de 12 ans avec un très beau tee-shirt où il y avait écrit : « Ma maman fait toujours des merveilles, mais avec moi elle a exagéré. » Je lui ai demandé : « Elle est où ta maman ? » Il m'a dit : « C'est elle. » Du coup on s'est approchés les uns des autres. À la fin, j'ai dû mettre un peu d'ordre et dire : « Faisons une chose, mettons-nous ensemble, prenons une photo et puis on se dit au revoir. » Je devais vraiment partir pour l'Angélus, je n'avais pas beaucoup de temps : je l'ai expliqué, et ils l'ont bien compris. Nous avons prié la Madone, un Ave Maria, une bénédiction, nous nous sommes salués et je suis parti. « Mais

Politique et société

quelle catéchèse avez-vous délivrée ? » pourriez-vous me demander. Je n'en sais rien, mais je crois que les catéchèses doivent être données par un prêtre qui est proche de son peuple, qui rit avec son peuple, qui se fait déranger par son peuple. Et ça, c'est la communication. Je n'aime pas quand je tombe sur un prêtre qui dans sa paroisse a affiché ses disponibilités « de telle à telle heure, de telle à telle heure... ». Et quand le fidèle se dit « d'accord », qu'il y va à l'heure indiquée et qu'au lieu de trouver un prêtre, il tombe sur une secrétaire, parfois un peu revêche, qui lui dit que le père est trop occupé ! Ça, c'est l'anti-communication et l'anti-évangile...

Dominique Wolton : Oui, c'est vrai. Souvent, les prêtres sont tellement occupés qu'ils ne sont pas disponibles. On n'ose pas leur parler. On a l'impression qu'ils font des choses très importantes, évidemment plus importantes que nous s'ils parlent avec Dieu...

Pape François : Jésus lui-même était très occupé. Et pourtant, quand un homme lui a dit que son fils ou un serviteur, je ne me souviens plus duquel des deux, était malade, et qu'il lui a demandé de le guérir, Jésus a dit : « J'irai. » L'homme lui a répondu que ce n'était pas nécessaire de se déranger, mais Jésus a insisté : « Non, j'irai ! » Quand Jésus a vu aux portes de Naïm que l'on enterrait le fils unique d'une veuve, il s'est approché, l'a touchée et elle a commencé à pleurer. Puis, il a touché le cercueil de l'enfant et il a fait un miracle. S'approcher. Et c'est à cette conclusion que je veux arriver : il ne peut y avoir une Église de Jésus-Christ éloignée des gens. L'Église de Jésus-Christ doit être attachée au peuple, reliée aux gens. L'inverse serait de faire comme certains politiques – pas tous, pour ne pas les condamner en bloc – qui s'intéressent aux gens seulement pendant les campagnes électorales et puis les oublient. Et pour moi la proximité, même dans la vie pastorale, c'est la clef de l'évangélisation. On ne peut pas évangéliser sans proximité.

On m'a raconté une histoire, c'est une laïque qui en a été témoin. « Un homme, qui avait une certaine fortune, s'était détaché de sa famille, et avait perdu tout lien avec elle. À la fin, il a été hospitalisé avec une maladie en phase terminale. Dans le lit à côté du sien, il y avait un autre homme, avec la même maladie. Le chapelain est venu, a discuté avec l'autre malade, mais il n'a pas pu tirer plus d'un mot à notre homme. Totalement fermé, ce dernier ne parlait avec personne. Un jour, celui qui était dans le lit à ses côtés lui a demandé de lui apporter le crachoir, et lui, pour la première fois, s'est levé et y est allé. Puis l'autre lui a demandé de laver le crachoir. Il est allé dans la salle de bains, l'a lavé, et le lui a apporté. À ce moment, l'homme a commencé à ressentir de l'inquiétude, une grande inquiétude... Et il a commencé à parler avec les infirmiers, avec les autres, comme si cet acte de service, de proximité, de communication charnelle à travers la chair souffrante lui avait ouvert une porte. Et trois jours plus tard, lorsque le chapelain est repassé, notre homme l'a appelé et s'est mis à lui parler de sa vie... Je ne sais pas ce qu'il a dit au chapelain, mais il lui a demandé la communion, et il est mort le soir même. » Cette histoire m'a fait penser à la parabole de la onzième heure, celle des ouvriers. Comment un acte de proximité, un service sale et humble rendu à quelqu'un d'autre lui a ouvert le cœur. Cela l'a libéré.

Je vais mentionner ici un fait historique de communication. Sur la place Risorgimento, il y avait un sans domicile fixe polonais souvent ivre. Et dans son ivresse, il racontait qu'il avait été compagnon de séminaire et de sacerdoce de Jean-Paul II, et qu'ensuite il avait quitté le sacerdoce. Personne ne le croyait. Quelqu'un a rapporté ces propos à Jean-Paul II. Et ce dernier a dit : « Mais demandez-lui comment il s'appelle. » Et c'était vrai ! « Faites-le venir. » On lui a fait prendre une douche et on l'a présenté au pape. Le

Culture et communication

pape l'a alors reçu : « Mais comment vas-tu ?! » et il l'a pris dans ses bras. Il avait effectivement abandonné le sacerdoce et était parti avec une femme. « Mais comment vas-tu ? » Et puis à un certain moment, Jean-Paul II l'a regardé. « Mon confesseur devait venir aujourd'hui mais il n'est pas venu. Confesse-moi. — Mais comment ça ? — Oui, oui, je t'en donne la licence. » Il s'est mis à genoux et il s'est confessé. Et puis il a fait la même chose pour son visiteur, et cet homme a fini comme chapelain de l'hôpital, en faisant du bien aux malades. Un acte de proximité et d'humilité.

On ne peut pas faire de communication avec l'orgueil. La seule clef qui ouvre la porte de la communication, c'est l'humilité. Ou du moins une attitude partielle d'humilité. On communique d'égal à égal. On communique du bas vers le haut. Mais si tu veux communiquer seulement du haut vers le bas, tu échoueras.

Dominique Wolton : C'est la hiérarchie.

Pape François : En parlant de l'enfer – c'est un thème que je ne veux pas aborder, mais… Vous ai-je déjà parlé du chapiteau de Vézelay ?

Dominique Wolton : Non.

Politique et société

Pape François : À la cathédrale Sainte-Marie-Madeleine de Vézelay commence le chemin de Saint-Jacques. Il y a un magnifique chapiteau. D'un côté, il y a Judas qui s'est pendu et en est mort, et de l'autre côté il y a le bon pasteur, qui l'a pris et le porte sur ses épaules. Et quand on voit ça, on se demande si Judas a été sauvé. Mais si vous regardez le visage du bon pasteur, qui est Jésus, la moitié de son visage est triste, l'autre moitié a un beau sourire. Ça, c'est le mystère de l'enfer. Gratuité, humilité : ce sont les mots pour faire une bonne communication. Partager le repas. Boire, la danse, la fête.

Dominique Wolton : Mais alors, puisque vous tenez une réelle distance par rapport aux techniques, pourquoi êtes-vous le champion des tweets[1] ? Pourquoi faites-vous des tweets ? Pourquoi vous ? Pourquoi, puisque vous dites que la communication humaine est beaucoup plus importante que la communication technique ?

---

1. Selon le rapport 2015 de Twiplomacy, le pape François est le leader le plus influent sur Twitter. Il compte 32 millions d'abonnés, surtout en espagnol (12,5 millions), en anglais (10,2 millions) et en italien (4,2 millions). Sous le chiffre d'1 million arrivent le polonais (751 000), le latin (735 000), l'allemand (412 000) et l'arabe (350 000).

Culture et communication

Pape François : Mais moi, je dois utiliser tous les moyens pour me rapprocher des gens. C'est un moyen de se rapprocher.

Dominique Wolton : Oui, mais il n'y a plus de différence si vous faites comme les autres. Vous cautionnez cette communication technique, omniprésente, dont vous dites vous-même qu'elle est très limitée ?

Pape François : Je n'en suis pas satisfait. Je fais cela uniquement pour ouvrir des portes. Mais je veux aller au-delà. J'ai reçu en 2016 onze ou douze youtubeurs du monde entier avec qui j'ai dialogué en direct. Une jeune fille, je ne me souviens pas de quel pays elle était, m'a dit : « Comment puis-je communiquer avec une personne qui… » Je lui ai répondu : « Pour communiquer, il faut avoir une appartenance personnelle. Si tu n'as pas d'appartenance, tu n'as pas d'identité, et si tu n'as pas d'identité, tu ne peux pas communiquer. » Elle m'a dit : « Mais comment moi je peux communiquer avec quelqu'un qui n'a pas d'identité, qui n'a pas d'appartenance ? » J'ai fait cette réponse : « Tu n'as qu'à lui donner toi-même une appartenance virtuelle. Et de cette virtualité on arrivera au concret, au réel. » Je fais des tweets comme pour ouvrir des portes, je suis sûr que ces tweets touchent les cœurs...

Dominique Wolton : Mais dans la mesure où il y a une mondialisation des techniques de communication et de moins en moins de communication humaine, pourquoi ne pas tenir au moins un discours distancié sur les forces et les limites de la communication technique ? Il y a la liberté individuelle, mais derrière il y a la puissance inouïe des GAFA (Google, Apple, Facebook, Amazon). Et d'autres... Ce sont les plus grands réseaux du monde avec beaucoup de pouvoir, d'argent, de puissance, de contrôle ! Cela n'a rien à voir avec la communication humaine, même si chacun a l'impression d'être libre. Libre du côté de l'usage. Terriblement encadré et contrôlé du côté de l'organisation. Pourquoi est-ce que l'Église ne dit pas « attention, attention » ? Vous pourriez dire « oui à la communication technique, mais modérément », et surtout valoriser la communication humaine et sa spécificité. En effet, si la communication technique va très vite, la communication humaine, elle, va très lentement. Et c'est elle la plus difficile, la plus importante et qu'il faut sauver. Vous pourriez dire des choses comme ça. Pourquoi l'Église ne dit-elle rien ?

Culture et communication

Pourquoi pas une encyclique sur les défis de la communication humaine et technique ? Ce serait utile par rapport au silence actuel. D'autant que l'Église avait pris position très tôt sur la radio et la télévision. Sur l'ordinateur, puis sur les réseaux, rien. On pourrait dire à la fois oui pour le progrès technique, mais attention à la communication humaine...

Pape François : Peut-être. D'ailleurs il y a des problèmes très graves. Ceux par exemple qui s'enferment dans une communication exclusivement technique. Ces familles qui dînent avec chacun son ordinateur, le papa, la maman, les enfants... Ils ne parlent pas entre eux, mais ils écrivent. Avant, ils regardaient la télévision, maintenant il n'y a plus que le père et la mère qui la regardent. Au moins c'était quelque chose qu'on pouvait commenter ensemble. On doit parler de ça, je suis d'accord.

Dominique Wolton : Oui, l'Église peut dire « attention » car dans le monde, les enjeux techniques, financiers et économiques sont considérables. L'industrie américaine des techniques de communication gagne plus d'argent que l'armement. Mais comme tout le monde est fasciné par ces performances, on laisse passer. Internet est encore identifié à « la liberté », et toute

Politique et société

réglementation considérée comme rétrograde... Nombre de personnalités parlent de « société de la connaissance », de « civilisations du numérique ». La question n'est pourtant pas d'humaniser la technique, mais d'humaniser l'Homme et de le protéger...

Culture et communication

**Allocution du pape François
au Conseil italien de l'Ordre des journalistes,
soit 400 journalistes, en audience dans la salle
Clémentine du Vatican, 22 septembre 2016.**

[...] Peu de professions ont une aussi grande influence sur la société que le journalisme. Le journaliste a un rôle à la fois de grande importance et de grande responsabilité. D'une certaine façon vous écrivez « une première ébauche de l'histoire », en construisant l'agenda des nouvelles et conduisant les personnes à une interprétation des événements. C'est très important. Les temps changent et également la manière de faire du journalisme. La presse écrite tout comme la télévision perdent de leur importance face aux nouveaux médias du monde numérique – surtout parmi les jeunes – mais les journalistes, s'ils font leur travail de manière professionnelle, restent un pilier, un élément fondamental pour la vitalité d'une société libre et plurielle. [...]

Aujourd'hui, je voudrais partager avec vous une réflexion sur quelques aspects de votre profession, le journalisme, et sur comment ils peuvent servir à améliorer la société dans laquelle nous vivons. Pour nous tous, il est indispensable de nous arrêter, pour réfléchir à ce que nous faisons et à comment nous le faisons. Dans la vie

Politique et société

spirituelle, cela prend souvent la forme d'une journée de retraite, d'approfondissement intérieur. Je pense que dans la vie professionnelle aussi on a besoin de ça, d'un peu de temps pour nous arrêter et réfléchir. Certes, ce n'est pas facile dans un domaine comme le journalisme, une profession qui vit en permanence de « délais de livraison » et de « dates d'expiration ». Mais, au moins, pendant un bref instant, cherchons à approfondir un peu la réalité du journalisme.

Je m'arrête sur trois éléments : aimer la vérité, une chose fondamentale pour tout le monde, mais spécialement pour les journalistes ; vivre de manière professionnelle, quelque chose qui va bien au-delà des lois et des règlements ; et respecter la dignité humaine, qui est beaucoup plus difficile que cela n'y paraît au premier abord. […]

Aimer la vérité veut dire non seulement affirmer mais vivre la vérité, et en témoigner à travers son travail. Vivre et travailler, donc, avec cohérence par rapport aux paroles que l'on utilise pour un article de journal ou un reportage télévisé. Ici la question n'est pas « être ou ne pas être un croyant ». La question est « être ou ne pas être honnête avec soi-même et avec les autres ». La relation constitue le cœur de toute communication. À plus forte raison chez ceux qui en font leur métier. Et aucune relation, fondée sur la malhonnêteté, ne peut résister et durer dans

Culture et communication

le temps. Je me rends compte que dans le journalisme actuel – un flux ininterrompu de faits et événements racontés 24 heures par jour, 7 jours sur 7 – ce n'est pas toujours facile d'arriver à la vérité, ou du moins de s'en approcher. Dans la vie tout n'est pas noir ou blanc. Dans le journalisme aussi, il faut savoir discerner entre les nuances de gris des événements que l'on est appelé à raconter. Les débats politiques, voire tant de conflits, sont rarement le résultat de dynamiques claires et nettes, dans lesquelles il est possible de reconnaître sans équivoque qui a tort et qui a raison. La confrontation et parfois l'affrontement, au fond, naissent précisément de cette difficulté à faire la synthèse entre les différentes positions. C'est le travail – nous pourrions dire aussi la mission – la fois difficile et nécessaire d'un journaliste : arriver au plus près de la vérité des faits et ne jamais dire ou écrire une chose qui, au fond de sa conscience, il le sait, n'est pas vraie.

Deuxième élément : vivre de manière professionnelle veut dire avant tout – au-delà de ce que nous pouvons trouver écrit dans les codes déontologiques – comprendre, intérioriser le sens profond de son propre travail. D'où découle la nécessité de ne pas soumettre sa profession aux logiques des intérêts partisans, qu'ils soient économiques ou politiques. Le devoir du journaliste, j'oserais dire sa vocation, est donc – à travers l'attention, et

Politique et société

le soin à rechercher la vérité – de faire grandir la dimension sociale d'une vraie citoyenneté. Dans cette perspective d'ouvrir les horizons, agir de manière professionnelle veut donc dire non seulement répondre aux préoccupations, bien que légitimes, d'une catégorie, mais avoir à cœur un des chambranles de la structure d'une société démocratique. Les dictatures – de n'importe quelle orientation et « couleur » – qui ont toujours cherché à s'emparer des moyens de communication, et à imposer de nouvelles règles au journalisme, devraient toujours nous faire réfléchir.

Et troisièmement : respecter la dignité humaine est important dans toute profession, et spécialement dans le journalisme, car derrière le simple récit d'un événement il y a les sentiments, les émotions et, en définitive, la vie des personnes. J'ai souvent parlé des bavardages comme étant une forme de « terrorisme », capable de tuer une personne par la langue. Si cela vaut pour les individus, en famille ou au travail, à plus forte raison pour les journalistes, car leur voix peut toucher tout le monde, et c'est une arme très puissante. Le journalisme doit toujours respecter la dignité de la personne. Un article est publié aujourd'hui et demain il sera remplacé par un autre, mais la vie d'une personne injustement calomniée peut être détruite à jamais. Certes la critique est légitime, et je dirais plus, elle est nécessaire, tout comme

Culture et communication

« dénoncer » le mal, mais cela doit toujours être fait en respectant l'autre, sa vie, ses affections. Le journalisme ne peut pas devenir une « arme de destruction » des personnes, voire de peuples. Ni alimenter la peur face aux changements ou phénomènes comme les migrations forcées, dues aux guerres et à la famine.

Je souhaite que le journalisme, de plus en plus et partout, soit un instrument de construction, un facteur de bien commun, un accélérateur de processus de réconciliation ; qu'il sache repousser la tentation de fomenter l'affrontement, avec un langage qui attise le feu des divisions, mais favorise plutôt la culture de la rencontre. Vous, journalistes, rappelez à tous chaque jour qu'il n'existe pas de conflit qui ne puisse être résolu par des femmes et des hommes de bonne volonté.

Je vous remercie pour cette rencontre ; je vous souhaite bonne chance dans votre travail. Que le Seigneur vous bénisse. Je vous accompagne dans mes prières et dans mon cœur, et vous demande s'il vous plaît de prier pour moi. Merci.

Politique et société

Discours du pape François aux participants au cours de formation pour les nouveaux évêques, salle Clémentine, Vatican, 16 septembre 2016

[...] Vous êtes presque parvenus à la fin de ces journées fécondes passées à Rome pour approfondir la richesse du mystère auquel Dieu vous a appelés en tant qu'évêques de l'Église. [...]

Je suis heureux de vous accueillir et de pouvoir partager avec vous certaines pensées qui viennent au cœur du Successeur de Pierre quand je vois devant moi ceux qui ont été « pêchés » par le cœur de Dieu pour guider son Peuple saint.

1. Le frisson d'avoir été aimés en avance

Oui ! Dieu vous précède dans sa connaissance pleine d'amour ! Il vous a « pêchés » avec l'hameçon de sa surprenante miséricorde. Ses filets se sont mystérieusement resserrés et vous n'avez pas pu éviter de vous laisser capturer. [...]

2. Admirable complaisance !

Il est beau de se laisser transpercer par la connaissance pleine d'amour de Dieu. Il est réconfortant de savoir qu'Il sait véritablement qui nous sommes et qu'il n'a pas peur de notre petitesse. [...]

3. Franchir le cœur du Christ, la véritable Porte de la miséricorde

Culture et communication

Pour tout cela, dimanche prochain, en franchissant la Porte sainte du Jubilé de la miséricorde qui a attiré au Christ des millions de pèlerins de la ville et du monde, je vous invite à vivre intensément une grande expérience de gratitude, de réconciliation, d'abandon total, remettant sans réserve votre vie au Pasteur des Pasteurs. […]

4. *Le devoir de rendre pastorale la miséricorde*

C'est un devoir difficile. Demandez à Dieu, qui est riche de miséricorde, le secret pour rendre pastorale sa miséricorde dans vos diocèses. […]

N'ayez pas peur de proposer la miséricorde comme résumé de ce que Dieu offre au monde, parce que le cœur de l'homme ne peut aspirer à rien de plus grand. […]

5. *Trois recommandations pour rendre pastorale la miséricorde* […]

5.1. Soyez des évêques capables d'enchanter et d'attirer

Faites de votre ministère une icône de la miséricorde, la seule force capable de séduire et d'attirer de façon permanente le cœur de l'homme. […]

5.2. Soyez des évêques capables d'initier ceux qui vous ont été confiés

Tout ce qui est grand a besoin d'un parcours pour pouvoir y pénétrer. La miséricorde divine, qui est inépuisable, encore davantage ! Une fois saisis par la miséricorde, celle-ci exige un parcours introductif, un chemin, une route, une initiation. […]

Politique et société

Soyez des évêques capables d'initier vos Églises à cet abîme d'amour. Aujourd'hui, on demande trop de fruits à des arbres qui n'ont pas été assez cultivés. On a perdu le sens de l'initiation, et toutefois on n'accède aux choses vraiment essentielles de la vie qu'à travers l'initiation. [...]

Je vous prie de soigner avec une attention particulière les structures d'initiation de vos Églises, en particulier les séminaires. Ne vous laissez pas tenter par les nombres et par la quantité des vocations, mais cherchez plutôt la qualité de l'initiation. Ni nombres, ni quantité : seulement la qualité. [...]

5.3. *Soyez des évêques capables d'accompagner* » [...]

Chers frères, à présent, nous prierons ensemble et je vous bénirai de tout mon cœur de pasteur, de père et de frère. La bénédiction est toujours l'invocation du visage de Dieu sur nous. Le visage de Dieu qui ne s'obscurcit jamais est le Christ. En vous bénissant, je lui demanderai de marcher avec vous et de vous donner le courage de marcher avec Lui. C'est son visage qui nous attire, qui s'imprime en nous et qui nous accompagne. Ainsi soit-il[1] !

---

1. © Libreria Editrice Vaticana.

5

L'altérité, le temps et la joie

Juillet 2016. Nous avons presque nos habitudes puisque l'on se voit trois jours de suite. Tout est simple et familier dans ce dialogue à la fois hors du temps et dans tous les temps de cette immense Histoire. Tout ici rend modeste. Un territoire minuscule, mais une si longue histoire. Télescopage évident entre la culture de nos sociétés, rongées par l'événement et l'immédiateté, et cet espace apparemment serein, immobile et éternel. On continue très sérieusement les entretiens, et dans l'ordre du plan du livre. Le Saint-Père est scrupuleux, notre dialogue toujours aussi naturel et humoristique. L'humour, cet éternel et immense court-circuit de l'intelligence… L'Église dans la société moderne. Les apports et les confrontations mutuels. L'Église, la communication, les hommes et les techniques, les décalages d'expérience et de vision du monde. Où est la modernité ? Comment cet homme peut-il assumer l'immense symbole qu'il représente ? Vivre avec les responsabilités qui sont les siennes ? La modestie est là, dans ce bâtiment, mais juste à côté s'impose la

Politique et société

solennité de Saint-Pierre, dont les cloches, régulièrement, rappellent l'ouverture au monde, la relativité des civilisations, et l'immense difficulté de la cohabitation des cultures. Le temps, le temps qui nous définit tous. Quelle méditation. Et chez lui, dans ses propos, toujours le rappel essentiel, vital, ontologique du rôle de la prière. Leçon de choses, comme on disait autrefois. En tout cas des silences, des songes et des réflexions en abîmes... Nos échanges illustrent d'ailleurs parfaitement ce dialogue indispensable, difficile, entre le religieux et le laïc. Entre celui qui est habité par d'autres valeurs et références que celles de l'intellectuel, dont les codes sont plus proches de l'anthropologie.

* * *

Dominique Wolton : Comment arriver à dialoguer avec les athées et les non-croyants, qui ne reconnaissent pas le péché originel ni la faute ? Comment dialoguer avec eux puisqu'on est souvent dans un monde laïc et non religieux ?

Pape François : Ils font partie de la réalité. Partie de plusieurs pouvoirs. Et quand on parle de réalité, tout de suite, on se heurte à des points de vue différents. Mais la réalité fait des ponts entre ces différents points de vue. Et ça, c'est l'inverse. La réalité, c'est la vérité. Les ponts, c'est notre conversation. Mais on doit partir de la réalité, pas de la

L'altérité, le temps et la joie

théorie. On peut bien parler de la quadrature du cercle jusqu'à la fin du monde, c'est inutile.

Quelle est la réalité ? Chacun voit la réalité à sa manière. Et moi je la vois comme je crois qu'elle est. Je la comprends comme elle est. Alors il faut chercher ensemble. C'est un chemin de recherche. Chercher.

Dominique Wolton : Tout de même, que faire, que dire, avec ceux qui sont athées ? Comment respecter les gens qui sont athées, quel dialogue ? Les athées ont fait beaucoup, beaucoup pour la libération sociale, politique, pour la démocratie depuis le XVIIIe siècle. Qu'est-ce que fait l'Église ? L'Église dit souvent « on les attend ». Mais s'ils sont athées, ils n'ont pas besoin de votre attente. Et n'attendent rien. Alors, comment dialoguer ? D'autant que ce sont souvent des hommes de paix ! Que faire avec les athées ? Parce que l'Église en a tout de même tué beaucoup…

Pape François : À une autre époque, certains disaient : « Mais laissez-les tranquilles, ils iront en enfer ! »

Dominique Wolton : (*rires*) Bien sûr !

Pape François : Mais on ne doit jamais parler avec des adjectifs. La vraie communication se fait avec des substantifs. C'est-à-dire avec une personne. Cette personne peut être agnostique, athée, catholique, juive… mais ce sont là des adjectifs. Moi je parle avec une personne. On doit parler avec une personne. C'est un homme, c'est une femme, comme moi. À Cracovie, un adolescent m'a posé la même question lors d'un déjeuner avec un groupe de jeunes catholiques de 12 ou 14 ans. Des filles et des garçons, deux pour chaque continent et deux en plus pour la Pologne. Il m'a demandé : « Mais que dire à un athée ? »

Dominique Wolton : Mais ce n'est pas mon propos. Celui-ci est : comment dialoguer avec lui ?

Pape François : Que dire à un athée ? Je lui ai répondu ceci : « Mais la dernière chose que tu devrais faire, c'est de s'adresser (prêcher) à un athée. Toi, tu dois vivre ta vie, tu l'écoutes, mais tu ne dois pas faire de l'apologie. Dehors, l'apologie. S'il te demande quelque chose, tu lui réponds selon ton expérience humaine. » Le dialogue doit se faire avec l'expérience humaine. Moi, je suis croyant, mais la foi est un don, un don de Dieu. Personne ne peut avoir la foi de par lui-même. Personne. Même si tu étudies une bibliothèque entière. C'est un don. Et si tu n'as pas ce don, Dieu te sauvera d'une autre manière. Et l'on peut parler de beaucoup de sujets que nous avons en

L'altérité, le temps et la joie

commun : des problèmes éthiques, des choses mythiques, des choses humaines... Beaucoup de choses. De ce que l'on pense, des problèmes humains, comment se comporter... On peut discuter du développement de l'humanité... Parler de choses communes. Lui, il aura un point de vue différent, et moi aussi j'aurai un point de vue différent. Mais on peut parler, et lorsque l'on arrive au problème de Dieu, chacun dit son choix. Mais en écoutant l'autre avec respect.

Une fois, j'ai eu une expérience : une dame m'a dit qu'elle avait entendu un sermon, ou une conférence, je ne sais plus. Elle m'a dit qu'elle était athée mais qu'à ce moment-là, elle a commencé à douter de la non-existence de Dieu. C'est ce qui l'avait touchée. Les agnostiques aussi. Ils sont différents.

Dominique Wolton : Il y a une phrase de l'Église, qui est, je trouve, terrible : « À force d'oublier Dieu, on oublie l'homme. »

Pape François : Oui.

Dominique Wolton : Oui, mais pour un athée ?

Pape François : Là, il y a une autre notion. Vous avez raison. Prenons concrètement un athée comme Hitler, avec ce précepte que vous avez cité...

Politique et société

Dominique Wolton : Ce n'est pas un athée ordinaire, celui-là.

Pape François : Mais à force d'oublier Dieu, on oublie l'homme.

Dominique Wolton : C'est ce que disait Mgr Jean-Marie Lustiger quand je dialoguais avec lui. Mais la question demeure. À force d'oublier Dieu, on oublie l'homme ? D'abord, il y a des croyants et des curés qui ont tué beaucoup d'hommes dans l'histoire. Et ensuite, aujourd'hui, il y a beaucoup d'athées qui sont aussi humanistes que des croyants...
Parce que si on dit « à force d'oublier Dieu, on oublie l'homme », cela veut dire qu'il n'y a pas d'autre solution que Dieu. Or, un athée dit : « Moi je suis athée et je fais parfois du bien, autant de bien que les croyants. » C'est d'ailleurs quelque chose d'étrange : on fait le dialogue interreligieux, on fait l'œcuménisme, mais que fait-on avec les athées ?
Par exemple, comment faire entendre le message de l'année de la Miséricorde ? Comment le dire à des athées ? Ils ne comprennent pas.

Pape François : Faites quelque chose de bien pour quelqu'un. Faites-le. Et si vous n'êtes pas intéressé par ce sujet, pensez à ceux qui sont dans

L'altérité, le temps et la joie

le besoin. Pensez aux enfants de Syrie. Faites-vous une pensée de miséricorde. Une émotion intérieure.

Dominique Wolton : Vous dites souvent : « Comment faire comprendre que l'humanité soit à la fois blessée et sauvée ? »

Pape François : L'expérience de chacun. Chaque homme, chaque femme, tombe et se relève. Comment peut-on se relever après être tombé tant de fois et trouver une nouvelle route ? On peut parler sans avoir peur – toi tu es athée, moi non… mais parlons-nous ! Tous les deux nous finirons dans le même endroit. Nous serons tous les deux mangés par des vers !

Dominique Wolton : Que pensez-vous de la phrase de Pie XII qui disait : « Le drame de notre époque, c'est qu'elle a perdu le sens du péché » ? Vous diriez cela, vous ?

Pape François : Oui, ça, c'est vrai. Je crois que c'est vrai, l'époque a perdu le sens du péché. Quand on voit aujourd'hui un kamikaze se faire exploser en tuant cinquante personnes. Quand on voit les trafiquants qui font se noyer des gens dans le canal de Sicile… Si une personne honnête se demande « pourquoi font-ils cela ? », la réponse

Politique et société

est que ces hommes n'ont pas de boussole morale. Au minimum ça. Et la boussole morale est acceptée par tous. De là à parler de péché, il y a un cheminement, parce que parler du péché, c'est aussi parler du rapport avec Dieu car le péché suppose la foi. Mais ne pas avoir de boussole morale, c'est une idée qui touche tout le monde. Même les athées. Et même un athée convaincu et honnête se dit que oui, ce monde manque d'une boussole morale. Si un économiste ultra libéral lit certains passages de *Laudate si'*, il finira par se dire qu'il manque une boussole morale à l'économie. La morale est une exigence de notre comportement social. Mais ce n'est pas le rigorisme ni la rigidité des commandements. La morale, c'est payer honnêtement ses ouvriers, payer honnêtement sa domestique… Et parfois il y a des contradictions terribles.

Une dame de bienfaisance, très catholique, qui faisait partie d'un groupe de charité très actif, avait trois enfants, trois garçons adolescents de 16, 17 et 20 ans, et elle disait « moi, je recrute très soigneusement ma domestique », parce que, écoutez bien, « je ne veux pas que mes enfants aillent voir ailleurs, je veux qu'ils aient à la maison le service complet ». Cela, c'est de l'immoralité.

Il y a un problème social aujourd'hui à propos duquel j'ai beaucoup de reproches à faire aux médias. Aujourd'hui, le monde entier est

L'altérité, le temps et la joie

scandalisé, Dieu merci, par l'abus des mineurs. Mais dans ce monde, il y a des hommes d'affaires qui produisent des vidéos pour internet, des vidéos qui montrent aux jeunes garçons, aux jeunes filles, aux hommes, aux femmes des « cochonneries » et des rapports sexuels avec des mineurs, homosexuels, hétérosexuels, de toutes les façons possibles.

Dominique Wolton : Oui, c'est de l'hypocrisie.

Pape François : Et qui autorise cela ? Le même gouvernement qui condamne l'abus des mineurs. Et pourtant on diffuse des films montrant comment abuser de mineurs…

Dominique Wolton : La pornographie est une des plus grosses industries au monde...

Pape François : C'est cela, la contradiction que je souligne. La boussole de la morale, nous l'avons tous à l'intérieur. Nous sentons tous si une chose est bonne ou mauvaise.

Dominique Wolton : Depuis trente ans, l'argent domine ! Uniquement l'argent, au nom du libéralisme économique. Peut-être la morale va-t-elle revenir comme interrogation sur le sens, pas comme une suite d'interdits.

Politique et société

Pape François : Que le Seigneur vous entende ! Mais nous, catholiques, comment enseigne-t-on la morale ? On ne peut pas l'enseigner avec des préceptes comme : « Tu ne peux pas faire ça, tu dois faire ça, tu dois, tu ne dois pas, tu peux, tu ne peux pas. » La morale est une conséquence de la rencontre avec Jésus-Christ. C'est une conséquence de la foi, pour nous les catholiques. Et pour les autres, la morale est une conséquence de la rencontre avec un idéal, ou avec Dieu, ou avec soi-même, mais avec la meilleure partie de soi-même. La morale est toujours une conséquence.

Dominique Wolton : Mais on a souvent dit qu'il n'y a pas de morale dans l'économie. Ce qui est faux, bien sûr qu'il y a de la morale dans l'économie. Cela fait trente ans que le capitalisme libéral est comme cela, sans morale. Surtout depuis la globalisation et la chute du communisme.

Pape François : Ça tombera.

Dominique Wolton : Oui, bien sûr.

Pape François : Je crois que je ne verrai pas cela…

Dominique Wolton : On a le sentiment que l'Église est progressiste au sujet de l'amour de

L'altérité, le temps et la joie

l'autre, des immigrés, mais que dans les domaines de la famille, du couple, des mœurs, de l'homosexualité, elle est beaucoup plus « rigide ». Vous avez même évoqué le « fouet » qu'il faudrait laisser « accroché à la sacristie[1] ». Pour les mœurs, la famille et la sexualité, on a pourtant l'impression que l'Église, c'est encore le « fouet ».

Pape François : Mais il y a eu de grands progrès dans l'explicitation de la position de l'Église, de Pie XI à aujourd'hui. Par exemple, toute l'anthropologie de la famille qu'a réalisée Jean-Paul II est très importante. Et puis, il y a ce que j'ai fait moi après les deux synodes, *Amoris laetitia*… C'est quelque chose de clair et positif, que certains aux tendances trop traditionalistes combattent en disant que ce n'est pas la vraie doctrine. Au sujet des familles blessées, je dis dans le huitième chapitre qu'*il y a quatre critères : accueillir, accompagner, discerner les situations et intégrer*. Et ça, ce n'est pas une norme figée. Cela ouvre une voie, un chemin de communication. On m'a tout de

---

[1]. « Je vous demande aujourd'hui de laisser le "fouet" accroché à la sacristie et d'être des pasteurs avec la tendresse de Dieu. » Homélie prononcée pour la troisième retraite mondiale des prêtres, basilique Saint-Jean-de-Latran, vendredi 12 juin 2015, *in* Pape François, *Miséricorde*, Bayard, 2016.

Politique et société

suite demandé : « Mais peut-on donner la communion aux divorcés ? » Je réponds : « Parlez donc avec le divorcé, parlez avec la divorcée, accueillez, accompagnez, intégrez, discernez ! » Hélas, nous, les prêtres, nous sommes habitués aux normes figées. Aux normes fixes. Et c'est difficile pour nous, cet « accompagner sur le chemin, intégrer, discerner, dire du bien ». Mais ma proposition, c'est bien ça. Jean-Paul II aussi, avec sa théologie du corps, très importante, est allé très loin en matière de sexualité et de famille. Je le cite dans l'exhortation *Amoris laetitia* à laquelle je fais référence, parce que tout y est dit. Une phrase en a scandalisé quelques-uns : « Le sexe est une chose bonne et belle. »

Dominique Wolton : Reconnaissez que c'est compliqué pour des laïcs d'entendre des prêtres, qui ont renoncé à l'amour physique, dire que l'amour physique, c'est beau.

Pape François : Renoncer à la sexualité et choisir le chemin de la chasteté ou de la virginité, c'est toute une vie consacrée. Et quelle est la condition sans laquelle ce chemin meurt ? C'est que ce chemin porte à la paternité ou à la maternité spirituelle. Un des maux de l'Église, ce sont les prêtres « vieux garçons » et les sœurs « vieilles filles ». Parce qu'ils sont pleins d'amertume. En

L'altérité, le temps et la joie

revanche, ceux qui ont atteint cette paternité spirituelle, soit par la paroisse, soit par l'école ou par l'hôpital, vont bien... Et c'est la même chose pour les sœurs, parce qu'elles sont « mères ».

Dominique Wolton : Philippe Barbarin, sur ces sujets, a rencontré beaucoup de difficultés. André Vingt-Trois, à Paris, et quelques autres l'ont soutenu...

Pape François : Est-ce que les autres sont comme Pilate ?

Dominique Wolton : Beaucoup, beaucoup sont des Pilate et s'en lavent les mains.

Pape François : Je connais bien Monseigneur Philippe Barbarin. Il est venu ici, il est courageux. C'est un problème qui date d'il y a quarante ans, et il pensait qu'il y avait prescription. Il est libre. C'est un homme libre, aussi très généreux. Il a été missionnaire à Madagascar...

Dominique Wolton : Il fallait l'autorité du pape, parce que la pression des médias et de l'opinion publique était très forte dans le sens de « Démission ! Démission ! ».

Politique et société

Pape François : Les prêtres catholiques représentent plus ou moins 2% des pédophiles. Cela semble peu, mais c'est trop. Qu'un seul prêtre catholique fasse cela, c'est horrible. Tolérance zéro ! Parce que le prêtre doit porter les enfants à Dieu, pas détruire leur vie. Puis il y a l'enchaînement : sur quatre enfants violés, deux deviennent des violeurs.

Dominique Wolton : Sur la pédophilie, j'ai trouvé l'Église beaucoup sur la défensive. Bien sûr, elle a trop fermé les yeux, couvert l'inacceptable, mais simultanément le temps de l'Église n'est pas toujours celui de la société. Ce n'est pas le temps des médias non plus. Or, aujourd'hui, les médias sont devenus le tribunal des mœurs.
Pourquoi l'Église ne peut-elle pas dire : « Oui je respecte la loi, mais j'ai en charge des problèmes de conscience, de paix, de morale qui n'adoptent pas la logique et le rythme des médias ou de l'opinion publique. » Je trouve que depuis cinquante ans l'Église catholique est souvent sur la défensive, sans expliquer la différence de temporalité ni de logique. Elle veut trop s'adapter aux temps modernes. L'Église n'est pas hors la loi, mais elle est autre chose que la loi.

Pape François : Et il y a aussi le médecin, *mutatis mutandis*, le secret professionnel, et d'autres choses qui vont dans le même sens que le problème que

L'altérité, le temps et la joie

vous soulevez. La majeure partie des abus sur les mineurs viennent du cercle familial ou des voisins du quartier.

Dominique Wolton : Et l'on ne dit rien du pouvoir absolu de la famille.

Pape François : Avant, on déplaçait le prêtre, mais le problème se déplaçait avec lui. La politique actuelle, c'est celle que Benoît XVI et moi avons mise en place à travers la Commission de tutelle des mineurs fondée il y a deux ans, ici au Vatican. Tutelle de tous les mineurs. C'est pour faire prendre conscience de ce qu'est ce problème. L'Église mère enseigne comment prévenir, comment faire parler un enfant, faire en sorte qu'il dise la vérité aux parents, raconte ce qu'il se passe, etc. C'est un chemin constructif.
L'Église ne doit pas aller vers une position défensive. Si un prêtre est un abuseur, c'est quelqu'un de malade. Sur quatre abuseurs, deux ont été abusés quand ils étaient enfants. Ce sont les statistiques des psychiatres. Mais l'Église essaie de cette façon de protéger les enfants.

Dominique Wolton : C'est la question que je vous ai posée tout à l'heure : comment l'Église peut-elle faire comprendre que, bien sûr, elle doit

Politique et société

respecter la loi, mais qu'elle manipule aussi du temps, des valeurs, qui sont différentes ?

Pape François : Elle doit le faire comprendre. Le temps. On a besoin de temps pour grandir, pour mûrir, pour se repentir, pour pleurer. Chaque chose en son temps. C'est le mystère du temps.

Dominique Wolton : Oui, mais, aujourd'hui, tout va très vite. Et l'Église va de plus en plus vite elle aussi. Elle n'arrive pas à imposer une autre temporalité, une vision des choses, elle court vers la modernité, se conforme à la loi de l'époque, alors que, comme vous le dites, tout est beaucoup plus compliqué. Or, les psychiatres et les psychanalystes disent, comme vous, que tout est très lent, que tout est très compliqué. D'ailleurs, à ce sujet, celui de la complexité des temps, on n'entend pas non plus beaucoup ni les psychiatres ni les psychanalystes...

Pape François : Il faut commencer par faire l'expérience. La faire avec du temps. Prendre les mains des gens, marcher avec eux. Les quatre critères de l'exhortation *Amoris laetitia* : accueillir, accompagner, discerner, intégrer.
Accueillir, on peut accueillir en peu de temps. Mais accompagner, c'est une longue route. Discerner : la sagesse du discernement, c'est la

L'altérité, le temps et la joie

sagesse de la paternité, de la maternité, la sagesse des anciens. Il faut toute une vie pour l'apprendre.

Dominique Wolton : Dans la mondialisation, les Églises chrétiennes, et notamment l'Église catholique, pourraient dire quelque chose qui sorte de la tyrannie de l'événement, de l'instant, de l'opinion publique. De par son patrimoine théorique et historique, l'Église devrait dire, sans arrogance, qu'il n'y a pas que le temps de la modernité, qu'il n'y a pas que la vitesse, qu'il n'y a pas que la liberté individuelle. Son expérience, malgré ses erreurs, est de dire autre chose. Et cette autre chose, au bout d'un moment, pourrait être entendue.

Justement, j'ai une question sur la joie. Hier, vous m'avez dit que la joie est un des mots que vous préférez, mais pourquoi n'y a-t-il pas plus de joie dans l'Église ?

Pape François : Mais on en trouve, dans l'Église…

Dominique Wolton : Oui, mais, globalement, ce n'est pas toujours gai, l'Église… Sauf les JMJ, qui tiennent de la joie de la jeunesse. On est plus joyeux à 20 ans qu'à 60. Mais le message d'amour et de joie de l'Église ? La différence entre les chrétiens et les fondamentalistes devrait être la joie. Et cette différence culturelle, psychologique, quotidienne, on ne la voit pas. La joie de l'Église serait la première valeur pour la paix, comme enjeu politique. Il faudrait, dans le même esprit, une phrase sur la joie. On a besoin de joie, de bonheur, contre la haine qui vient des égoïsmes et des fondamentalismes.

Pape François : Effectivement, quand les dirigeants de l'Église, ceux qu'on appelle les pasteurs, les évêques, les prêtres, se détachent du peuple – et ici je parle du peuple de Dieu – et quand ils deviennent *trop sérieux*, engoncés, ils ont la face « amidonnée ».

Dominique Wolton : Oui, une Église amidonnée, c'est exactement cela.

Pape François : Cela arrive quand ils se détachent du peuple et aussi, pourrait-on dire, de Dieu.

Dominique Wolton : Mais vous savez que, de ce point de vue, le communisme a la même utopie du peuple, au départ. De même que les socialismes utopiques, entre 1850 et 1900, qui parlent eux aussi du « Peuple ». Le communisme a échoué, mais le communisme est extraordinaire dans ses valeurs. Liberté, égalité, amour. C'est aussi chrétien !

L'altérité, le temps et la joie

Pape François : On m'a dit une fois : « Mais vous êtes communiste ! » Non. Les communistes, ce sont les chrétiens. C'est les autres qui nous ont volé notre bannière !

Dominique Wolton : (*rires*) C'est vrai, mais ça n'a pas tellement marché. L'Église n'est pas toujours formidable, mais sur dix, quinze siècles, c'est mieux que le communisme, quand même…

Pape François : Le pape Paul VI a écrit une encyclique sur la joie. Une très belle encyclique, en 1975 : *Gaudete in Domino*[1].

Dominique Wolton : Oui, je l'avais oubliée… Mais cela peut être repris, car la joie dans la mondialisation, ce n'était pas le contexte de Paul VI. C'est renversant, d'ailleurs, tout ce qui a changé en quarante ans. C'est angoissant, cette espèce de monde « transparent », interactif, où l'on ne comprend rien. On voit, mais on ne comprend pas. C'est à propos de ce thème considérable de la « compréhension » que vous avez quelque chose à dire.

À l'époque de Paul VI, il y avait encore des structures, il y avait encore Est-Ouest, il y avait le

---

1. *Gaudete in Domino* (*Réjouissez-vous dans le Seigneur*), 9 mai 1975.

capitalisme, le socialisme. Là, il n'y a rien d'autre. Il n'y a plus que le capitalisme. Pas de valeurs, pas d'identité. Qu'attend l'Église ? Ce n'est pas seulement la joie, c'est l'humilité. Tout le monde recherche du sens. Et le sens religieux n'a pas de monopole, mais il constitue néanmoins un témoignage. Une encyclique ?

Pape François : J'en ai fait trois. Une encyclique et deux exhortations. Les trois ont comme titre « la joie ». *Evangelii gaudium*, *Amoris laetitia* et *Laudato si'*.

Dominique Wolton : C'est vrai, mais la joie est d'abord humaine. Or, vous, vous utilisez beaucoup les tweets, la communication technique, internet. Vous avez 32 millions d'internautes qui vous suivent – un record –, très bien. Vous utilisez les techniques pour diffuser votre message. Mais, en même temps, ces techniques de communication, surtout avec internet, sont devenues un empire économique, financier, politique : les GAFA contrôlent tous les réseaux sociaux. Cette réflexion critique, sur les limites d'internet, une expérience qui n'est pas humaine et trop technique, devrait permettre à l'Église de dire quelque chose d'autre. Et dans le monde actuellement, personne ne dit grand-chose. Pas les États, peu les individus, car tout le monde se sent « libre » de communiquer. L'Église pourrait relativiser ces

L'altérité, le temps et la joie

performances de la communication technique qui risquent de dévaloriser la communication humaine. Elle ne dit rien.

Si l'Église ne le dit pas, personne ne va le dire. Un jour, les États vont le faire. Il y aura sûrement un réveil démocratique. Mais quand ? À quel prix ?

Les prêtres sont souvent des gens tristes. Un jour, je faisais une conférence aux évêques de France, à Lourdes. Je suis entré dans la salle, il y avait 80 évêques, assez tristes. Je leur ai dit : « Mais, souriez ! Dieu est avec vous ! »

Pape François : Je crois que Thérèse d'Ávila disait qu'un saint triste est un triste saint. Non, vraiment, la joie est au cœur de l'Évangile ! Prenez les premières pages de l'Évangile. Ce sont des pages de joie. Voyez ce que les gens entendent, quand ils écoutent Jésus parler. C'est plein de joie. Parce qu'il parle comme quelqu'un qui a de l'autorité, pas comme ceux-là, si tristes.

Dominique Wolton : Oui, mais, d'après votre expérience de prêtre, pourquoi y en a-t-il autant qui sont si tristes ?

Pape François : Mais allez voir les sœurs de mère Teresa, vous verrez qu'elles ne sont pas tristes. La joie ! Il y a tant de joie !

Politique et société

Dominique Wolton : Oui, mais ce n'est pas forcément la majorité.

Pape François : Vous dites en parlant d'eux « l'Église », mais ce sont là des chrétiens sans Jésus.

Dominique Wolton : C'est joli, ça.

Pape François : Ce sont des chrétiens idéologiques. Ils ont une idéologie chrétienne. Si vous préférez, une doctrine chrétienne. Ils savent tout le catéchisme. Ils connaissent même par cœur tout Denzinger[1]. Jésus, c'est le contraire.

Dominique Wolton : Je suis un intellectuel et je n'aime pas la froideur des intellectuels. Les intellectuels, c'est comme les prêtres, c'est toujours…

Pape François : Mais dans l'Évangile, le Seigneur nous met en garde contre ça. Si vous n'êtes pas comme des enfants, vous ne rentrerez pas au Royaume. La joie de l'enfant, l'espoir de

---

1. Heinrich Joseph Dominicus Denzinger (1819-1883), théologien catholique allemand du XIXe siècle. Son œuvre majeure, *l'Enchiridion* (1854), est une collection de textes doctrinaux officiels qui a fait l'objet de 38 éditions en langue française.

L'altérité, le temps et la joie

l'enfant... sans se refermer. Les tristes ont fermé les horizons. Une Église sans ressources. Mais dans l'Apocalypse, il y a ce passage si beau de Jésus, qui dit devant l'Église : « Je suis la porte et je frappe, laissez-moi entrer. » Jésus est la porte, et il frappe. Mais il est à l'intérieur, et nous, nous ne le laissons pas sortir. Et c'est pour cela que certains peuvent ressentir de la tristesse.

Dominique Wolton : Dans les églises en Afrique, au Vietnam, en Amérique latine, on danse, on chante. Même en Europe de l'Est, c'est joyeux. Pourquoi n'essayez-vous pas de dire de manière joyeuse, justement, « on connaît les faiblesses, les trahisons, on sait tout de l'homme, mais il y a toujours autre chose »... Ce que je veux dire, c'est que l'Église a une « expertise » de l'âme humaine qu'aucune institution n'a autant qu'elle. Parce qu'elle a vécu toutes les trahisons. Et toutes les rédemptions. Finalement, l'Église a la plus grande expertise de la communication humaine qui soit !

Pape François : L'Église dit ces choses-là. Mais elle les dit seulement, et cela, ce n'est pas suffisant. Je ferais une différence. Ce que vous cherchez, c'est que l'Église témoigne davantage, c'est la question du témoignage. Le christianisme n'est pas une science. Ce n'est pas une idéologie, ce n'est pas une ONG : le christianisme est une rencontre avec une personne. C'est l'expérience de la stupéfaction, de l'émerveillement d'avoir rencontré Dieu, Jésus-Christ, la parole divine, c'est cela qui me stupéfie. Et l'Église est le tuteur, la mère de cet émerveillement, de cette rencontre. Quand l'Église oublie cela, et va au-delà, elle se transforme en ONG. Et cela, ce n'est pas témoigner. C'est quand il y a émerveillement qu'il y a témoignage.

Dominique Wolton : L'Église ne peut-elle pas inventer autre chose pour être mieux entendue ? Dans le texte sur la miséricorde, vous parlez de l'« apostolat de l'écoute ». Comment élargir les conditions de l'écoute pour les autres ?

Pape François : C'est la mutation que l'Église doit faire. Dans *Amoris laetitia*, quand je donne ces quatre critères – accueillir, accompagner, discerner, intégrer –, il s'agit de ce dont vous parlez...

Dominique Wolton : C'est un énorme programme politique, en fait...

Pape François : Quand l'Église devient moraliste... L'Église n'est pas une morale, le christianisme n'est pas une morale. La morale, c'est une conséquence de la rencontre avec Jésus-Christ. Mais s'il n'y a pas de rencontre avec Jésus-Christ, cette morale « chrétienne » ne vaut rien.

L'altérité, le temps et la joie

Dominique Wolton : C'est étonnant ce que vous dites... Je veux revenir sur les langues. Il y a dans le monde un milliard de personnes qui parlent les langues romanes[1]. C'est-à-dire les langues issues du latin. Le latin est la matrice de ce milliard de locuteurs. C'est une force extraordinaire, novatrice, et pas du tout une langue morte issue du passé... Pourquoi l'Église ne valorise-t-elle pas cette richesse ? Et par ailleurs pourquoi ne pas dire solennellement que la diversité linguistique est un enjeu de paix et de guerre pour demain ? Qu'il faut sauvegarder les identités, notamment linguistiques, pour préserver les diversités culturelles ? D'ailleurs, Vatican II a été pionnier dans ce sens. Il a légitimé toutes les langues vernaculaires ! Aujourd'hui, chacun prie dans sa langue. C'est un progrès considérable, impensable il y a cent ans. Quelle force extraordinaire pour le monde catholique et, plus largement, chrétien !

Cela ouvre un autre espace par rapport à l'anglais, au russe, au chinois. Cela réveille une communion d'un milliard d'Italiens, Français, Espagnols, Roumains... et de cinq cents millions de Latino-Américains. D'ailleurs, ce n'est pas seulement l'Occident. Dans la communication

---

1. *Cf.* « Langues romanes : un milliard de locuteurs », *Hermès*, n° 75, CNRS éditions, 2016.

Politique et société

mondiale, l'Église catholique, sans prétention, sans monopole, pourrait dire que les langues romanes représentent un patrimoine d'humanité, de richesse, de diversité culturelle considérable. En un mot, vous détenez un trésor, avec le latin.

Pape François : La matrice ? C'est l'arrière-grand-mère !

Dominique Wolton : (*rires*) Oui. L'Europe, déjà, est la grand-mère.

Pape François : Les langues vivantes viennent de la même mère. Mais elles sont vivantes. Et elles vont de l'avant.

Dominique Wolton : Oui, mais savoir qu'une bonne partie de ces langues vivantes a des racines latines constitue un patrimoine.

Pape François : Oui, un patrimoine. Un patrimoine de famille. Mais l'universalité de l'Église aujourd'hui suppose de parler à tous. C'est le propre d'une mère. Additionner. Ne pas arrêter. L'Église doit prendre le bon en tout. Sans perdre sa propre identité, mais en l'enrichissant. Ne pas la freiner. Et telle fut l'intuition de Vatican II. Mais que s'est-il passé après ? Le poids des péchés, des

L'altérité, le temps et la joie

habitudes, des intérêts, des idéologies ont arrêté tout cela.

Dominique Wolton : À l'inverse, qu'est-ce que le monde a apporté à l'Église en cinquante ans ?

Pape François : Tant de choses. Tant. Dans la communication, tant de choses bonnes. Il y a des communicants aujourd'hui qui ont appris, non seulement des techniques, mais aussi la profondeur de la communication. Et ça, l'Église l'a appris d'eux. Pensez, quand j'étais enfant, le samedi saint, il y avait une cérémonie où on faisait douze lectures en latin. C'était interminable. Ennuyeux comme un jour sans pain. Puis les cloches sonnaient. Et que faisaient les grands-mères et les mamans aux enfants qui restaient à la maison ? Elles ouvraient le robinet et nous lavaient les yeux. Pour que l'eau du Christ nous lave. Ce geste était plus communicatif que cette cérémonie de trois heures.

Il y a encore une expérience en communication que je n'ai jamais oubliée. Chez moi, il y avait un mur, pas très haut, entre le jardin de ma maison et celui de la maison d'à côté. Les femmes, ma mère et les autres, parlaient et discutaient de part et d'autre, et nous, nous jouions. Je n'oublierai jamais ce moment. C'était en 1945. La voisine s'est penchée de l'autre côté du mur : « Où est ta

Politique et société

maman ? — Elle est à l'intérieur. — Appelle-la ! — Maman, maman, on t'appelle ! » Et ma mère : « Qu'est-ce qui s'est passé ? — La guerre est finie ! »

Ce geste de communication, je ne l'oublierai jamais. La joie de ces femmes qui n'étaient pas concernées – elles n'avaient pas de famille en Europe –, mais qui détenaient cette joie de transmettre une bonne nouvelle, de communiquer la joie d'une bonne nouvelle. Ce geste, je ne l'oublierai jamais. Elles s'embrassaient, elles pleuraient de joie : je m'en souviens comme si c'était aujourd'hui. J'avais 9 ans. 8 ou 9 ans. C'était magnifique !

Pour la communication, nous devons retrouver les gestes primordiaux. Les gestes, les paroles primordiales de la communication. Et à partir de là faire une reconstruction de cette communication aseptisée, de pharmacopée, de laboratoire, uniquement technique, sans vie.

Dominique Wolton : Aujourd'hui, avec les nouvelles techniques, les ordinateurs, les réseaux sociaux, la radio, la télévision, il y a partout de la communication technique. Et pourtant il n'y a jamais eu autant d'incompréhension, ou plutôt, la mondialisation de la communication n'apporte pas plus de paix.

L'altérité, le temps et la joie

Pape François : Mais oui, mais parce qu'il manque l'autre...

Dominique Wolton : Je dis la même chose... Pourquoi l'Église n'est-elle pas plus active, non pour condamner, mais pour sourire de ces performances techniques séduisantes, mais limitées... ? Sourire avec un peu d'ironie de l'idéologie technique ?

Pape François : Parce que je crois qu'il y a une certaine honte. Un certain complexe d'être en retard. C'est ce qui est regrettable avec les nouveautés : tout ce qui est nouveau est censé être bon. Mais non, ça ne l'est pas...

Dominique Wolton : D'accord. L'Église a ce complexe, hélas, de ne pas être moderne alors que cela ne sert à rien d'être moderne. Surtout pour la communication. Et si l'Église disait cela de manière joyeuse, cela servirait, car le monde entier est à genoux devant l'idéologie technique, depuis trente ans, et cela va durer encore. À côté de l'encyclique sur la communication, il pourrait aussi y en avoir trois autres sur les enjeux politiques de la diversité culturelle, sur l'éducation et sur la place de la connaissance dans la mondialisation. Trois domaines où les défis politiques, culturels et anthropologiques sont considérables

Politique et société

et où l'expérience de l'Église permettrait de dire des choses décalées et utiles...

Beaucoup croient qu'il y a un « retard » de l'Église, pour l'instant, sur ces trois grands problèmes de la diversité culturelle, de la connaissance et de la communication humaine... Mais à bien y réfléchir, sur ces thèmes, l'Église n'est pas en retard, elle peut même être en avance !

Pape François : Oui, mais je ne sais pas comment répondre. Il faut travailler sur cela.

Dominique Wolton : L'Église a une énorme expérience de la communication humaine, accumulée depuis des siècles. Aujourd'hui, il y a un conflit entre la communication moderne, avec la technique, la vitesse, et la communication de l'Église, marquée par le silence, la lenteur, la parole...

Pape François : Les Hollandais ont inventé un mot, il y a environ quarante ans, « rapidation », qui est la progression géométrique en terme de rapidité. Je ne dis pas qu'il faut s'arrêter, mais qu'au moins on en fasse quelque chose de moins inconsistant. À table, lorsque la famille, les enfants sont là, que le papa regarde la télévision, la mère autre chose, ils ne se parlent pas. Tout est inconsistant. Chacun communique... vers on ne sait où.

L'altérité, le temps et la joie

Nous devons communiquer plus concrètement. De la « concrétude ». Cela se fait par les rapports humains.

Tenez, parlons d'un mode de communication qui me fait sourire – et pourtant cela n'implique pas les nouvelles machines, les ordinateurs. Dans les éloges funèbres, au moment des funérailles, au cimetière, on fait un discours. On dit « il a fait ceci, cela… ». « Paroles, paroles, paroles… », comme chantait Mina[1]. Voici bien un exemple de communication inconsistante, sans concrétude. S'approcher de ceux qui souffrent de la mort de cette personne, c'est les embrasser, leur donner la main, toucher, sans paroles. Une communication concrète. Retrouver le sens du toucher. La communication parfaite se fait avec le toucher. Le toucher est le meilleur pour la communication.

Dominique Wolton : Je vous ai dit, nous avons fait un numéro de ma revue en mai 2016 au CNRS sur les cinq sens de la communication[2]. Je dis exactement la même chose que vous. L'importance du toucher, de l'odorat… par opposition à la vision et l'ouïe.

Quand vous avez été en Suède, pour le rapprochement entre les catholiques et les réformés, le

---

1. Chanteuse italienne, née en 1940.
2. « La voie des sens », *Hermès, op. cit.*

Politique et société

journal catholique français *La Croix* a fait un très beau titre : « Si proche, si lointain ». N'est-ce pas une image de l'œcuménisme ?

Pape François : Oui. Ne pas avoir peur des tensions. Là, on parle d'une tension. Comment on résout une tension ? Au plan supérieur.

Dominique Wolton : C'est le philosophe allemand Hegel, ça…

Pape François : Hegel fait la synthèse. Moi je dis autre chose, je dis que la synthèse se fait sur un plan supérieur aux deux parties. Et ce qu'on trouve au plan supérieur garde dans ses racines les deux points de vue initiaux. Car la vie est toujours en tension, elle n'est pas en synthèse. La synthèse n'est pas vraiment vitale. La tension, elle, est vitale. Physiquement, quand le corps perd sa tension, entre équilibre des fluides et électricité du cœur, air des poumons, tout se déséquilibre.

Dominique Wolton : En un siècle, cent cinquante ans, il y a eu beaucoup de progrès dans la communication humaine – et ceci indépendamment de la technique : la liberté, l'égalité, l'égalité hommes-femmes, les enfants… Pourquoi l'Église, qui a cette réelle expérience de la communication, jusqu'à l'étymologie (*communicare*, « partager »),

L'altérité, le temps et la joie

n'accompagne-t-elle pas plus ces combats pour cette communication plus libre, plus authentique ?

Pape François : Peut-être ce que vous dites là est-il vrai. Mais il y a quand même beaucoup de communication dans l'Église. Quand l'Église communique le mieux, c'est quand elle le fait avec les pauvres, les malades… Elle est sur la voie des Béatitudes.

C'est très intéressant, la communication à l'œuvre dans les Béatitudes. Si vous, vous les lisez attentivement, ce sont des règles pour mieux communiquer aussi.

J'ai vécu une expérience à Buenos Aires, où nous avions un hôpital dont s'occupaient des sœurs allemandes. Malheureusement pour les pauvres sœurs, leur congrégation avait fortement diminué, et elles ont dû quitter l'hôpital. Un prêtre coréen m'a dit qu'il connaissait des sœurs de Corée qui voulaient venir. Et quelques sœurs sont effectivement arrivées de Corée. Elles parlaient espagnol comme je parle chinois : pas un mot ! Elles sont arrivées le lundi, le mardi elles installaient leurs affaires et le mercredi elles descendaient dans les services, sans parler aucun mot d'espagnol. Mais les malades étaient tous contents. Et pourquoi ? Parce qu'elles savaient communiquer avec les yeux, avec le sourire. Et sur ce plan, l'Église est maîtresse en communication. Avant d'apprendre

Politique et société

la langue, on communique déjà. Ça, c'est une expérience concrète. Là où il y a des œuvres de miséricorde, là où il y a les Béatitudes comme critère, je crois que l'Église a toujours atteint un niveau exceptionnel de communication. C'est vraiment, vraiment remarquable.

Et il ne faut pas oublier les deux piliers du christianisme, de l'Église : les Béatitudes et puis Matthieu 25, le protocole sur lequel nous serons jugés. Les œuvres de miséricorde.

Ces deux piliers – que ce soit avec les Béatitudes, ou selon Matthieu 25 – font de l'Église une championne en communication. Quand vous, vous me dites que l'Église ne communique pas, vous parlez d'une Église de l'élite, fermée, intellectualiste. Je ne dis pas intellectuelle, mais intellectualiste.

Dominique Wolton : Si on reste dans la longue histoire pour la libération de la communication, l'Église aurait pu s'appuyer sur Matthieu 25. Pourquoi l'Église ne dit-elle pas, depuis un siècle : « Nous sommes heureux que les hommes essayent de mieux communiquer, c'est notre propre philosophie, on va donc se retrouver » ? Vous n'êtes pas comptable de l'histoire de l'Église, bien sûr !

Pape François : Oui, quand on lit certains textes ecclésiastiques, ils disent la vérité, mais c'est

L'altérité, le temps et la joie

terriblement ennuyeux. Ils n'ont pas la joie, la légèreté d'une belle communication.

Dominique Wolton : Cela fait très longtemps que l'Église ne dit pas grand-chose sur la toute-puissance de la technique dans la communication. Peut-être parce qu'elle ne veut pas être considérée comme « réactionnaire » ?

Pape François : Cette peur d'être considérée comme « réactionnaire » peut être réelle. Et pas seulement sur ce point-là. C'est une tentation de l'Église d'aujourd'hui. On doit être « moderne ». Si pour être moderne il faut que les enfants s'éduquent seuls, que l'enfant à 16 ans prenne les clefs de la voiture... Ça, c'est la tentation d'aujourd'hui, c'est vrai. La tentation d'avoir peur de ne pas être moderne. Cela peut conduire à des choses affreuses.

Dominique Wolton : Prenons l'exemple de l'éducation. Le plus grand marché mondial, pour internet, est celui de l'éducation. C'est-à-dire que partout il y aura des ordinateurs, des cartables électroniques, des systèmes interactifs, personnalisés. On dit que si le petit enfant de 3 ans sait déjà se servir d'un ordinateur, il sera plus intelligent et ce sera pour lui un avantage... L'Église n'a pas le monopole de l'éducation, mais elle en a une expérience. Elle ne dit rien sur la puissance économique, financière, culturelle de ces techniques. De peur de prendre le contre-pied de l'idéologie de la modernité ? Quelle disproportion, par exemple, par rapport à tout ce qu'elle dit sur les mœurs...

Pape François : Je crois qu'elle est en train de mener certaines expériences intéressantes dans le domaine de l'éducation. Quand j'étais à Buenos Aires, j'ai fondé l'école des voisins, pour créer une éducation mutuelle. Maintenant, cette école se fait au niveau mondial, comme rencontre entre les jeunes du monde entier. À Buenos Aires, avec ce système de l'« école des voisins », on a fait approuver au parlement de la ville vingt-quatre lois élaborées à partir des discussions des jeunes. Mais ce sont de petites choses. Je suis d'accord avec vous, le pacte éducatif est rompu. Et l'Église doit en être protagoniste pour reconstruire tout cela.

Dominique Wolton : Oui, parce que, pour l'instant, face à l'absolutisme technique, dans l'éducation et ailleurs, il y a le silence de tous. C'est cela qui m'intéresse. Ce silence. Pourquoi l'Église participe-t-elle à ce silence ? Sur la bioéthique, sur les mœurs, elle sait se faire entendre ! Alors, pourquoi rien sur l'éducation où elle détient une réelle expertise ?

L'altérité, le temps et la joie

Pape François : Certains le disent. Officiellement, je ne sais pas quoi répondre. Mais je crois qu'on doit en parler.

Dominique Wolton : Cela touche à l'éducation, à la connaissance, aux relations personnelles. L'absolutisme, c'est le « Dieu Mammon », c'est comme l'argent. L'idéologie mondiale aujourd'hui, ce sont les techniques de communication. Parce que c'est à la fois une utopie humaniste, mais surtout une entreprise technique, financière et politique considérable. Et personne ne se précipite pour opérer une régulation. D'ailleurs, auparavant, l'Église disait quelque chose sur l'éducation, la science, même sur le travail… Aujourd'hui, beaucoup moins. Comme s'il n'y avait pas de réflexion particulière sur le travail, l'éducation, la science, les techniques et sur la culture en général…

Pape François : Les universités catholiques sont en train de faire un beau travail.

Dominique Wolton : Oui, peut-être. Mais il y a un décalage. Sur la bioéthique, l'Église dit ce qu'elle pense, mais par exemple, sur la culture, la science, la technique, mais aussi sur la chimie, le nucléaire, les rapports entre science, technique et société, on n'a pas le sentiment qu'elle soit vraiment intéressée, actuellement.

Pape François : Dans les universités, si.

Dominique Wolton : Qu'est-ce qui a changé dans les rapports à l'Autre, ces cinquante dernières années ?

Pape François : Il y a un mot qui me vient, mais j'ai peur de me tromper. Tout a changé, mais les fondements demeurent. Les modalités des rapports ont changé. Mais le fondement, l'essentiel, les éléments qui font vraiment partie de la personne humaine sont inchangés. Le besoin de communiquer n'a pas changé, même si beaucoup de choses ont changé.

Dominique Wolton : Je prends un exemple. Les sociétés sont de plus en plus multiculturelles, et l'Église, depuis très longtemps, utilise le *concept de fraternité*. Comment ce patrimoine pourrait-il être utile pour contribuer à penser la paix dans les sociétés multiculturelles ?

Pape François : Cela se fait souvent, et cela se passe bien. Pensez à quelque chose qui marche depuis vingt ans, l'orchestre israélo-palestinien de Barenboïm... qui est argentin ! (*Rires*). Les JMJ,

L'altérité, le temps et la joie

Journées mondiales de la jeunesse, également, que Jean-Paul II a créées en 1986, qui ont été une intuition de rencontres. Là, les jeunes se rencontrent, voient une autre culture, une autre façon de penser. Ils font des ponts. L'expérience d'un pont, bien qu'il soit éphémère, restera. Aujourd'hui, c'est le temps des rencontres, pour parler des lois sociales, des lois du travail, du rapport à la médecine... Il y a un besoin de rencontres, d'expériences, et non plus seulement pour faire des congrès scientifiques. « Comment tu fais ça ? », « Moi je fais comme ça »... Donner. C'est très, très important. Par le biais de ces rencontres, on peut aller beaucoup plus loin sur la voie de la communication, parce qu'il y a de la gratuité, beaucoup de gratuité, dans ces rencontres. Il y a une autre ambiance. Étudiez comment se développe une rencontre. Le premier jour, tous sont solennels. Tous ont cette forme de solennité.

Puis il y a la parole, et ils finissent par se dire : « Ciao, on se voit la prochaine fois, ciao. » Peut-être ne se reverront-ils plus jamais, mais dans leur conscience, il reste une expérience qui ne s'effacera jamais.

Dominique Wolton : Dans la société de la vitesse, du bruit, la force de l'Église demeure le silence, la lenteur, les pèlerinages et les monastères. Pourquoi ne pas le dire plus nettement ?

Politique et société

Pape François : Oui. Aujourd'hui, on parle beaucoup de Charles de Foucauld[1], des saints de l'Église, des sœurs cloîtrées.

Dominique Wolton : Une question classique sur le rapport au monde. Le catholicisme est une religion d'amour et de partage, et pourtant, les prêtres doivent renoncer au plaisir physique, sexuel, charnel.

Pape François : C'est une renonciation volontaire. La virginité, qu'elle soit masculine ou féminine, est une tradition monastique qui préexiste au catholicisme. C'est une recherche humaine : renoncer pour chercher Dieu à l'origine, pour la contemplation. Mais une renonciation doit être une renonciation féconde, qui conserve une sorte de fécondité différente de la fécondité charnelle, de la fécondité sexuelle. Même dans l'Église, il y a des prêtres mariés. Tous les prêtres orientaux sont mariés, cela existe. Mais la renonciation au mariage pour le règne de Dieu, c'est une valeur

---

1. Ancien officier de l'armée française devenu prêtre puis ermite dans le Sahara algérien, Charles de Foucauld (1858-1916) consacra sa vie aux plus pauvres. Il fut assassiné à la porte de son ermitage le 1er décembre 1916. Il a été béatifié par Benoît XVI en 2005.

L'altérité, le temps et la joie

en soi. Cela signifie renoncer pour être au service, pour mieux contempler.

Dominique Wolton : Le paradoxe est que l'Église catholique condamne le capitalisme, l'argent, les inégalités, mais ces critiques sont peu entendues. En revanche, sur les mœurs, elle sait très bien faire entendre ses critiques et condamnations....

Pape François : Les péchés les plus légers sont les péchés de la chair.

Dominique Wolton : D'accord, mais il faudrait le dire plus fort, car ce n'est pas entendu...

Pape François : Les péchés de la chair ne sont pas forcément (toujours) les plus graves. Parce que la chair est faible. Les péchés les plus dangereux sont ceux de l'esprit. J'ai parlé d'angélisme : l'orgueil, la vanité sont des péchés d'angélisme. J'ai compris votre question. L'Église est l'Église. Les prêtres ont eu la tentation – pas tous, mais beaucoup – de se focaliser sur les péchés de la sexualité. C'est ce dont je vous ai déjà parlé : ce que j'appelle la morale sous la ceinture. Les péchés les plus graves sont ailleurs.

Dominique Wolton : Ce que vous dites n'est pas entendu.

Politique et société

Pape François : Non, mais il y a de bons prêtres… Je connais un cardinal ici qui est un bon exemple. Il m'a confié, en parlant de ces choses-là, que lorsqu'on vient le voir pour lui parler de ces péchés sous la ceinture, il dit tout de suite : « J'ai compris, passons à autre chose. » Il arrête la personne, comme pour dire : « J'ai compris, mais voyons si tu as quelque chose de plus important. » « Je ne sais pas. — Mais est-ce que tu pries ? Tu cherches le Seigneur ? Tu lis l'évangile ? »

Il lui fait comprendre qu'il y a des échecs plus importants que ça. Oui, c'est un péché, mais… il lui signifie « j'ai compris », puis il passe à autre chose.

À l'inverse, il y en a certains, qui, quand ils reçoivent confession d'un péché de ce genre, demandent : « Comment tu l'as fait, et quand l'as-tu fait, et combien de temps ? »… Et ils se font un « film » dans leur tête. Mais ceux-là, ils ont besoin d'un psychiatre.

Dominique Wolton : C'est vrai, il y a des « péchés » beaucoup plus graves que les péchés de la chair, mais ce que vous dites n'est pas dans la tradition culturelle…

Dernière question : l'humanisme. Il n'y a pas de monopole de l'humanisme. Il y a une crise de l'humanisme aujourd'hui, parce que la technique, l'économie, l'argent… mangent tout. Pourquoi

L'altérité, le temps et la joie

l'Église, qui n'a aucun monopole de l'humanisme, mais qui en a une réelle expérience, ne dit-elle rien ? Elle est une des ressources qui permettrait de réenchanter le monde.

Pape François : Les temps pendant lesquels l'Église a le mieux compris sa mission sont les moments où elle a respecté l'humanisme. Elle a respecté la dignité de la personne humaine. Elle ne l'a pas réduite. Nous avons deux dangers très graves contre l'humanisme, et on peut les nommer « hérésies » : le gnosticisme, qui consiste plus ou moins à dire que tout est idées et qui est apparu du temps des apôtres, et le pélagianisme[1], dont vous autres Français êtes les champions. Pensez à Port-Royal et à Pascal. Mais le grand Pascal lui aussi est presque tombé dans le pélagianisme, lui qui est un maître de l'esprit et de l'humanisme. Nous sommes aujourd'hui dans un monde pélagien et gnostique, qui rejette la chair. La chair. Je vous mets au défi de trouver dans l'œuvre de Dostoïevski une seule manifestation de pélagianisme ou de gnosticisme. Je vous conseille la lec-

---

1. Doctrine de Pélage, moine breton du Ve siècle, relative à la grâce et au péché originel, qui soutenait que l'homme pouvait assurer son salut par ses seuls mérites. Par extension, doctrine mettant un accent excessif sur la bonté naturelle de l'homme.

ture du livre de Romano Guardini sur l'univers religieux de Dostoïevski[1], un très beau livre.

Dominique Wolton : La force de l'Église, depuis Vatican II, est d'assumer la tension entre l'identité linguistique et l'universalisme. Or, la mondialisation, c'est la standardisation et la rationalisation. Donc, la disparition de la diversité linguistique.

Pape François : Cela, c'est la globalisation, la mondialisation en forme de sphère. C'est mauvais. En revanche, celle en polyèdre, l'Église en parle et c'est mieux...

Dominique Wolton : Dans les contradictions culturelles mondiales, ce dont l'Église dispose comme expertise du rapport entre la langue et l'universalité est un patrimoine « universel ». Les conflits vont être de plus en plus culturels, violents et linguistiques contre les méfaits de la mondialisation, qui est réduite à l'économie liquide.

Pape François : Peut-être...

Dominique Wolton : Merci ! (*rires*) Alors, je n'irai pas tout de suite brûler en enfer ?

---

1. *L'Univers religieux de Dostoïevski*, Éditions du Seuil, 1963.

L'altérité, le temps et la joie

Discours du pape François aux participants à la Rencontre mondiale des mouvements populaires, salle ancienne du Synode, Vatican, 28 octobre 2014

Bonjour à nouveau,

[...] Les pauvres non seulement subissent l'injustice, mais ils luttent également contre elle !

Ils ne se contentent pas de promesses illusoires, d'excuses ou d'alibis. Ils n'attendent pas non plus les bras croisés l'aide d'ONG, des programmes d'aide ou des solutions qui n'arrivent jamais ou qui, si elles arrivent, le font en ayant tendance soit à anesthésier, soit à apprivoiser, et cela est plutôt dangereux. Vous sentez que les pauvres n'attendent plus et veulent être acteurs ; ils s'organisent, étudient, travaillent, exigent et surtout pratiquent la solidarité si spéciale qui existe entre ceux qui souffrent, entre les pauvres, et que notre civilisation semble avoir oublié, ou tout au moins a très envie d'oublier.

[...] Notre rencontre répond à un désir très concret, quelque chose que n'importe quel père, n'importe quelle mère, veut pour ses enfants : un désir qui devrait être à la portée de tous, mais qu'aujourd'hui, nous voyons avec tristesse toujours plus éloigné de la majorité des personnes : terre, logement et travail. C'est étrange, mais si je parle de cela, certains pensent que le Pape est communiste. On ne comprend pas que l'amour pour les pauvres est au centre de l'Évangile. Terre, logement et travail, ce pour quoi vous luttez, sont des droits sacrés. [...]

Terre. Au début de la création, Dieu créa l'homme gardien de son œuvre, en lui confiant la charge de la cultiver et de la protéger. Je vois qu'il y a ici des dizaines d'agriculteurs et d'agricultrices et je veux les féliciter, parce qu'ils gardent la terre, la cultivent, et le font en communauté. Je suis préoccupé par le déracinement de tant de frères agriculteurs qui souffrent à cause de cela, et non pas à cause des guerres ou des désastres naturels. La spéculation de terrains, la déforestation, l'appropriation de l'eau, les pesticides inadéquats sont quelques-uns des maux qui arrachent l'homme à sa terre natale.

[...] Deuxièmement, logement. Je l'ai déjà dit et je le répète : un logement pour chaque famille. Il ne faut jamais oublier que Jésus est né dans une étable parce qu'il n'y avait pas de place dans les auberges, que sa famille dut abandonner sa maison et fuir en Égypte, persécutée par Hérode.

[...] Troisièmement, travail. Il n'existe pas de pire pauvreté matérielle – je tiens à le souligner – que celle qui ne permet pas de gagner de quoi manger et prive de la dignité du travail. Le chômage des jeunes, le travail au noir et le manque

L'altérité, le temps et la joie

de droits du travail ne sont pas inévitables, ils sont le résultat d'un choix de société préalable, d'un système économique qui place les bénéfices au-dessus de l'homme. […] Aujourd'hui une nouvelle dimension s'ajoute au phénomène de l'exploitation et de l'oppression, une nuance imagée et dure de l'injustice sociale ; ceux qui ne peuvent pas s'intégrer, les exclus sont des rebuts, des « excédents ». C'est la culture du rebut, et sur ce point je voudrais ajouter quelque chose que je n'ai pas écrit ici, mais qui vient de me venir à l'esprit. Cela arrive quand au centre d'un système économique se trouve le dieu argent et non l'homme, la personne humaine. Oui, au centre de tout système social ou économique doit se trouver la personne, image de Dieu, créée pour être le dénominateur de l'univers. Quand la personne est déplacée et qu'arrive le dieu argent se produit ce renversement des valeurs.

[…] J'ai dit il n'y a pas longtemps, et je le répète, que nous vivons la troisième guerre mondiale, mais fragmentée. Il existe des systèmes économiques qui doivent faire la guerre pour survivre. Alors on fabrique et on vend des armes et ainsi les bilans des économies qui sacrifient l'homme sur l'autel de l'idole de l'argent réussissent évidemment à se rétablir. Et l'on ne pense pas aux enfants affamés dans les camps de réfugiés, on ne pense pas aux séparations forcées, on ne pense pas aux maisons détruites, on ne pense même pas aux nombreuses vies détruites. Que de souffrance, que de destruction, que de douleur ! Aujourd'hui, chères sœurs et chers frères, s'élève de tous les lieux de la terre, de chaque peuple, de chaque cœur et des mouvements populaires, le cri de la paix : Jamais plus la guerre !

[...] Nous parlons de terre, de travail, de logement. Nous parlons de travail pour la paix et de prendre soin de la nature. Mais alors, pourquoi nous habituons-nous à voir que l'on détruit le travail digne, que l'on expulse tant de familles, que l'on chasse les paysans, que l'on fait la guerre et que l'on abuse de la nature ? Parce que dans ce système l'homme, la personne humaine, a été ôté du centre et a été remplacé par autre chose. Parce qu'on rend un culte idolâtre à l'argent. Parce que l'indifférence s'est mondialisée ! L'indifférence s'est mondialisée : que m'importe ce qui arrive aux autres tant que je défends ce qui m'appartient ? Parce que le monde a oublié Dieu, qui est Père ; il est devenu orphelin parce qu'il a mis Dieu de côté.

[...] Les mouvements populaires expriment la nécessité urgente de revitaliser nos démocraties, si souvent détournées par d'innombrables facteurs. Il est impossible d'imaginer un avenir pour la société sans la participation, en tant qu'acteurs, des grandes majorités et ce rôle d'acteur

L'altérité, le temps et la joie

transcende les processus logiques de la démocratie formelle. La perspective d'un monde de paix et de justice durable nous demande de dépasser l'assistantialisme paternaliste, exige que nous créions de nouvelles formes de participation qui incluent les mouvements populaires et animent les structures de gouvernement locales, nationales et internationales, avec le torrent d'énergie morale qui naît de la participation des exclus à la construction d'un avenir commun. Et cela avec une âme constructive, sans ressentiment, avec amour. […]

Politique et société

Discours du pape François lors du pèlerinage de personnes en situation de grande précarité accompagnées par le cardinal Barbarin, salle Paul-VI, Vatican, 6 juillet 2016

Chers amis,

Je suis très heureux de vous accueillir. Quels que soient votre condition, votre histoire, le fardeau que vous portez, c'est Jésus qui nous réunit autour de lui [...]. Il accueille chacun tel qu'il est. En lui nous sommes des frères, et je voudrais que vous sentiez combien vous êtes les bienvenus ; votre présence est importante pour moi, et il est important que vous soyez ici chez vous.

Avec les responsables qui vous accompagnent, vous donnez un beau témoignage de fraternité évangélique dans cette démarche commune de pèlerinage. Car vous êtes venus en vous portant les uns les autres. Les uns en vous aidant généreusement, en offrant de leurs ressources et de leur temps [...] ; et vous, en leur donnant, en nous donnant, en me donnant Jésus lui-même.

Car Jésus a voulu partager votre condition, il s'est fait, par amour, l'un d'entre vous : méprisé des hommes, oublié, compté pour rien. Lorsqu'il vous arrive d'éprouver tout cela, n'oubliez pas que Jésus l'a éprouvé lui aussi comme vous. C'est la preuve que vous êtes précieux à ses yeux, et

L'altérité, le temps et la joie

qu'il est proche de vous. Vous êtes au cœur de l'Église, [...] et l'Église [...] ne peut être en repos tant qu'elle n'a pas rejoint tous ceux qui connaissent le rejet, l'exclusion et qui ne comptent pour personne. Au cœur de l'Église, vous nous permettez de rencontrer Jésus, car vous nous parlez de lui, non pas tant par les mots, mais par toute votre vie. Et vous témoignez de l'importance des petits gestes, à la portée de chacun, qui contribuent à édifier la paix, rappelant que nous sommes frères, et que Dieu est notre Père à tous.

Chers accompagnateurs, je veux vous remercier pour ce que vous faites, fidèles à l'intuition du père Joseph Wresinski qui voulait partir de la vie partagée, et non pas de théories abstraites. Les théories abstraites nous conduisent aux idéologies, et les idéologies nous conduisent à nier que Dieu s'est fait chair, l'un de nous ! Car c'est la vie partagée avec les pauvres, qui nous transforme et nous convertit. Et pensez bien à ça ! Non seulement vous allez à leur rencontre [...], non seulement vous marchez avec eux, vous efforçant de comprendre leur souffrance, d'entrer dans leur disposition intérieure ; mais encore vous suscitez autour d'eux une communauté, leur rendant, de cette manière, une existence, une identité, une dignité. [...]

Frères bien-aimés, je vous demande surtout de garder courage, et, au milieu même de vos angoisses, de garder la joie de l'espérance. Que cette flamme qui vous habite ne s'éteigne pas ; car nous croyons en un Dieu qui répare toutes les injustices, qui console toutes les peines et qui sait récompenser ceux qui gardent confiance en lui. En attendant ce jour de paix et de lumière, votre contribution est essentielle pour l'Église et pour le monde : vous êtes des témoins du Christ, vous êtes des intercesseurs auprès de Dieu qui exauce tout particulièrement vos prières.

Vous me demandiez de rappeler à l'Église de France que Jésus est souffrant à la porte de nos églises si les pauvres n'y sont pas. « Les trésors de l'Église, ce sont les pauvres », disait le diacre romain saint Laurent. Et enfin, je voudrais vous demander une faveur, […] vous donner une mission que vous seuls, dans votre pauvreté, serez capables d'accomplir. Jésus, parfois, a été très sévère et a réprimandé fortement les personnes qui n'accueillaient pas le message du Père. Ainsi, de même qu'il a dit cette belle parole « bienheureux » aux pauvres, à ceux qui ont faim, à ceux qui pleurent, à ceux qui sont haïs et persécutés, il en a dit une autre qui, de sa part, fait peur ! Il a dit « malheur ! ». Et il l'a dite aux riches, aux repus, à ceux qui maintenant rient, à ceux qui aiment être loués (*cf.* Luc 6, 24-26), aux hypocrites (*cf.* Matthieu 23, 15 *sq*). Je vous donne la mission de prier pour eux, pour que le Seigneur change

L'altérité, le temps et la joie

leur cœur. Je vous demande aussi de prier pour les responsables de votre pauvreté, pour qu'ils se convertissent ! Prier pour tant de riches qui s'habillent de pourpre et qui font la fête dans de grands festins, sans se rendre compte qu'à leur porte il y a beaucoup de Lazare, avides de se nourrir des restes de leur table (*cf.* Luc 16, 19 *sq*). Priez aussi pour les prêtres, pour les lévites qui, en voyant cet homme battu à moitié mort, passent outre, en regardant de l'autre côté, parce qu'ils n'ont pas de compassion (*cf.* Luc 10, 30-32). À toutes ces personnes [...] souriez-leur avec le cœur, désirez pour eux le bien et demandez à Jésus qu'ils se convertissent. Et je vous assure que, si vous faites cela, il y aura une grande joie dans l'Église, dans votre cœur et aussi dans la France bien aimée.

Tous unis, maintenant, sous le regard de notre Père du ciel, je vous confie à la protection de la Mère de Jésus et de saint Joseph, et je vous donne de tout cœur la Bénédiction apostolique.

6

« La miséricorde est un voyage qui va du cœur à la main »

Août 2016. La traversée de Rome, quelles que soient l'heure ou la saison, est toujours un émerveillement. D'autant plus que nous logeons au couvent des Chanoines réguliers du Latran, à la maison générale située près de la basilique Saint-Pierre-aux-Liens, où l'on retrouve la majestueuse sculpture du Moïse *de Michel Ange. Assister aux matines dans ces lieux constitue une expérience exceptionnelle, que l'on soit croyant ou non. Quelque chose de magique nous absorbe à Rome. Les bâtiments, l'atmosphère, les pins parasols, l'Histoire, le ciel, la vie quotidienne, l'éternité. Et l'arrivée sur Saint-Pierre suscite toujours la même émotion. Ici est l'Occident, et une part non négligeable de l'histoire de la culture et de la grandeur de l'humanité malgré les tumultes, les guerres et les dominations. Quelle cohabitation immense, silencieuse, et presque éternelle ! Et toujours le même décalage entre la modestie du Saint-Père et l'immensité de tout ce qui nous enveloppe. Comment fait-il ? L'Histoire, sa profondeur et son immensité, est omniprésente. Tout ce à quoi essaie d'échapper notre monde pressé, immédiat, devenu tout petit, bardé de toutes les performances de techniques de « communication », et qui butte sur son double, l'incommunication, voire l'a-communication. Essayer par ce dialogue de comprendre un peu quelque chose d'autre, surtout ne se transformer ni en inquisiteur ni en apologiste. Comment penser « les nouvelles échelles de l'existence », les identités, le rapport à l'autre, la nouvelle définition de l'individu, la communauté, la société et le bouleversement des rapports interpersonnels ? Débattre du tohu-bohu des valeurs, des aspirations, des modèles de relations interpersonnelles, des mœurs et des utopies ? À la fin de chacun des entretiens, très souvent, en partant, avec ce si joli sourire, dans l'entrebâillement de la porte, doucement, il répète : « Priez pour moi... »*

* * *

Dominique Wolton : Vous parlez beaucoup du peuple. Le peuple : en Europe, on n'utilise plus guère ce mot lié aux dérives fasciste et communiste. Mais vous, vous venez d'Amérique latine, et vous n'avez pas les mêmes expériences ni les mêmes références. Vous, vous voulez embrasser le peuple. C'est très différent.

Je pense que les personnes le sentent, quand vous voyagez dans le monde, dans les Églises

« La miséricorde est un voyage…

plus jeunes. Oui, vous avez un style qui n'est pas traditionnel. Pas du tout. Et c'est bien.

Pape François : Pour vous.

Dominique Wolton : Oui, bien sûr. Et pour l'Église mondiale aussi, quand même.

Pape François : Mais il y a eu, ici en Europe, des difficultés de tous ordres. C'est vrai que l'histoire est très pesante. Il n'est jamais facile, pour que le vin soit bon, que le vieillissement tourne bien...

Dominique Wolton : Les Jésuites. Que vous ont-ils apporté ? Pourquoi êtes-vous jésuite et pas franciscain ?

Pape François : Hier, j'ai débattu avec les Dominicains et, l'après-midi, je suis allé à Assise avec les Franciscains, mais, pour moi, la journée, comme celle d'aujourd'hui, peut se décrire, se définir, comme étant celle d'un jésuite parmi les frères. L'apport de la Compagnie de Jésus, c'est d'abord les *Exercices spirituels* très élevés, leur spiritualité. Et à partir de là vient la « missionalité » et tout ce qui s'ensuit, mais qui n'est pas un apport original. L'obédience au pape est probablement plus originale. L'exercice spirituel, avec la méthode du discernement, c'est ce qui a

Politique et société

effrayé de nombreux théologiens. Pensez au père Ricci, en Chine. Il avait choisi une voie d'inculturation authentique et il n'a pas été compris, on lui a barré la route. Pensez au père Nobili en Inde. C'est la même chose, il a fait peur.

Dominique Wolton : Oui, la trajectoire de Ricci en Chine et de Nobili en Inde est incroyable. Auriez-vous pu être franciscain ? Ou dominicain ?

Pape François : J'ai hésité. Franciscain, non. Mais dominicain… j'ai hésité, puis j'ai choisi les Jésuites.

Dominique Wolton : Quand il y a eu la bataille autour de la « théologie de la libération », vous avez préféré le mot « théologie du peuple ».

Pape François : La théologie du peuple est celle de l'exhortation *Evangelii gaudium,* où il est question de l'Église comme peuple de Dieu. L'Église, c'est le peuple de Dieu. La théologie de la libération a un aspect partial, dans le bon sens, mais aussi dans le mauvais sens. Est partial le principe de la lumière de Jésus-Christ qui nous libère, en prenant comme modèle la libération d'Égypte du peuple d'Israël. Mais à cette époque, après le mouvement français de mai 1968, il y a eu différentes interprétations de la « théologie de la libération ».

« *La miséricorde est un voyage…*

Une de ces interprétations adoptait l'analyse marxiste de la réalité. Ce que l'on appelle « théologie du peuple » prend comme sujet du salut Jésus-Christ, mais dans son peuple. Le peuple de l'Église, comme peuple saint de Dieu.

Je pense que les deux travaux que le pape Ratzinger a faits quand il était préfet de la Congrégation pour la doctrine de la foi ont conduit clairement, d'abord à la condamnation de l'analyse marxiste, ensuite à mettre en évidence l'apport positif de ce mouvement. Il y a toujours un rapport avec la politique. Car la pastorale ne peut pas ne pas être politique, mais elle peut avoir un rapport avec la « grande » politique : l'Église doit en effet faire de la politique, mais de la grande politique, comme je l'ai dit. Et au sein de la théologie de la libération, certaines composantes se sont égarées, disons-le comme cela, sur des voies partisanes, avec des partis d'extrême gauche ou avec l'analyse marxiste. Le père Pedro Arrupe a écrit dans les années 1980 une lettre contre l'analyse marxiste de la réalité, disant que l'on ne pouvait pas faire cela au nom de Jésus. Une très belle lettre. C'est pour cela qu'il y a une différence, et ce que l'on appelle la théologie du peuple – mais ce terme ne me plaît pas non plus – a été l'alternative proposée par certains théologiens pour faire du peuple de Dieu un protagoniste. Et c'est ce qu'a fait Vatican II.

Politique et société

Dominique Wolton : Ce que vous dites là est important, car en Europe on ne comprend pas toujours, on a tendance à simplifier. La théologie de la libération, c'était « bien », et l'Église était contre parce qu'elle était « réactionnaire ». C'est une vision binaire. Vous, venant d'Argentine, vous pouvez expliquer les différentes situations et nuances pour éviter de retomber dans ces dichotomies.

Pape François : Le danger dans la théologie, c'est l'idéologisation. Ici en Europe, lorsque l'on parle de peuple, on fait immédiatement le lien avec le populisme. Le populisme est un mot politique et idéologique. « Tel chef d'État est un populiste, ce parti est populiste », cela a un sens négatif.

Dominique Wolton : Vous venez d'Amérique latine, et ce mot n'a pas le même sens ici et là-bas. Ici, comme je l'ai dit, il est connoté beaucoup plus négativement, il évoque les régimes autoritaires qui se sont appuyés sur une certaine vision démagogique du peuple. On l'utilise de manière un peu facile. En Europe, dès qu'il y a une réaction antiélitiste, ou que le peuple se révolte hors des chemins balisés, on parle, souvent à tort, de populisme. En tout cas, Jean-Paul II n'en a pas parlé, Benoît XVI n'en a pas parlé.

« *La miséricorde est un voyage…*

Pape François : Oui. Je crois que ça, je l'ai dit. Le mot « peuple » n'est pas une catégorie logique, c'est une catégorie mythique. En Europe, l'utilisation du peuple au sens idéologique est à l'origine des grands mouvements dictatoriaux…

Dominique Wolton : En quoi vous sentez-vous Argentin ? En quoi consiste, selon vous, l'identité argentine ?

Pape François : En Argentine, il y a des natifs. Nous avons des peuples indigènes. L'identité argentine est métissée. La majorité du peuple argentin est issue du métissage. Parce que les vagues d'immigration se sont mélangées, mélangées et mélangées… Je pense qu'il s'est passé la même chose aux États-Unis, où les vagues d'immigration ont mélangé les peuples. Les deux pays se ressemblent assez. Et moi, je me suis toujours senti un petit peu comme ça. Pour nous, c'était absolument normal d'avoir à l'école diverses religions ensemble.

Dominique Wolton : Il y a le même mélange au Brésil, avec les Noirs notamment. Et vos racines italiennes ?

Pape François : Nous sommes cinq, et ma mère a eu son deuxième enfant lorsque j'avais 11 mois.

Politique et société

Mes grands-parents piémontais vivaient juste à côté, à quelques mètres. Ma grand-mère venait me chercher le matin, je passais la journée avec eux et elle me ramenait l'après-midi. C'est comme cela que j'ai appris à parler le piémontais, comme première langue.

Dominique Wolton : Ici, c'est un retour. Les voies de Dieu…

Pape François : Je me souviens, quand j'étais enfant, à l'âge où les petits commencent à toucher à tout, ma grand-mère me disait : « *Toca nen, toca nen !* » « Ne touche pas, ne touche pas ! » Et je me souviens que je comprenais tout à fait le piémontais. Maintenant, je ne le parle plus. Mais je le comprends. Aujourd'hui, j'ai appelé trois cousins, et cela faisait longtemps que je ne les avais pas appelés pour les saluer. Ils habitent à Turin. Des cousines de mon père. Cousins et cousines. Il y en a sept qui parlent toujours le piémontais.

Dominique Wolton : C'est l'Europe par l'Italie, et le continent neuf par l'Amérique latine.

Pape François : L'Argentine, ses vagues migratoires… Quand les gens voulaient investir là-bas, et y allaient, il y avait du travail, de l'argent : on pouvait le faire.

« La miséricorde est un voyage…

Dominique Wolton : Pourquoi les prochaines JMJ au Panama en 2018 ?

Pape François : Il y avait deux options, Séoul ou Panama. Finalement, j'ai choisi le Panama parce que cela permettra de rassembler toute l'Amérique centrale. C'est pour cela qu'il m'est difficile de vous dire comment je me sens vis-à-vis de mes racines italiennes. L'Argentine est comme ça. Le sang des Argentins est *criollo* pour ceux qui sont originaires d'ici, mais aujourd'hui c'est un sang mélangé, arabe, italien, français, polonais, espagnol, juif, russe, ukrainien… tout cela à la fois. Les deux guerres ont accentué cela, mais la première vague migratoire à partir du Piémont date de 1884.

Dominique Wolton : C'est en 1926 que vos parents sont arrivés d'Italie ?

Pape François : Non, mes grands-parents sont venus avec mon père, qui s'est ensuite marié en Argentine. Ils sont arrivés en 1929.

Dominique Wolton : Vous savez, cette double identité que vous symbolisez, l'Europe et l'Amérique latine, est une première dans l'histoire de l'Église.

Politique et société

Pape François : Oui.

Dominique Wolton : Et à l'heure de la mondialisation, c'est un atout.

Pape François : Oui, mais ce n'est pas la même chose.

Dominique Wolton : Est-ce pour cela que vous êtes libre, beaucoup plus libre que d'autres ?

Pape François : Mais ce n'est pas le même phénomène pour tous les pays d'Amérique latine. Ce vrai métissage a eu lieu en Argentine, pour une partie au Chili, dans le sud du Brésil, globalement au sud de São Paulo… Et en Uruguay.

Dominique Wolton : Jusqu'à Porto Alegre.

Pape François : À Porto Alegre, on parle allemand, italien… Les grandes vagues…

Dominique Wolton : Et le Nord, ce sont les Noirs...

Pape François : Et puis il y a l'Amérique centrale. Le Mexique a une culture fortement à part. L'Argentine est vraiment différente. Le Cône sud est très spécifique. En Bolivie, 85 % des habitants

« La miséricorde est un voyage…

sont des Indiens. C'est pour cela que nous autres, Argentins, sommes si orgueilleux. Et ceci n'est pas bon. Cela donne des blagues sur les Argentins. Vous savez comment se suicide un Argentin ?

Dominique Wolton : Non.

Pape François : Il monte au sommet de son ego et il se jette de là-haut.
Une autre histoire drôle qui me concerne : « Mais voyez à quel point ce pape est humble ! Il a beau être argentin, il a choisi de s'appeler François, et pas Jésus II ! » Nous sommes comme ça ! Et vous savez quelle est la meilleure affaire que l'on puisse faire pour s'enrichir ? Acheter un Argentin à sa valeur, et le revendre à la valeur qu'il pense avoir !

Dominique Wolton : (*Rires.*) Les deux plus grandes foires du livre où j'ai été dans le monde pour des traductions de mes livres, c'était à Téhéran, il y a dix ans, et à Buenos Aires. La foire du livre de Buenos Aires est plus grande encore que celle de Mexico. Quand on voit l'orgueil des Français… Les Argentins sont peut-être orgueilleux, mais alors nous le sommes aussi !
Une autre question : Ce qui vous étonne toujours, dans l'Église ?

Politique et société

Pape François : La foi du saint peuple de Dieu. Le courage de tant d'hommes, de jeunes, de consumer leur vie au service des autres. Il y a tellement de sainteté. C'est un mot que je veux utiliser dans l'Église aujourd'hui, mais au sens de la sainteté quotidienne, dans les familles… Et ça, c'est une expérience personnelle. Quand je parle de cette *sainteté ordinaire*, que j'ai appelée l'autre fois la « classe moyenne » de la sainteté… vous savez ce que cela m'évoque ? *L'Angélus* de Millet. C'est cela qui me vient à l'esprit. La simplicité de ces deux paysans qui prient. Un peuple qui prie, un peuple qui pèche, et puis se repent de ses péchés.

Il y a une forme de sainteté cachée dans l'Église. Il y a des héros qui partent en mission. Vous, les Français, vous avez fait beaucoup, certains ont sacrifié leur vie. C'est ce qui me frappe le plus dans l'Église : sa sainteté féconde, ordinaire. Cette capacité de devenir un saint sans se faire remarquer.

Dominique Wolton : Mais les premiers anarchistes, les socialistes utopiques, et les communistes, avant le stalinisme, étaient *aussi des saints* ! Ces militants ont fait des choses d'une générosité extraordinaire entre 1820 et le communisme. Et même dans le communisme, surtout au début, il y avait aussi cette grande solidarité, générosité. On la retrouve également dans le socialisme libertaire !

« *La miséricorde est un voyage…*

Pape François : La solidarité est une des dimensions de la sainteté. C'est de la charité dans le meilleur sens du terme. Parce que la charité, ce n'est pas prendre une pièce et la tendre à quelqu'un sans même lui toucher la main (*il accompagne ces mots d'un geste*).

Dominique Wolton : Peut-on être à la fois un pape occidental et un pape de la mondialisation ? Aux plans culturel, anthropologique, philosophique, humain ? Le problème de l'Église catholique est qu'elle est universelle et que les papes sont occidentaux. Vous-même venez d'Amérique latine. Un pape peut-il être à la fois occidental et universel ?

Pape François : Considérons ce qu'est l'autorité d'un pape. Pensez à un iceberg. On voit l'autorité papale, mais c'est la vérité de l'Église universelle qui est le fondement. Renversons l'iceberg : le service du pape est en dessous. C'est pour cela que la conception de l'Évangile de Jésus de l'autorité est le service : le pape doit servir tout le monde. Un des titres du pape est « *Servus servorum Dei*[1] ».

---

1. « Serviteur des serviteurs de Dieu » : ce titre ancien fait indirectement référence au message délivré par le Christ en lavant les pieds de Pierre lors de la Cène. Titre préféré

Politique et société

Dominique Wolton : Cette perspective n'est pas connue, pas comprise. On voit la pointe, on ne voit pas le renversement. Parce qu'on est habitués au pouvoir, à la hiérarchie.

Pape François : Les choses changent aussi. Le fait que le pape habite dans une pension… ce sont de petits signes.

Dominique Wolton : (*Rires.*) Oui, je suis d'accord. Mais si par malheur votre successeur veut rejoindre les appartements pontificaux ?

Pape François : Je ne sais pas.

Dominique Wolton : Et s'il veut mettre des chaussures dorées ?

Pape François : Mais Dieu est plus grand !

Dominique Wolton : Oui. Ceci dit, vous menez des batailles symboliques, comme celle dont on vient de parler.

Pape François : Oui, cela me semblait naturel. Je ne pourrais pas vivre là-bas [au palais], tout seul.

---

de Paul VI qui le fit ajouter à la liste officielle après le concile Vatican II.

« *La miséricorde est un voyage...*

Dominique Wolton : Bien sûr, là vous êtes plus libre.

Ce qui vous inquiète et vous rassure le plus, dans la mondialisation ?

Pape François : Vous parlez de mondialisation. Il existe un autre terme que je préfère, celui de « *mondialité** ».

Dominique Wolton : En fait, pour désigner le processus mondial d'ouverture économique, mieux vaudrait parler de « globalisation ».

Pape François : Il y a quelque chose que je pense ne pas avoir encore dit. Je crois qu'on a besoin de l'unité de tous les peuples, comme l'Europe par exemple a besoin d'unité. Mais pas d'une unité qui signifierait l'uniformité. L'exemple que je donne, c'est celui de la sphère. Elle représente l'unité, mais tous ses points sont à la même distance du centre, tous identiques. C'est en réalité l'image de l'uniformité, et c'est ce qui tue les cultures. Et c'est aussi ce qui tue les personnes. En revanche, la vraie mondialisation, pour moi, ce serait la figure du polyèdre, comme je l'ai déjà expliqué, une forme où chacun existe. C'est-à-dire tous ensemble, mais chacun avec sa personnalité ou sa culture. Et c'est d'autant plus important

Politique et société

avec le Brexit, car nous avons ce problème : que va faire l'Europe ? Elle doit justement être créative. Chercher à souligner, mettre en valeur les différences entre les pays et, à partir de ces différences, s'unir de nouveau. Peut-être que le péché – péché entre guillemets –, l'erreur, a été de croire que l'unité se ferait par l'uniformisation, par un Bruxelles disant « il faut faire ceci et pas cela »…

Dominique Wolton : Prier, c'est communiquer ?

Pape François : Communiquer dans le sens de communiquer avec autrui, oui. Jésus le dit dans l'Évangile : prier, ce n'est pas répéter des paroles, des paroles, des paroles. C'est parler avec une personne, avec le Père. Ça, c'est communiquer. « Qui pries-tu ? — Dieu. — Mais "Dieu", comme ça ? »
« Dieu, comme ça », ce n'est pas une personne. Dieu, ce sont trois personnes : le Père, le Fils, le Saint-Esprit. Ou tous les trois. Mais prier doit toujours être personnel, c'est une communication personnelle. Sinon, c'est un monologue, c'est parler avec soi-même. Et c'est pour cela que dans la prière, le silence est très important. C'est-à-dire attendre, s'exprimer, attendre, se laisser être regardé par le Seigneur. Combien de fois, lorsque je suis face à un ami ou une amie, nous discutons mais souvent nous pouvons aussi faire silence. C'est une vraie communication d'amitié. Même

« *La miséricorde est un voyage…*

dans l'amour, dans l'amour entre les époux, le silence est très important. Parce que le silence entre un mari et une femme, c'est un silence d'amour qui communique.

Dominique Wolton : Comment entendre le silence, aujourd'hui ?

Pape François : Nous avons peur du silence. On en a peur, et l'on préfère le réduire à la rigidité. Je vais utiliser deux images à titre d'exemple. Revenons à *L'Angélus* de Millet. Ils prient en silence, mais il y a une communication entre eux et avec Dieu : ça se voit. Et l'autre image, ce sont des soldats qui défilent en silence. Là, il n'y a pas de communication. Il y a de la discipline, de l'ordre, il y a de la rigidité – nécessaire dans ce cas. La communication a toujours quelque chose de désordonné ; au fond, elle fait croître la spontanéité. Le silence aussi.

En revanche la rigidité, ce n'est que de l'ordre. Quand j'arrive dans un pays, avec tous ces soldats qui m'attendent à la sortie de l'avion : il n'y a là aucune communication… Mais quand les enfants s'approchent avec des fleurs, et qu'ils m'embrassent comme c'est devenu la coutume, cela se fait en silence, mais dans ce cas il y a de la communication. Je voudrais revenir sur ce

Politique et société

thème de la rigidité. Souvenez-vous-en. Je dois y réfléchir.

Dominique Wolton : D'accord. C'est intéressant de parler de la rigidité. Aujourd'hui on croit, notamment grâce aux nouvelles technologies et à l'expression directe, qu'il n'y a plus de rigidité. Il y en a hélas beaucoup. Notamment avec les mails et les SMS qui rigidifient les échanges et l'interprétation. Internet, c'est aussi beaucoup d'incommunication. Mes recherches portent sur les rapports entre communication, incommunication et a-communication. Je critique l'emprise technique d'internet et des réseaux sociaux, et plus généralement le poids excessif des techniques car tout le monde croit qu'en les utilisant, il y aura enfin de la communication ! Hélas, c'est beaucoup plus compliqué… S'il suffisait qu'il y ait 7,5 milliards d'internautes pour mieux se comprendre…

Pape François : Vous dites « a-communication » ?

Dominique Wolton : Tout à fait. C'est ce que j'essaie de dire depuis vingt ans… Aidez-moi ! Je prie pour vous, et vous, vous m'aidez, d'accord ? (*rires*). C'est incroyable, notre rencontre. Vous avez finalement la même philosophie humaniste et politique de la communication que la mienne. C'est assez rare. Quand vous dites « rigidité »,

« *La miséricorde est un voyage...*

c'est la même chose que l'a-communication dont je parle. Internet, contrairement à toutes les apparences, c'est de la rigidité. Bien sûr, on y dit quelque chose, souvent beaucoup de choses, mais en écartant le risque « humain ». D'abord, parce qu'on est loin les uns des autres. Il n'y a pas la vue, il n'y a pas le toucher, il n'y a pas le corps. On est devant une forme de schizophrénie de la communication. Ensuite la communication est souvent réduite à l'expression. Tous les jeunes qui sont sur internet ont une immense générosité. D'ailleurs, les jeunes sont généreux et souvent utopistes. Mais, généralement, cette générosité est orientée vers le réseau, et le réseau, c'est tout le monde, mais ce n'est personne. En tout cas, c'est le « même », en laissant de côté l'« autre ». Alors je ne comprends pas l'Église. Elle est peut-être l'institution qui a la plus grande expérience de toutes les formes de communication, qui les a construites, vécues, trahies. Un réel patrimoine. D'autant plus que la communication, c'est l'amour, qui est notamment un mot chrétien. L'Église devrait relativiser les progrès techniques et montrer les différences avec la communication humaine. En outre, le clergé est multiculturel, dans toutes les Églises du monde ! Donc il est sensible à l'extraordinaire complexité culturelle des différentes formes de communication humaine. L'Église pourrait rappeler que « dans la communication, le plus simple est la technique, le plus compliqué, les hommes et les sociétés » ! Alors pourquoi ce silence, depuis un demi-siècle ? Et vous, personnellement, puisque vous appartenez à deux cultures, vous pouvez approfondir cette recherche sur la complexité des situations humaines et culturelles de la communication. Sortir en tout cas de la performance technique et retrouver les multiples incertitudes et richesses de la communication humaine. Si les Européens ont « inventé » la communication, ils se sont aussi perdus dans les techniques, comme d'ailleurs le monde entier ou presque.

Que peut faire un pape ? Quelle est la limite de votre liberté ?

Pape François : La principale : sortir seul du Vatican.

Dominique Wolton : Je veux bien aller avec vous, sortir avec vous. Un jour, on va sortir. On va aller se promener.

Pape François : Mais c'est un problème politique pour l'État italien, que je peux comprendre. Si je sors sur le territoire italien, sans escorte, et qu'il se passe quelque chose, je mets l'État dans une situation embarrassante. Ça, je le comprends. Mais parfois, quand je dois aller à Rome, quand

« La miséricorde est un voyage...

on part d'ici pour aller juste là-bas (*geste*), j'y vais tout seul avec mon chauffeur. Les vitres sont teintées, je rentre, personne ne me voit, personne ne le sait. Ce sont des choses qui me manquent. Mais c'est comme ça, c'est la réalité.

Dominique Wolton : Je comprends.

Pape François : C'est compréhensible... Mais on peut bien vivre ici... Il y a des gens qui n'ont pas ces jardins, toutes ces belles choses autour de moi : on peut bien vivre, ici.

Dominique Wolton : Oui, mais ce n'est pas pareil. La liberté, c'est sortir. Aviez-vous réalisé cela, avant ? Que vous n'auriez plus cette liberté ?

Pape François : J'étais toujours sur les routes, j'allais dans les paroisses...

Dominique Wolton : Bien sûr, mais quand vous avez été élu pape, vous l'avez compris ? Pas tout de suite ?

Pape François : Je m'en suis rendu compte, et tout de suite les choses se sont faites naturellement. Par exemple, je n'habite pas au palais, je continue à vivre ici, à Sainte-Marthe. Et ce sont

Politique et société

des choses comme cela qui me font rester proche des gens.

Dominique Wolton : Et votre successeur, après vous, je ne sais pas s'il pourra rejoindre les appartements ?

Pape François : Je ne sais pas.

Dominique Wolton : (*rires*) Malin.

Pape François : Castel Gandolfo…

Dominique Wolton : Oui, et pourquoi n'y allez-vous pas ?

Pape François : Mais parce que c'est un peu, psychologiquement, la cour pontificale qui se transfère à Castel Gandolfo. Et désormais les jardins, le rez-de-chaussée et le premier étage, qui est celui du pape, sont devenus des musées. Si mon successeur veut retourner à Castel Gandolfo, il y a deux grands bâtiments qu'il peut occuper. Mais le bâtiment principal, l'historique, est en train de devenir un musée. Par exemple, le dortoir du pape : dans ce lit sont nés trente-huit enfants, pour la plupart juifs, durant la guerre, que Pie XII avait cachés là. Cela va devenir un

« La miséricorde est un voyage…

musée. Alors si je veux prendre l'air, il y a ces jardins. Il y a assez d'air ici.

Dominique Wolton : Quels seraient les mots clefs, pour vous, les mots que vous voudriez voir retenus de votre pontificat ?

Pape François : Je m'en suis rendu compte après coup, le mot que j'utilise le plus est la « joie ». Les trois textes que j'ai écrits : *Evangelii gaudium*, « La joie de l'Évangile », *Laudato si'*, qui est un chant de joie, *Amoris laetitia*, « La joie de l'amour »… Mais pourquoi ai-je commencé avec cela ? Je ne saurais le dire… L'Évangile nous donne une très grande joie. Il y a également la croix, qui nous permet de vivre les moments difficiles avec paix, ce qui est le degré le plus intime, le plus profond, de la joie.

Dominique Wolton : Un autre mot ?

Pape François : J'utilise souvent la « tendresse », la « proximité ». Aux prêtres, je dis : « S'il vous plaît, soyez proches des gens. » Aux évêques, je dis : « Ne soyez pas des princes, soyez proches des gens, des prêtres. » La « proximité » est un mot que j'utilise souvent. Il y a aussi la prière. Prier, mais prier au sens d'être devant Dieu. Dans ce sens dont nous avons parlé.

Politique et société

Dominique Wolton : Comment peut-on être catholique et réactionnaire, quand on lit l'Évangile ?

Pape François : Il y a une clef de lecture préalable. *On doit lire l'Évangile avec l'âme ouverte, sans préjugés, sans idées préconçues.* Pourquoi ? Parce que l'Évangile est une annonce. Il doit être accueilli comme on reçoit quelque chose de totalement nouveau. Si on reçoit l'Évangile de façon aseptisée, comme une idéologie ou un préjugé, l'Évangile ne peut pas entrer en soi. L'Évangile doit nous toucher. Et quelle est la preuve que l'Évangile doit être lu comme ça, directement ? C'est la stupeur. L'émerveillement. Un réactionnaire, de quelque bord qu'il soit – il y a aussi des réactionnaires de gauche, pour utiliser une terminologie « classique » droite-gauche –, c'est quelqu'un qui va contre l'Évangile, qui l'aborde en voulant le conformer à son parti-pris idéologique. Et il s'approprie l'Évangile. Il peut bien louer l'Évangile, dire : « Qu'il est beau, l'Évangile ! », mais il ne ressent jamais l'émerveillement de celui qui le lit et le ressent sans... (*un geste accompagne cette idée*). Ce qu'il ressent, c'est peut-être comme s'il parlait par l'intermédiaire d'un interprète. Une expérience pénible – avec vous, j'y arrive, parce que je comprends plus ou moins,

« La miséricorde est un voyage…

et que l'on se regarde en face, et l'interprète n'est pas réellement un interprète. Quand je dois parler dans une langue avec un interprète, quelle affaire ! *Donc voilà, le réactionnaire est réactionnaire parce qu'il a un interprète intérieur : sa propre idéologie.*

Dominique Wolton : Donc, un réactionnaire ne lit pas. Il n'accueille pas la nouveauté du texte, il annexe le texte à son idée. Vous dites souvent : « Il faut plus de synodalité dans l'Église. » N'est-ce pas simplement plus de collégialité ?

Pape François : Le synode est un des outils de la collégialité. Personne ne remet en question le fait que tous les évêques du monde fonctionnent de façon collégiale, mais quand cette collégialité doit se mettre en action, elle a besoin d'instruments. Et l'un des principaux est la synodalité. Sur ça, j'ai fait un discours pendant le dernier synode, quand il y a eu l'acte commémoratif du 50ᵉ anniversaire du concile de Vatican II. J'ai parlé de la synodalité qui est un instrument. Alors que la communion, c'est la réalité. C'est un instrument pour entretenir et faire grandir la collégialité ou la communion. On peut dire soit « collégialité », soit « communion ». Ce ne sont pas des synonymes, parce que la collégialité se dit surtout entre les évêques et la communion entre tous les fidèles.

Politique et société

Dominique Wolton : Y a-t-il quelque chose que le pape, vous, ou qu'un pape peut changer ?

Pape François : Mais on peut changer beaucoup de choses.

Dominique Wolton : Oui, bien sûr ! (*rires*)

Pape François : Je pense que l'Église a survécu à des cultures très différentes. Pensez à l'ère d'avant 1870, celle du temps des États pontificaux, du pape-roi qui allait en guerre… J'ai beaucoup aimé lire la trentaine de tomes de l'œuvre majeure de Ludwig von Pastor[1]. Pastor était un luthérien, très, très rigoureux, qui a eu l'autorisation de consulter toutes les archives. Et à la fin, il s'est converti au catholicisme en disant : « On ne peut pas comprendre, si Dieu n'est pas là. » Parce qu'il est tellement imbriqué dans toutes les circonstances, bonnes la plupart du temps, mais aussi dans les mauvaises, les épisodes peccami-

---

1. Ludwig von Pastor (1854-1928), historien et diplomate autrichien, est l'auteur d'une *Histoire des papes depuis la fin du Moyen Âge. Ouvrage écrit d'après un grand nombre de documents inédits extraits des archives secrètes du Vatican et autres*, traduit de l'allemand par Furcy Raynaud, (vol. 1-6), Alfred Poizat, (vol. 7-14), Alfred Poizat et W. Berteval, (vol. 15-18), H.-E. Del Medico (vol. 21-22), Plon, Nourrit et Cie, 1888-1961.

« *La miséricorde est un voyage...*

neux... Pensez au lancement des croisades, à la chasse aux sorcières brûlées vives, à l'Inquisition... Pensez aux saints qui ont fini en prison, saint Jean de la Croix, votre Jeanne d'Arc... Comment peut-on comprendre cela ? Parce qu'il y avait cette sainteté qui était là, cet humus qu'est le saint peuple fidèle de Dieu... Quand on me dit : « L'Église doit changer de telle ou telle façon », mais de qui parle-t-on ? Des prêtres, des évêques ? Non, l'Église, c'est nous tous. Il y a toujours une généralisation quand on parle de l'Église. Mais l'histoire de l'Église est une histoire qui, sans Dieu, ne se comprend pas.

Dominique Wolton : Une histoire uniquement institutionnelle ne permet pas, en effet, de comprendre. En tant qu'institution, l'Église aurait dû déjà disparaître depuis longtemps... C'est la limite d'une analyse sociopolitique de l'Église. Certes, elle a tous les défauts de l'Homme, mais elle recommence tout le temps, il y a autre chose. Vous dites : « Il n'y a pas de communication sans humilité. »

Pape François : Oui, parce qu'il faut de l'humilité pour écouter.

Dominique Wolton : Mais tous les jeunes, avec les techniques ? Il peut y avoir de l'humilité bien

Politique et société

sûr, mais ils croient que c'est facile. Comment leur dire qu'il faut sortir des techniques ou en tout cas retrouver l'humilité ? Votre définition de la communication, comme la mienne, suppose la recherche de l'authenticité.

Pape François : Chaque média a ses dangers. Il est possible d'en faire de bonnes choses, mais il y a le danger de créer des barrières. La technologie est une médiation de communication. Mais si le protagoniste de la communication devient médiateur, il n'y a pas de communication. C'est le médiateur qui commande et devient un dictateur. En provoquant l'addiction et le reste, voilà...

Dominique Wolton : Et pas grand monde ne le dit pour l'instant. Surtout pas Google, Apple, Facebook, Amazon (les GAFA). Personne ne dit rien. Parce qu'il y a tellement de plaisir individuel et de silence politique, pour l'instant, sur tous ces enjeux.
La question est difficile : où est Dieu à Auschwitz ?

Pape François : À Auschwitz, j'ai vu comment est l'homme sans Dieu. Et quand j'ai parlé à Jérusalem, au moment de la commémoration de la Shoah, je suis parti du mot de la Genèse, quand, après le péché, Dieu cherche Adam. « Adam, où es-tu ? » La question est plutôt : « Où est l'homme ? »

« La miséricorde est un voyage...

L'homme qui est capable de faire comme Adam, comme Caïn. « Toi tu n'es pas l'homme que j'ai créé, tu t'es trop éloigné et tu es un monstre. » Un homme sans Dieu est capable de faire cela.

Moi, je renverse la question. Peut-être que pour comprendre mieux ma pensée, vous pouvez lire ce que j'ai dit à Jérusalem au monument de la Shoah. Et à Auschwitz, tout simplement. Qui a fait ça ? Un homme qui a oublié d'être à l'image de Dieu.

Dominique Wolton : Oui, mais au cours de l'Histoire, il y a eu beaucoup de massacres avec Dieu.

Pape François : Plutôt au nom de Dieu...

Dominique Wolton : D'accord, mais l'Église a commis beaucoup, beaucoup de massacres...

Pape François : J'aurais dû vous parler de ce passage de *La Chanson de Roland*. Le passage où les infidèles avaient le choix entre le baptême et l'épée...

Dominique Wolton : Vous dites : « Voilà ce que fait l'homme sans Dieu. » Comment un athée peut-il la comprendre ? Il ne peut pas la comprendre. Pourtant, un homme ou une femme athée est aussi intelligent et aussi juste qu'un croyant.

Politique et société

Pape François : Non, non, je veux dire simplement de quoi est capable l'homme. Point. Vous pouvez poser la question, en faire l'expérience. Ça, c'est l'homme qui l'a fait. Et vous réfléchissez. Essayez. Cela, ça a été fait par un homme qui croyait être Dieu.

Dominique Wolton : Une idée pour lutter contre l'idolâtrie de l'argent ? Une idée, ou une colère, ou une intuition ?

Pape François : Le travail. Le travail avec ses deux mains. L'aspect concret du travail. Parce que cette idolâtrie de l'argent cesse dans ces rituels. Ce qui cesse, c'est la liquidité. Le remède, c'est le travail, le travail concret.

Dominique Wolton : Pourquoi le thème de la miséricorde est-il si important pour vous ? En dehors des catholiques, la miséricorde est un mot qui n'est pas facile à comprendre.

Pape François : Mais c'est l'un des noms de Dieu. Dans la Bible, dans notre relation, il y a la miséricorde. Dans le paganisme, par exemple, dans les traditions païennes, il y a la cruauté, le dieu méchant. Dans la Bible, Dieu se révèle avec la miséricorde. Si moi, en tant qu'individu, je

« *La miséricorde est un voyage…*

n'accepte pas que Dieu soit miséricordieux, je ne suis pas croyant. Je me fais un Dieu à ma mesure.

Dominique Wolton : Pourquoi n'aimez-vous pas beaucoup l'expression « les racines chrétiennes de l'Europe » ?

Pape François : Je crois que l'Europe a des racines chrétiennes, mais ce ne sont pas les seules. Elle en a d'autres qu'il ne faut pas nier. Pourtant, je crois que l'erreur a été de ne pas vouloir dire « les racines chrétiennes » dans le document de l'Union européenne sur la première Constitution, et cela a été commis aussi par les gouvernements. Ça a été une erreur de ne pas voir la réalité. Cela ne veut pas dire que l'Europe doit être entièrement chrétienne. Mais c'est un héritage, un héritage culturel, que l'on a reçu.

Dominique Wolton : Oui, car il y a le judaïsme et l'islam, mais il y a aussi le socialisme, la libre-pensée. Il y a plusieurs racines culturelles. Il n'y a pas de monopole.

Après l'assassinat du père Hamel[1] en France le 26 juillet 2016, il y a eu un mouvement fort

---

1. Jacques Hamel (1930-2016), prêtre catholique de l'archidiocèse de Rouen, tué dans l'église Saint-Étienne de Saint-Étienne-du-Rouvray par deux terroristes islamistes

Politique et société

de solidarité des chrétiens et des musulmans. Ce sont les musulmans qui sont venus à la messe. Pour l'instant, les chrétiens ne vont pas beaucoup dans les mosquées. Pourrait-on profiter de cette tragédie pour renforcer le dialogue interreligieux et que les chrétiens aillent plus facilement dans les mosquées ?

Pape François : C'est vrai. Le peuple chrétien n'y est pas allé. Certains dirigeants chrétiens, oui. Moi j'y suis allé, en Afrique, à Bangui, et en Asie, en Azerbaïdjan. Mais c'est vrai, le peuple n'y va pas encore… Dans certains pays d'Afrique, où cette cohabitation est normale et sereine, cela existe. Pour Noël, les musulmans offrent des cadeaux aux chrétiens. Et pour la fin du ramadan, les chrétiens en offrent aux musulmans. Il y a de bonnes relations là où il y a cohabitation ; le problème, c'est quand l'idéologie entre en jeu. Mais je reviens à votre premier point, qui est une réalité. Les musulmans sont allés à l'église, et les chrétiens ne vont pas encore les saluer à la mosquée. Ils devraient y aller pour leurs jours de fête, les saluer, prier un peu avec eux. Ce serait une bonne chose.

---

lors de l'attentat commis dans ce lieu de culte le 26 juillet 2016.

« *La miséricorde est un voyage…*

Dominique Wolton : Oui, car pour l'instant, dans le monde, avec les batailles contre les fondamentalistes, l'islam est souvent stigmatisé. Et du coup, il faudrait construire plus de liens, de « ponts » entre eux et nous.

Pape François : Oui, je suis d'accord. Moi je l'ai fait, et je le referai. Je suis d'accord.

Dominique Wolton : Dans les difficultés du dialogue interreligieux avec l'islam, une des causes n'est-elle pas que le dialogue entre les chrétiens et les juifs a pris trop de place en cinquante ans, par rapport au dialogue avec l'islam ?

Pape François : Je ne crois pas, non. À Buenos Aires, j'avais à la même table des juifs et des musulmans…

Dominique Wolton : Oui, à Buenos Aires. Mais en Europe ? Et au Proche-Orient ?

Pape François : Mais ici on ne fait pas ça ? Je ne sais pas. À Buenos Aires on le faisait.

Dominique Wolton : Les chrétiens d'Orient, qui ont été beaucoup combattus, massacrés, ne pourraient-ils pas faire le lien entre le judaïsme et l'islam ?

Politique et société

Pape François : Ils pourraient le faire plus. Il y a des débuts de ponts. Les prêtres, certains d'entre eux, font ces débuts de ponts. Le lieu le plus propice pour le faire en ce moment en Orient, c'est la Jordanie. Parce que c'est un pays musulman, mais avec de bonnes relations avec les juifs et avec les chrétiens. Le roi de Jordanie est très proche d'eux.

Dominique Wolton : L'Église a-t-elle soutenu assez les chrétiens d'Orient depuis trente à quarante ans ?

Pape François : Le Saint-Siège les a beaucoup aidés. Il était très proche d'eux.

Dominique Wolton : Oui, mais l'Europe ?

Pape François : L'Europe, je ne sais pas.

Dominique Wolton : L'Occident ?

Pape François : Là, il y a un problème qui va beaucoup plus loin. Je ne m'explique toujours pas la guerre du Golfe. Parce que l'Occident a voulu exporter un modèle démocratique dans un pays qui en avait un autre, en disant : « Ceci n'est pas une démocratie, c'est une dictature. » Mais c'était une dictature avec un système d'accords, parce

« La miséricorde est un voyage...

qu'il s'agissait de « tribus » qui ne pouvaient être gouvernées que de cette manière. La Libye, c'est la même chose, même si Kadhafi n'était pas saint Augustin. Aujourd'hui, les Libyens se demandent : « Mais pourquoi les Occidentaux sont-ils venus nous dire ce que doit être la démocratie ? Nous avions un Kadhafi, maintenant on en a cinquante. » Au Moyen-Orient, la responsabilité est celle de l'Occident qui a voulu implanter ses idées là-bas.

Dominique Wolton : Bien sûr. Hélas, je suis d'accord. Il y a quatre mots qui sont utilisés par vous : plus de fraternité avec les musulmans, plus de tolérance réciproque, plus de laïcité, et une recherche commune de l'humanisme. *Dans quel ordre placez-vous ces quatre mots : fraternité, tolérance, laïcité, humanisme ?*

Pape François : Il faut les nuancer. Ils recherchent la même chose, avec des attitudes différentes, mais avec le même but.

Dominique Wolton : Si je prends le mot « laïcité », l'Église, notamment, ne pourrait-elle pas dire qu'il faut un modèle laïque, c'est-à-dire le respect de toutes les religions, la tolérance mutuelle et la séparation du politique et du religieux ?

Politique et société

Pape François : Oui, ça je l'ai déjà dit. L'État est laïc. Qu'est-ce que cela veut dire ? Qu'il est ouvert à toutes les valeurs, et qu'une de ces valeurs, c'est la transcendance. Et quand il est ouvert à la transcendance, il est ouvert à toutes les religions. Le mot que je n'aime pas, c'est « tolérance ». Parce que la tolérance, c'est supporter quelque chose qui ne convient pas, mais que l'on supporte. *La tolérance, c'est un mot démodé**.

Dominique Wolton : Ah, vous voulez dire « égalité », pas « tolérance » ?

Pape François : Oui, l'égalité. Tous égaux. Parce que la tolérance, c'est quand moi je porte la croix et que je tolère la croix d'une autre personne. Je porte la croix d'une religion, mais je tolère cette autre… Si on se reporte à la racine étymologique, « tolérer » veut dire permettre quelque chose qui ne devrait pas exister. Alors que ce sont, en réalité, des choses égales. La laïcité est l'État laïc. Cela signifie ouvert à toutes les valeurs. Une de ces valeurs, c'est la transcendance. C'est pour cela que je reviens un petit peu en arrière : l'État ne peut pas considérer les religions comme une sous-culture. Parce qu'en faisant cela, il nie la transcendance. Un État de « saine laïcité » admet la transcendance. Une femme peut porter un crucifix, l'autre un voile… Mais chacun exprime

« La miséricorde est un voyage...

sa façon de transcender avec respect, pas avec « tolérance ». Avec du respect. Avec une égalité de droits.

Dominique Wolton : Donc vous préférez les mots « égalité », « fraternité », « humanisme » et « laïcité » ?

Pape François : Laïcité de l'État. Parce qu'il y a une laïcité mal comprise, qui est celle revenant à nier la possibilité de la religion. Laïc, que cela veut-il dire ? Cela veut dire la « saine laïcité ». J'aime bien le terme de « saine laïcité ». Une laïcité qui permet l'expression vers la transcendance, selon chaque culture.

Dominique Wolton : C'est neuf, comme position théorique et politique. Peut-être faudrait-il le dire davantage ? Il risque en effet d'y avoir de plus en plus de conflits culturels et religieux, impliquant des États et les mettant au défi de la laïcité...

Pape François : Mais c'est dans *Gaudium et Spes*[1]...

---

1. *Gaudium et Spes* (*Joie et Espoir*) est l'un des principaux documents issus du concile œcuménique Vatican II (1965).

Politique et société

Dominique Wolton : C'était il y a plus de cinquante ans. Et qui lit ce texte ? Peu de gens, hélas. De plus, le contexte a changé. Aujourd'hui, les conflits entraînant culture, religion et politique sont de plus en plus violents. Si l'Église catholique, qui a été confrontée à une laïcité de combat, en France, dit elle-même qu'il peut y avoir une « saine laïcité » – pour reprendre votre vocabulaire – qui permettrait d'instaurer des relations plus pacifiques entre les États et les religions, cela constitue un progrès.

Pape François : Je crois qu'il faut davantage se faire comprendre. Je suis d'accord.

Dominique Wolton : Depuis cinquante ans, les conflits culturels et religieux deviennent plus violents, notamment avec les fondamentalismes.
Personne, il y a cinquante ans, n'aurait pensé que la religion serait un facteur de guerre comme aujourd'hui.

Pape François : Mais ce n'est pas si nouveau. Les guerres de Religion…

Dominique Wolton : Bien sûr, mais je veux dire que cela recommence avec le fondamentalisme. Et surtout, surtout, c'est la première fois dans l'histoire de l'humanité que, grâce à la révolution de

« La miséricorde est un voyage...

l'information, tout le monde est simultanément informé !

Pape François : Oui, il y a une crise, qui a grandi. Il y a une crise, un moment de crise. Mais on doit la traiter comme une crise. Prendre les mesures que l'on prend quand il y a une crise. Il y a une crise de violence qui naît des fondamentalismes religieux, mais ce n'est pas quelque chose de nouveau. C'est quelque chose qui a toujours existé, mais qui maintenant se manifeste plus fortement. Il y a aussi autre chose : avec une communication quasiment en temps réel, on voit ce qu'avant on ne voyait pas. L'Église doit, face à cette crise, répéter et souligner sa position. Et dans ce sens-là, je suis d'accord avec vous.

Dominique Wolton : Oui, parce que c'est mieux faire connaître la position de l'Église, quitte à la discuter.

Pape François : Oui. En ce qui concerne les guerres de Religion, je voudrais dire que je ne suis pas sûr que ces guerres soient historiquement inspirées par le zèle de Dieu, l'amour de Dieu, pour toujours sauver Dieu de tous ces blasphèmes. C'est justement Dieu qui a été utilisé à des fins politiques, pour des raisons de pouvoir... La victime de ces guerres, c'est toujours Dieu. On

Politique et société

« chosifie Dieu ». On le rend chose. C'est la chosification de Dieu.

Dominique Wolton : Je suis d'accord. C'est la même chose pour l'islam, les jihadistes aujourd'hui utilisent Dieu contre l'islam.
À propos des JMJ, que peut-on faire du capital extraordinaire qu'elles représentent ? Parce les JMJ sont également une expérience de communication physique. Les gens se rencontrent, vivent ensemble. Quel rapport faites-vous entre les JMJ et l'année de la Miséricorde ?

Pape François : J'ai vu quelque chose de nouveau dans ces JMJ. Nouveau pour moi – peut-être cela existait-il déjà avant, mais c'est la première fois que je le vois. Il y a eu les JMJ centrales, y compris préparées dans d'autres villes de Pologne par des groupes de catéchisme. Puis j'ai vu que certains pays, par exemple Cuba, ont organisé leurs propres JMJ. Pourquoi ? Parce que beaucoup de jeunes ne pouvaient pas aller à Cracovie. Ils ont décidé de faire quelque chose là-bas. D'autres pays ont fait la même chose, des « petites JMJ ». Et ça, c'est très important. Cela représente un potentiel.

Dominique Wolton : Décentraliser les JMJ ?

« *La miséricorde est un voyage…*

Pape François : Non, toujours les organiser comme avant. Mais multiplier les lieux. Il y a des endroits où les jeunes ne peuvent pas aller parce qu'ils n'en ont pas les moyens.

Dominique Wolton : C'est la même chose quand vous avez dit : « Cela m'est égal si les chrétiens ne viennent pas pour l'année de la Miséricorde à Rome, je préfère qu'ils fassent l'année de la Miséricorde ailleurs » ?

Pape François : Oui, mais il y a une petite différence. Ici, c'est le Vatican, on organise les choses. Mais les JMJ centrales sont peut-être plus importantes, plus fortes, que l'année de la Miséricorde au Vatican. C'est cela la différence. La décentralisation est un des critères que j'ai donné dans *Evangelii gaudium*. L'Église a besoin d'une saine décentralisation. Que faire avec les jeunes ? Les suivre en les guidant. Les accompagner dans leur croissance. Beaucoup de mariages se sont formés comme cela. Ils se sont connus là, et puis ont continué par « *chat* », puis ils se sont fiancés, puis, c'est notre époque, ils ont cohabité, et puis à la fin ils se sont mariés.

Dominique Wolton : Vous avez beaucoup mobilisé les jeunes et encouragé leur engagement. Vous avez dit « engagez-vous, engagez-vous ». Et

Politique et société

vous avez dit aussi : « Ne confondez pas le bonheur avec un canapé. » Vous êtes vraiment un bon communicant... Vous avez dit également aux jeunes : « Les réfugiés sont nos frères, le chrétien n'exclut personne. » Et vous avez dit à Cracovie : « Attention, les retraités précoces. » Jean-Paul II disait aux jeunes : « Évangélisez. » Benoît XVI disait : « Retrouvez votre intériorité. » Vous, vous dites : « Engagez-vous. » Mais quelle différence y a-t-il entre l'engagement et l'évangélisation ?

Pape François : L'engagement, c'est la partie la plus humaine. La matière première pour évangéliser.

Dominique Wolton : C'est ce qui vient avant.

Pape François : L'engagement, mais aussi par les valeurs, par un style de vie.

Dominique Wolton : D'accord, mais ce n'est pas forcément un engagement politique alors ?

Pape François : Si, peut-être.

Dominique Wolton : Voulez-vous dire que l'engagement est la condition préalable à l'évangélisation ?

« *La miséricorde est un voyage…*

Pape François : La politique, c'est peut-être un des actes de charité les plus grands. Parce que faire de la politique, c'est porter les peuples. Dans un des dialogues de Platon, il est question de la vraie politique et de la mauvaise politique, et à l'époque il y avait de mauvais politiciens : les sophistes. Platon disait dans *Gorgias* au sujet des sophistes : « Les paroles, les discours… »

Dominique Wolton : La démagogie…

Pape François : Non, il n'utilisait pas ce mot dépréciatif. « Les paroles, les discours sont à la politique ce que le maquillage est à la santé. » Et c'est vrai. La vraie politique n'est pas celle du « bla bla bla » puis on ferme la porte et on fait autre chose. La meilleure définition que j'ai entendue, pour parler de la mauvaise politique, est la suivante : « Huit ou neuf politiciens sont réunis, chacun avec des points de vue différents, pour arriver à un accord. Et, après des heures de discussion, ils parviennent à cet accord. Mais, au moment de la signature, certains sont déjà sous la table, en train d'en conclure un autre… »

Politique et société

Discours du Saint-Père lors de la cérémonie d'accueil des jeunes à l'occasion des XXXIes Journées mondiales de la jeunesse (27-31 juillet 2016), parc Jordan-de-Blonia, Cracovie, Pologne, 28 juillet 2016

Chers jeunes, bon après-midi,

Enfin, nous nous rencontrons ! Merci pour ce chaleureux accueil ! Je remercie le cardinal Dziwisz, les évêques, les prêtres, les religieux, les séminaristes et tous ceux qui vous accompagnent. Merci à ceux qui ont rendu possible notre présence ici aujourd'hui, qui se sont dépensés pour que nous puissions célébrer la foi.

Sur sa terre natale, je voudrais remercier spécialement saint Jean-Paul II, qui a rêvé et a donné l'impulsion à ces rencontres. Du ciel, il nous accompagne en voyant tant de jeunes appartenant à des peuples, des cultures, des langues si diverses, avec un seul motif : célébrer que Jésus est vivant au milieu de nous. […]

Connaissant la passion que vous mettez dans la mission, j'ose répéter : la miséricorde a toujours le visage jeune. Car, un cœur miséricordieux a le courage d'abandonner le confort ; un cœur miséricordieux sait aller à la rencontre des autres, il parvient à embrasser tout le monde. Un cœur miséricordieux sait être un refuge pour celui qui

« *La miséricorde est un voyage...*

n'a jamais eu une maison ou l'a perdue, il sait créer une atmosphère de maison et de famille pour celui qui a dû migrer, il est capable de tendresse et de compassion. Un cœur miséricordieux sait partager le pain avec celui qui a faim, un cœur miséricordieux s'ouvre pour recevoir le réfugié et le migrant. Dire miséricorde avec vous, c'est dire opportunité, c'est dire demain, engagement, confiance, ouverture, hospitalité, compassion, rêves.

Je veux aussi vous confesser une autre chose que j'ai apprise au cours de ces années. Je suis meurtri de rencontrer des jeunes qui ont l'air de « retraités » précoces. Je suis préoccupé de voir des jeunes qui ont « jeté l'éponge » avant de commencer la partie. Qui sont « résignés » sans avoir commencé à jouer. Qui marchent, le visage triste, comme si leur vie n'avait pas de valeur. Ils sont des jeunes fondamentalement ennuyés... et ennuyeux. Il est difficile, et en même temps cela nous interpelle, de voir des jeunes qui consacrent leur vie à la recherche du « vertige », ou de cette sensation de se sentir vivants par des chemins obscurs qu'ensuite ils finissent par « payer »... et payer cher. Cela fait réfléchir lorsque tu vois des jeunes qui perdent les belles années de leur vie et leurs énergies en courant après les vendeurs de fausses illusions (dans mon pays natal nous

Politique et société

dirions « vendeurs de fumée ») qui vous volent le meilleur de vous-mêmes.

C'est pourquoi, chers amis, nous sommes réunis pour nous aider réciproquement, car nous ne voulons pas nous laisser voler le meilleur de nous-mêmes, nous ne voulons pas permettre que les énergies, la joie, les rêves nous soient volés par de fausses illusions.

Chers amis, je vous pose la question : voulez-vous pour votre vie ce « vertige » aliénant ou voulez-vous sentir la force qui vous fera sentir vivants, pleins ? Vertige aliénant ou force de la grâce ? [...]

Durant ces jours des JMJ, Jésus veut entrer dans notre maison ; il verra nos préoccupations, notre agitation, comme il l'a fait avec Marthe... et il attendra que nous l'écoutions comme Marie : que, au milieu de toutes les occupations, nous ayons le courage de nous en remettre à lui. Qu'ils soient des jours pour écouter Jésus, consacrés à nous écouter, à le recevoir en ceux avec lesquels je partage la maison, la route, le groupe ou l'école.

Et celui qui accueille Jésus apprend à aimer comme Jésus. Alors, il nous demande si vous voulez une vie pleine : Veux-tu une vie pleine ? Commence par te laisser émouvoir ! Car, le bonheur germe et s'épanouit dans la miséricorde : voilà sa réponse, voilà son invitation, son défi, son aventure : la miséricorde. La miséricorde a

« La miséricorde est un voyage…

toujours un visage jeune ; comme celui de Marie de Béthanie, assise aux pieds de Jésus comme disciple, qui aime l'écouter parce qu'elle sait que la paix se trouve là. Comme le visage de Marie de Nazareth, lancée avec son « oui » dans l'aventure de la miséricorde, et qui sera dite bienheureuse par toutes les générations, appelée par nous tous la « Mère de la Miséricorde ».

Alors, tous ensemble, demandons à présent au Seigneur : lance-nous dans l'aventure de la miséricorde ! Lance-nous dans l'aventure de construire des ponts et d'abattre les murs (de séparation et de réseaux) ; lance-nous dans l'aventure de secourir le pauvre, qui se sent seul et abandonné, qui ne trouve plus un sens à sa vie. Pousse-nous, comme Marie de Béthanie, à l'écoute de ceux que nous ne comprenons pas, de ceux qui viennent d'autres cultures, d'autres peuples, également de ceux que nous craignons parce que nous croyons qu'ils peuvent nous faire du mal. Fais que nous tournions le regard, comme Marie de Nazareth avec Élisabeth, vers les personnes âgées pour apprendre de leur sagesse. […]

Politique et société

Veillée de prière avec les jeunes, voyage apostolique du pape François en Pologne à l'occasion des XXXIes Journées mondiales de la jeunesse (27-31 juillet 2016), campus Misericordiae, Cracovie, Pologne, 30 juillet 2016

Chers jeunes,

[…] Nous, nous ne voulons pas vaincre la haine par davantage de haine, vaincre la violence par davantage de violence, vaincre la terreur par davantage de terreur. Et notre réponse à ce monde en guerre a un nom : elle s'appelle fraternité, elle s'appelle lien fraternel, elle s'appelle communion, elle s'appelle famille. Nous célébrons le fait de venir de diverses cultures et nous nous unissons pour prier. Que notre meilleure parole, notre meilleur discours soit de nous unir en prière. […]

Tandis que nous prions m'est venue à l'esprit l'image des Apôtres le jour de Pentecôte. Une scène qui peut nous aider à comprendre tout ce que Dieu rêve de réaliser dans notre vie, en nous et avec nous. Ce jour, par peur, les disciples étaient enfermés. Ils se sentaient menacés par un entourage qui les persécutait, qui les contraignait à rester dans une petite chambre, les obligeant à demeurer figés et paralysés. La crainte s'était

« *La miséricorde est un voyage…*

emparée d'eux. Dans ce contexte, il s'est passé quelque chose de spectaculaire, quelque chose de grandiose. L'Esprit saint est venu et des langues comme de feu se sont posées sur chacun d'eux, les poussant à une aventure dont ils n'auraient jamais rêvé. La peur qui mène à la fermeture. […]

La peur et l'angoisse qui naissent de la conscience qu'en sortant de la maison on peut ne plus revoir ses proches, la peur de ne pas se sentir apprécié et aimé, la peur de ne pas avoir d'autres opportunités. Ils ont partagé avec nous la même expérience qu'ont faite les disciples, ils ont fait l'expérience de la peur qui mène à un seul endroit : à la fermeture. Et lorsque la peur se terre dans la fermeture, elle est toujours accompagnée de sa « sœur jumelle », la paralysie ; nous sentir paralysés. Sentir qu'en ce monde, dans nos villes, dans nos communautés, il n'y a plus d'espace pour grandir, pour rêver, pour créer, pour regarder des horizons, en définitive pour vivre, est l'un des pires maux qui puissent nous affecter dans la vie. La paralysie nous fait perdre le goût de savourer la rencontre, de l'amitié, le goût de rêver ensemble, de cheminer avec les autres. Nous ne sommes pas venus au monde pour « végéter ».

Dans la vie, il y a une autre paralysie encore plus dangereuse et souvent difficile à identifier, et qu'il nous coûte beaucoup de reconnaître. J'aime l'appeler la paralysie qui naît lorsqu'on confond

Politique et société

le bonheur avec un divan ! Oui, croire que pour être heureux, nous avons besoin d'un bon divan. Un divan qui nous aide à nous sentir à l'aise, tranquilles, bien en sécurité. Un divan – comme il y en a maintenant, modernes, avec des massages y compris pour dormir – qui nous garantit des heures de tranquillité pour nous transférer dans le monde des jeux vidéo et passer des heures devant l'ordinateur. Un divan contre toute espèce de douleur et de crainte. Un divan qui nous maintiendra enfermés à la maison sans nous fatiguer ni sans nous préoccuper.

[...] Justement ici, il y a une grande paralysie, lorsque nous commençons à penser que le bonheur est synonyme de confort, qu'être heureux, c'est marcher dans la vie, endormi ou drogué, que l'unique manière d'être heureux est d'être comme un abruti. Il est certain que la drogue fait du mal, mais il y a beaucoup d'autres drogues socialement acceptées qui finissent par nous rendre beaucoup ou de toute manière plus esclaves. Les unes et les autres nous dépouillent de notre plus grand bien : la liberté.

Chers amis, Jésus est le Seigneur du risque, du toujours « au-delà ». Jésus n'est pas le Seigneur du confort, de la sécurité et de la commodité. Pour suivre Jésus, il faut avoir une dose de courage, il faut se décider à changer le divan contre une paire de chaussures qui t'aideront à marcher, sur

« *La miséricorde est un voyage…*

des routes jamais rêvées et même pas imaginées, sur des routes qui peuvent ouvrir de nouveaux horizons, capables de propager la joie, cette joie qui naît de l'amour de Dieu, la joie que laisse dans ton cœur chaque geste, chaque attitude de miséricorde. Aller par les routes en suivant la « folie » de notre Dieu qui nous enseigne à le rencontrer en celui qui a faim, en celui qui a soif, en celui qui est nu, dans le malade, dans l'ami qui a mal tourné, dans le détenu, dans le réfugié et dans le migrant, dans le voisin qui est seul. [...]

Voilà le secret, chers amis, que nous sommes appelés à expérimenter. Dieu attend quelque chose de toi, Dieu veut quelque chose de toi, Dieu t'attend. Dieu vient rompre nos fermetures, il vient ouvrir les portes de nos vies, de nos visions, de nos regards. Dieu vient ouvrir tout ce qui t'enferme. Il t'invite à rêver, il veut te faire voir qu'avec toi le monde peut être différent. C'est ainsi : si tu n'y mets pas le meilleur de toi-même, le monde ne sera pas différent.

Le temps qu'aujourd'hui nous vivons n'a pas besoin de jeunes-divan, mais de jeunes avec des chaussures, mieux encore, chaussant des crampons. Il n'accepte que des joueurs titulaires sur le terrain, il n'y a pas de place pour des réservistes. Le monde d'aujourd'hui vous demande d'être des protagonistes de l'histoire, parce que la vie est belle à condition que nous voulions la

Politique et société

vivre, à condition que nous voulions y laisser une empreinte. […]

C'est pourquoi, chers amis, aujourd'hui, Jésus t'invite, il t'appelle à laisser ton empreinte dans la vie, une empreinte qui marque l'histoire, qui marque ton histoire et l'histoire de beaucoup. […]

7

« La tradition est un mouvement »

Août 2016. Rome est écrasée par la chaleur. Moins de monde. Tout est là, immobile, permanent. Je connais le chemin. Entrer à pied au Vatican, contourner Saint-Pierre, passer les sécurités. Traverser les cours. Écouter dans ce silence matinal les tourterelles. Vertige des temps et des espaces. Le Saint-Père est toujours aussi direct, et toujours un peu ailleurs. Le miracle du dialogue et de la communication reprend, naturellement. Banalités et extra-territorialités... D'autant qu'il s'agit des rapports entre la tradition et la modernité, de la mondialisation, et des nouvelles évangélisations. Comment penser les spiritualités de demain, l'œcuménisme et le dialogue interreligieux ? Dans ces échanges, tout paraît tranquille, honnête, souvent joyeux, et pourtant, comment se comprendre, malgré ces immenses distances, de toutes natures, entre nous ? Miracle de la communication humaine. Tout, ou presque, paraît possible. Et pourtant je sais déjà que ces échanges, cette rencontre, auront une limite et une fin. J'ai beaucoup lu et travaillé pour comprendre

Politique et société

son histoire, dans toutes ses dimensions. Tout le problème, dans le miracle de cette rencontre, est de pouvoir situer et conserver la hauteur du dialogue et de ces entretiens. Ils s'ajoutent les uns aux autres, sans qu'il y ait eu préalablement un calendrier fermement établi, de part et d'autre.

* * *

Pape François : Avant tout, je voudrais définir ce qu'est la tradition. La tradition, ce n'est pas un immuable compte en banque. La tradition, c'est la doctrine qui est en chemin, qui avance.

Et c'est vous, les Français, qui avez dit une très belle phrase, qui date du ve siècle. Elle est de Vincent de Lérins[1], un moine et théologien français qui dit que « la tradition est en mouvement ». Comment ? Il dit cela, en latin : « *Ut annis scilicet consolidetur, dilatetur tempore, sublimetur aetate* » : la tradition avance, mais selon quelles modalités ? De façon à ce qu'avec les années, elle se consolide, pour qu'elle grandisse avec le temps et soit sublimée avec l'âge. Les critères de la tradition ne changent pas, l'essentiel ne change pas, mais elle grandit, elle évolue.

---

1. Vincent, moine de Lérins (mort avant 450), auteur du *Commonitorium* (*Tradition et Progrès*) sous le pseudonyme de Peregrinus, trad. de P. de Labriolle, éditions Migne, 1978.

« *La tradition est un mouvement* »

Par exemple, à propos de la peine de mort. Nos évêques ont décrété la peine de mort au Moyen Âge. Aujourd'hui, l'Église dit plus ou moins – et on travaille pour changer le catéchisme sur ce point – que la peine de mort est immorale. La tradition a-t-elle donc changé ? Non, mais la conscience évolue, la conscience morale évolue. C'est la même chose concernant l'esclavage. Il y a des esclaves, mais c'est immoral. En revanche, quand saint Pierre Claver[1], en Colombie, travaillait auprès des esclaves, il était réprimandé, parce que certains doutaient qu'ils aient une âme. Dans la tradition dynamique, l'essentiel demeure : ne change pas, mais grandit. Grandit dans l'explicitation et dans la compréhension. Ces trois phrases de Vincent de Lérins sont importantes. Comment grandit la tradition ? Elle grandit comme grandit une personne : par le dialogue, qui est comme l'allaitement pour l'enfant. Le dialogue avec le monde qui nous entoure. Le dialogue fait croître. Si on ne dialogue pas, on ne peut pas grandir, on demeure fermé, petit, un nain. Je ne peux pas me contenter de marcher avec des œillères, je dois regarder et dialoguer. Le dialogue fait grandir, et fait grandir la tradition. En dialoguant et en

---

1. Pierre Claver (1580-1654), prêtre jésuite catalan, missionnaire en Amérique du Sud, particulièrement auprès des esclaves africains, fut reconnu saint par l'Église catholique.

Politique et société

écoutant une autre opinion, je peux, comme dans le cas de la peine de mort, de la torture, de l'esclavage, changer mon point de vue. Sans changer la doctrine. La doctrine a grandi avec la compréhension. Ça, c'est la base de la tradition.

Dominique Wolton : Cette conception de la tradition que vous développez serait plus facilement acceptée aujourd'hui qu'il y a cinquante ans, parce que la modernité est en crise. La modernité fut un progrès. Ensuite, elle est devenue une idéologie. Et maintenant, elle est en crise. La tradition, on disait que c'était le conservatisme, le passé, et aujourd'hui on commence tout doucement à comprendre que la tradition, c'est autre chose, comme vous dites, un mouvement. Et si vous dites cela clairement, cela réhabilite, relégitime la tradition et aide aussi la modernité.

Pape François : Oui.

Dominique Wolton : La dévalorisation systématique de la tradition depuis un siècle a fait beaucoup de dégâts. Bien sûr, cette dernière était souvent synonyme de conservatisme. Aujourd'hui, la tradition n'est plus forcément le conservatisme. C'est autre chose.

« *La tradition est un mouvement* »

Pape François : C'est autre chose. Ça ne change pas la doctrine, la vraie doctrine. Mais cela fait grandir la conscience, cela permet de mieux la comprendre, c'est le dialogue selon les critères de Vincent de Lérins, toujours dans *Commonitorium*…

Dominique Wolton : Je reviens à mon propos : l'Église, avec son expérience et ses erreurs, peut apporter quelque chose à la modernité, justement en reparlant de la tradition, qui a été dévalorisée pendant cent ans. Il y avait un conflit entre modernité et tradition, que l'on peut aujourd'hui dépasser. Comme vous le dites, par le dialogue… mais ce n'est pas encore accepté. Peut-être parce que Vatican II était identifié à la modernité ? Mais finalement, c'était ET la modernité ET la tradition.

Pape François : Le pape Benoît a dit quelque chose de très clair : les changements dans l'Église doivent être faits avec l'herméneutique de la continuité. Une belle phrase.
L'herméneutique grandit : certaines choses changent, mais c'est toujours en continuité. Elle ne trahit pas ses racines, elle les explicite, ce qui la fait mieux comprendre.

Dominique Wolton : Oui. Le principe même de la modernité, ce n'est pas la continuité, c'est la rupture. Et c'est la force de l'Église, par rapport

Politique et société

à il y a un siècle, de le rappeler. On a souvent identifié la tradition au conservatisme et la modernité au progrès. Aujourd'hui, on comprend que la modernité en soi, ce n'est rien. L'important, c'est la tension entre les deux. Du coup, l'herméneutique de la continuité – comme dit Benoît XVI – peut retrouver une force intellectuelle, et même spirituelle. Là, un boulevard s'ouvre devant vous. Vous êtes devant un « formidable business » (*rires*).

Pape François : Comme je l'ai dit : grandir. La tradition ne peut en aucun cas être idéologique.

Dominique Wolton : Cela fait cent ans que l'on dit que la tradition est une idéologie. La modernité est devenue aussi une idéologie.

Pape François : La tradition, quand elle devient une idéologie, ce n'est plus la tradition. Elle n'est plus vivante.

Dominique Wolton : Dites-le ! La tradition, c'est moderne, finalement. Parce que ce n'est pas encore compris, ce n'est pas entendu. Dans les visions dichotomiques du monde, on dit que l'Église est la tradition et qu'elle ne comprend rien à la modernité. Ce n'est pas exact. Cela rendrait service à tout le monde de le comprendre. Même aux athées. L'Église pourrait faire un

« *La tradition est un mouvement* »

pas vers les athées. Pas pour les « faire venir à l'Église », mais pour dire : « Nous sommes vous et nous du côté de la transcendance. » Être athée, c'est donner une réponse athée à la question de la transcendance. En fait, le vrai changement pour l'Église serait qu'elle ne soit plus perçue comme une force de refus et de négation, mais comme une force de proposition. Même par les athées. Ce serait un progrès.

Pape François : Il y a aussi une différence entre modernité et mondanité. Il ne faut pas confondre non plus l'évolution de la tradition, la compréhension pastorale, avec la confusion sur la nature des choses. Que penser du mariage des personnes du même sexe ? Le « mariage » est un mot historique. Depuis toujours dans l'humanité, et non pas seulement dans l'Église, c'est un homme et une femme. On ne peut pas changer cela comme ça, *à la belle étoile**…

Dominique Wolton : (*rires*) « À la belle étoile »… Vous parlez français.

Pape François : On ne peut pas changer ça. C'est la nature des choses. Elles sont comme ça. Appelons donc cela les « unions civiles ». Ne plaisantons pas avec les vérités. Il est vrai que derrière cela, il y a l'idéologie du genre. Dans les livres

Politique et société

aussi, les enfants apprennent que l'on peut choisir son sexe. Parce que le genre, être une femme ou un homme, serait un choix et pas un fait de la nature ? Cela favorise cette erreur. Mais disons les choses comme elles sont : le mariage, c'est un homme avec une femme. Ça, c'est le terme précis. Appelons l'union du même sexe « union civile ».

Dominique Wolton : L'idéologie du genre, ce n'est pas le même problème. C'est une déviation sociologique. Cela consiste à dire que les sexes sont indifférenciés, et que c'est uniquement la société qui distribue le rôle masculin ou le rôle féminin. Terrible, ce déterminisme. Il n'y a ni nature, ni culture, ni destin, ni liberté, il ne reste que la détermination sociale. Et si vous êtes contre ces déterminismes, alors on vous dit réactionnaire. On vous dit que vous adoptez les positions de l'Église !
La dérive idéologique s'est faite en vingt ans.

Pape François : Ça, c'est une confusion critique, en ce moment. Je l'ai dit publiquement un jour sur la place Saint-Pierre en parlant du mariage. J'ai dit : « Il y a des idées nouvelles, et je me demande si ces idées nouvelles, comme l'idéologie du genre, ne reposent pas au fond sur la peur des différences. »

Dominique Wolton : Une négation des multiples formes de l'altérité ?

« La tradition est un mouvement »

Pape François : Je l'ai dit sous forme de question. Et j'encourage les chercheurs à se pencher sur le sujet.

Dominique Wolton : L'idéologie du genre, c'est le risque d'une négation de la différence. La différence n'est pas seulement sociale. C'est beaucoup plus compliqué.
C'est une forme de déterminisme à l'envers. En disant qu'il n'y a pas d'hommes, pas de femmes, que tout dépend de la société, en réalité on crée une forme de déterminisme social.

Pape François : Je ne voudrais pas que l'on confonde ma position sur l'attitude envers les personnes homosexuelles avec le sujet de la théorie du genre.

Dominique Wolton : Oui, bien sûr. La différence est essentielle ! Peut-être qu'« union civile » suffirait. Mais il y a actuellement une aspiration à la légitimité de la part de la communauté homosexuelle. Un besoin de dépasser des siècles de domination et d'exclusion. Les légitimer enfin, même si cela peut ressembler à une idéologie de l'égalité.

Pape François : Oui, c'est une idéologie.

Politique et société

Dominique Wolton : Mais on comprend d'où elle vient après tant de siècles de mépris, de culpabilité et de répression ! D'ailleurs, beaucoup d'homosexuels ne sont pas forcément favorables au « mariage ». Certains préfèrent l'union civile. Tout cela est compliqué. Au-delà de l'idéologie de l'égalité, il y a aussi, dans le mot « mariage », une recherche de reconnaissance.

Pape François : Mais ce n'est pas un mariage, c'est une union civile. « Il n'y a pas d'autre voie », faisons comme ça…

Dominique Wolton : Qu'est-ce qui vous fait peur dans la sécularisation, qui est entre la modernité et la tradition ?

Pape François : Cela finit par être une dictature, avec des critères mondains, car c'est là que la mondanité entre en jeu. La sécularisation est aussi liée à l'argent. Les bonnes choses, pour le siècle, sont celles qui valent de l'argent. C'est cela qui fonde cette attitude de mondanité et qui affaiblit la personne.

Dominique Wolton : Parce que cela coupe toutes les racines ?

« La tradition est un mouvement »

Pape François : C'est un problème. Vous parlez des racines, c'est vrai. Mais il y a aussi les modes de vie, qui sont totalement relatifs, relatifs aux circonstances. On se laisse porter au fil de l'eau… Mais la sécularisation porte aussi en elle une négation de la transcendance. Rien à voir avec la saine laïcité. Le monde séculier a sa propre autonomie, celle des gouvernements, des sociétés, des lois. La sécularisation nous dit d'aller de l'avant pour…

Dominique Wolton : Pourrait-on dire que la sécularisation est la laïcité devenue idéologie ?

Pape François : Je reviens sur la saine laïcité dont j'ai déjà parlé et qui consiste à dire que les choses créées ont leur propre autonomie. Par exemple, l'État doit être laïc. Laïc. Nous avons déjà parlé de ça, de l'héritage français des Lumières. Un pays laïc, c'est là où il y a de la place pour tout le monde. C'est la transcendance pour tous. Chacun peut exercer un métier, une profession et être en même temps ouvert à la transcendance : l'un n'exclut pas l'autre. Ça, c'est un État laïc qui respecte toutes les valeurs humaines. La sécularisation est un mouvement… je ne voudrais pas utiliser ce mot, je ne l'utilise pas en général, mais comprenez que j'essaye d'expliquer : elle est comme une « maladie » qui fermerait portes

Politique et société

et fenêtres à chaque type de transcendance. Tout se ferait alors dedans. Une mauvaise laïcité, un laïcisme exagéré. La sécularisation cherche seulement des valeurs fermées à l'intérieur d'elle-même. Et elle exclut la transcendance.

Dominique Wolton : C'est probablement la raison pour laquelle vous dites que, dans la laïcité, il faut que les religions soient dans l'espace public. Mais en France, la conception de la laïcité préconise que les religions restent dans l'espace privé.

Pape François : Ça, c'est du laïcisme. Un héritage des Lumières. Quant à la politique, les chrétiens doivent s'engager. Mais ne pas créer un « parti chrétien », on peut faire un parti avec des valeurs chrétiennes sans qu'il soit chrétien.

Dominique Wolton : Finalement, vous qui venez du Nouveau Monde, trouvez-vous que cela vous aide à mieux comprendre les problèmes du monde, ou pas davantage ?

Pape François : Cela m'aide, car je vois des choses que je n'avais pas vues là-bas. Et cela me fait réfléchir. Comprendre, chercher des routes pour résoudre les questions... Dans ce sens, cela m'aide. Mais cela est d'ailleurs un grand principe : les différences aident toujours à grandir.

« *La tradition est un mouvement* »

Et avec ceci, nous revenons au sujet de tout à l'heure : avoir peur des différences nous diminue.

Dominique Wolton : Je suis d'accord. Les différences sont un facteur d'enrichissement, bien sûr. C'est pour cela que valoriser la diversité culturelle est un apprentissage de l'altérité et constitue un progrès. Si l'humanité ne respecte pas la diversité culturelle, c'est la mort. L'Église pourrait très bien le dire avec plus de force, car c'est son témoignage. Mais on n'accepte pas toujours la différence, par peur du communautarisme. Il peut y avoir respect de la diversité culturelle et respect de l'universalisme. C'est le message universaliste de l'Église. C'est le lien et le bien commun qui existent entre l'Église et l'ONU.

Pape François : Certains pays ont été capables d'intégrer les immigrés dans leur vie. Mais d'autres, pendant deux ou trois générations, les ont « objetisés » dans les ghettos. Sans intégration.

Dominique Wolton : Je reviens sur un de vos slogans : « Les trois T : terre, toit, travail ». Pourquoi ne faites-vous pas une encyclique sur les trois T ?

Pape François : Une « mini encyclique » a été faite lors de la deuxième rencontre des mouvements populaires, où j'ai fait une longue intervention. La première rencontre a été faite ici, la deuxième en Bolivie. La troisième aura lieu en novembre, ici au Vatican. Parce que les pauvres, les ouvriers, doivent toujours être défendus. Je parle sur la base de mon expérience en Argentine avec les syndicats. Avec le temps, la taille des syndicats augmente, et à cause de la corruption et de beaucoup d'autres choses, on oublie les pauvres. Et les pauvres commencent à s'associer entre eux sur d'autres bases. Ce sont les mouvements populaires. Ils sont très importants en Asie, aux Philippines, en Inde, en Thaïlande. Très, très importants. Et en Amérique latine, ils commencent à se développer. En Amérique centrale, ils s'organisent bien. En Argentine, lorsque j'étais évêque, j'ai commencé à travailler avec eux, quand je les ai connus. Puis cette première rencontre a été organisée, puis la deuxième, et maintenant la troisième. Mais mon intervention pendant la deuxième rencontre est devenue une mini encyclique sur les trois T.

Dominique Wolton : Oui, mais cela n'est pas connu du tout. On ne sait pas ce que vous avez fait pour soutenir les mouvements populaires ni les trois rencontres auxquelles vous faites allusion. C'est tout votre engagement en faveur des *cartoneros*, c'est-à-dire les pauvres des pauvres.

« La tradition est un mouvement »

Pape François : Pour la Saint-Gaétan, il y a en Argentine une grande manifestation de dévotion réunissant la population, des gens pauvres qui cherchent du travail, ceux qui demandent du travail ou bien ceux qui remercient d'avoir un travail. Après la cérémonie religieuse, il y a toujours une marche des mouvements populaires jusqu'au centre-ville, qui n'a rien à voir avec l'Église, pour revendiquer des choses plus justes. Les trois T.... Des trois T, le travail est le plus important parce que c'est ce qui donne la dignité.

Dominique Wolton : Là, vous avez un propos « révolutionnaire » justement par rapport à « l'économie liquide du capitalisme ». D'ailleurs, il y a une très grande tradition dans l'Église depuis Léon XIII et son encyclique *Rerum novarum*[1] pour dénoncer les dégâts du capitalisme, grande tradition qui hélas n'est pas reconnue.

Pape François : Mon encyclique *Laudato si'* n'est pas une encyclique verte. C'est une encyclique sociale.

---

1. *Rerum novarum* (*Les Choses nouvelles*), encyclique publiée le 15 mai 1891 par le pape Léon XIII (1810-1903) et posant les bases de la doctrine sociale de l'Église catholique.

Politique et société

Dominique Wolton : Oui. Il y a eu un contresens. On vous a mis l'étiquette « écologie ».

Pape François : L'écologie, mais derrière il y a les problèmes sociaux.

Dominique Wolton : Toute l'histoire de l'Église a été de valoriser le travail, mais cela a été oublié. Il y a au moins quatre, cinq sujets où l'expérience de l'Église est forte, dont tout ce qui concerne justement le travail. On peut être d'accord ou ne pas être d'accord, mais elle existe et cela n'est pas reconnu.

Pape François : Je dis beaucoup de choses lors des homélies le matin à Sainte-Marthe. Vous pouvez les trouver sur le site. Il y a huit volumes d'homélies du matin.

Dominique Wolton : Huit, déjà ? D'accord.

Pape François : Elles sont courtes. Huit minutes. Là, il y a tous ces sujets. Je les prépare, j'y pense le jour d'avant, mais sans les écrire.

Dominique Wolton : Vous savez que l'on retrouve le malentendu de la communication ? Parce que c'est le plus souvent un malentendu, la communication. Ce n'est pas seulement le

« *La tradition est un mouvement* »

message, l'essentiel est la question du récepteur, et des allers-retours. Et si les gens n'entendent pas ? Le pire ennemi de l'homme est l'homme qui ne veut pas entendre. Le philosophe Raymond Aron disait une phrase que j'aime beaucoup : « Le principal frein à la liberté de la presse, c'est le lecteur. » Parce que le lecteur ne veut trouver dans les journaux, la radio, la télévision, ou sur internet que ce qui confirme ses idées, ses choix idéologiques. Pas de communication sans valorisation du récepteur et, en même temps, le récepteur résiste à tout ce qui ne correspond pas à ses propres choix idéologiques et culturels...

Pape François : Cela m'arrive à moi aussi. Je lis le journal et je cherche ce qui m'intéresse.

Dominique Wolton : Cela veut dire que nous sommes notre propre obstacle à l'ouverture... Cela me fait penser à un autre problème, dont on a un peu parlé : les liens entre tradition et conservatisme. On fait souvent le procès à l'Église d'être traditionnelle. Est-ce pour autant du conservatisme ? Que dire, pour rappeler que la question de la tradition n'est pas la même que celle du conservatisme ?

Pape François : Simplement que la tradition est portée en avant par l'Esprit saint. Les

Politique et société

idéologies la portent, mais sans l'Esprit saint. Les idéologies sont sur une position politique. Dans l'Église, ce qui porte en avant la vie de l'Église, c'est l'Esprit saint. Cela ne veut pas dire que je tombe dans le joachimisme[1]... Tenez, il y a une très belle étude du père Henri de Lubac sur le joachimisme, *La Postérité spirituelle de Joachim de Flore*[2]. On y trouve beaucoup de choses, même votre George Sand !

Dominique Wolton : À propos, avez-vous gagné la bataille contre les « quinze maladies curiales[3] » ? Elles ne sont pas seulement des mala-

---

1. Joachim de Flore (env. 1132-env. 1202), moine franciscain calabrais, théologien catholique, divisa l'histoire de l'humanité en trois âges (du Père, du Fils, du Saint-Esprit), dont le dernier advint selon lui dès le Moyen Âge. Cette théorie entraîna un regain de millénarisme et exerça plus tard une forte influence sur les théories utopistes et sur certains mouvements révolutionnaires.
2. Éditions du Cerf, 2014.
3. Référence au discours prononcé lors de la présentation des vœux de Noël de la Curie romaine, salle Clémentine, le 22 décembre 2014, dit « Discours des quinze maladies curiales ». Lors de la présentation des vœux de Noël de la Curie romaine, le 22 décembre 2016, « quelques critères pour la conduite de la réforme » sont énoncés : « Individualité, sens pastoral, sens missionnaire, rationalité, fonctionnalité, modernité, sobriété, subsidiarité, synodalité, catholicité, professionnalité, gradualité. »

« *La tradition est un mouvement* »

dies curiales, mais finalement des maladies universelles (*rires*).

Pape François : Oui, oui. Je suis en train de préparer le discours aux cardinaux pour Noël. Et ça sera sur la réforme. Oui, elle a pas mal avancé, pas seulement la réforme organique de l'organigramme, mais la réforme des attitudes.

Dominique Wolton : Si vous réussissez, c'est que l'Esprit saint aura agi...

Pape François : Oui, bien sûr...

Dominique Wolton : À votre avis, est-ce que les rapports entre l'Église et le pouvoir politique ont changé depuis Vatican II ?

Pape François : Oui.

Dominique Wolton : Dans quel sens ?

Pape François : Autonomie et collaboration pour le bien du peuple. Collaboration quand c'est nécessaire.

Dominique Wolton : Partout dans le monde ?

Pape François : Non, non, ce serait trop beau.

Politique et société

Dominique Wolton : Comment pourriez-vous populariser les quatre critères que vous avez émis dans *Amoris laetitia*, c'est-à-dire accueillir, accompagner, discerner, intégrer ?

Pape François : Les prêtres, les évêques travaillent bien sûr sur ces thèmes et sur la façon de les rendre concrets. Moi, je définis la ligne et chacun, dans chaque situation, doit prendre ces quatre critères en compte et aller de l'avant. Ce sont des critères pour la vie réelle. Si je choisissais une autre voie et me mettais à dire « pour accueillir les gens il faut faire ceci, cela, pour intégrer il faut faire ça et ça… », je tomberais dans les travers de la casuistique.

Quand un jeune, dans la pastorale de Buenos Aires, venait parler de ses problèmes, je lui demandais : « Tu fais ça ? Et tu as pensé à une autre option pour ta vie ? Parce qu'il ne suffit pas d'agir comme cela et ensuite de courir chez le teinturier pour faire enlever la tache. Réfléchis. Réfléchis à d'autres voies. » On ne peut pas enlever un péché comme ça. Un péché, cela s'efface lentement, très lentement… en allant vers le bien. C'est Dieu qui t'attire pour t'éloigner du péché. Mais s'il n'y a pas Dieu, on ne peut pas l'effacer.

« *La tradition est un mouvement* »

Dominique Wolton : Cela me fait penser à une contradiction ; le catholicisme est une religion de l'amour et pourtant il est plein d'interdictions, plein de « fouets suspendus dans la sacristie ». On n'a pas le droit de faire ceci, cela...

Pape François : Ça, je crois que c'est un peu de la morale casuistique.

Dominique Wolton : De la morale casuistique ? Quand il y a, d'une part, une religion de l'amour et d'autre part, une suite d'interdictions ? Alors que la force du discours catholique est l'amour, la liberté...

Dernière question à propos de l'articulation entre tradition et modernité. Ce qu'on appelle les jeunes Églises, dans le monde catholique – l'Afrique, l'Asie, l'Amérique latine –, que peuvent-elles apporter de plus ?

Pape François : Tant de choses, tant. La vitalité. La conscience aussi contre l'absolutisme rigide. Elles nous apportent la conscience de l'inculturation. Une foi qui ne devient pas culture n'est pas une vraie foi. Et une culture qui n'est pas capable d'exprimer, dans sa propre culture, la foi n'est pas une culture ouverte. Le voilà le rapport entre foi et culture. L'inculturation de la foi et l'évangélisation de la culture, c'est essentiel. Il y a aujourd'hui

Politique et société

une grande ouverture... Ce que n'ont pas eu Ricci et Nobili à l'époque. Les portes leur ont été fermées, et aujourd'hui, depuis le Concile, elles ont été ouvertes. *L'inculturation est plus que jamais d'actualité.* Si vous allez en Afrique, une messe dure trois, quatre heures. Pourquoi ? Parce qu'ils ne peuvent concevoir une messe sans la danse. Et cela, n'est-ce pas sacré ? Si, c'est sacré. Parce que la danse est sacrée. Et ils ont une grande piété. Parce que la foi est inculturée. En revanche, l'idéologie traditionaliste a une foi comme ça (*il fait le geste des œillères*) : la bénédiction doit se donner comme ça, les doigts pendant la messe doivent être comme ça, avec les gants, comme c'était le cas avant... Ce qu'a fait Vatican II de la liturgie a été vraiment une très grande chose. Parce que cela a ouvert le culte de Dieu au peuple. Maintenant, le peuple participe.

Dominique Wolton : Jean-Marie Lustiger a dit que Vatican II avait été la révolution pour la liturgie. Mais dans l'opinion publique laïque, ou athée, on ne voit pas cela. On ne voit pas que la liturgie, après Vatican II, a été une ouverture de participation.

Pape François : Mais peut-être en France ? Si vous allez à une liturgie de Philippe Barbarin, vous retrouverez ça. Pourquoi ? Parce qu'il a vécu

« *La tradition est un mouvement* »

comme missionnaire, et il propose une expérience nouvelle de l'Église. D'autres évêques ont moins bien compris Vatican II.

Dominique Wolton : Je connais un peu l'évêque d'Oran en Algérie. C'est lui qui a remplacé Mgr Claverie, l'évêque dominicain assassiné en 1996. Il est justement à l'articulation entre plusieurs cultures. Il m'a dit qu'il était dans le synode sur la famille. Il est chaleureux et ouvert.

Pape François : Ouvert.

Dominique Wolton : Et il est en train de reconstruire la grande croix Santa Cruz, à Oran. Un symbole pour tout le monde ! Un peu comme le Christ de Rio de Janeiro.
J'ai bientôt fini, pour aujourd'hui. C'est fini, la torture ! (*rires*)

Pape François : Mais la torture, c'est un péché.

Dominique Wolton : Vous allez vous rendre en Géorgie et en Azerbaïdjan. Vous avez été dans les pays pauvres d'Afrique, dans les pays pauvres d'Amérique latine. C'est rare pour un pape. Vous choisissez toujours les nouvelles ou les petites Églises. La Géorgie est minuscule, avec beaucoup de conflits ! Pourquoi ces petits pays,

Politique et société

oubliés par tout le monde, sauf par vous ? Sont-ils les *cartoneros* de la mondialisation ?

Pape François : Quand je revenais d'Albanie en 2014, dans l'avion, les journalistes m'ont dit : « Mais le premier pays d'Europe que vous avez visité est un pays qui ne fait pas partie de l'Union européenne. Pourquoi ? » – c'est la même question. Parce que c'est un signal. Le premier pays de l'Union européenne que j'ai visité a été la Grèce. Lesbos. Parce que Strasbourg, ce n'était pas la France, j'y suis allé pour l'Union européenne, pas pour la France. Le deuxième a été la Pologne. Les premiers ont été l'Albanie, la Bosnie-Herzégovine... maintenant je pense à la Macédoine, aux Balkans.

Dominique Wolton : Les Balkans...

Pape François : Oui, ce sont des signaux. Je vais en Afrique, je voudrais aller aux deux Congo.

Dominique Wolton : Quand ?

Pape François : Je ne sais pas. Et fin 2016 en Suède, pour la commémoration luthéro-catholique.

Dominique Wolton : Oui, pour l'œcuménisme.

« *La tradition est un mouvement* »

Pape François : Et puis la Géorgie et l'Azerbaïdjan.

Dominique Wolton : Il y a également eu votre voyage à Lampedusa.

Pape François : Oui, ça m'est venu comme ça. Il fallait que j'aille à Lampedusa.

Dominique Wolton : Oui, c'est comme Lesbos.

Pape François : Oui, la même chose. « Je dois aller à Lesbos. » J'en ai parlé avec Bartholomée Ier. Il fallait qu'il y ait aussi un médecin, j'en ai parlé avec l'ambassadeur de Grèce. Et puis j'ai emmené trois familles musulmanes dans l'avion. Dans un premier temps, j'avais reçu deux familles, dans les deux paroisses du Vatican, puis neuf de plus sont arrivées. Un de ces jours, on va faire un déjeuner ici avec ces familles qui sont venues avec moi. La majorité est musulmane et les autres sont chrétiens.

Dominique Wolton : Les chrétiens d'Orient n'ont-ils pas été froissés ?

Pape François : Non, non. Non, parce qu'eux aussi viennent ici. Le choix a été fait par tirage au sort. Les familles qui avaient leurs papiers prêts, une cinquantaine, une soixantaine, avec un notaire. Nous avons fait un tirage au sort, la nuit précédente. C'était bien... Le Premier ministre Tsipras m'a beaucoup aidé.

Dominique Wolton : Oui, Tsipras est courageux. Mais sa marge de manœuvre est limitée.

Pape François : Il est bien. Il m'a beaucoup aidé. Ce qui était prévu, c'était qu'à la fin de la visite, après un entretien privé avec lui, nous devions aller à l'aéroport pour saluer ces réfugiés. Mais ils se sont trompés, et ils les ont fait monter avant nous dans l'avion, ces treize personnes, ces familles. Quand Tsipras est arrivé, il a demandé où étaient ces gens, pour les saluer. Ils étaient déjà dans l'avion ! On est allé les voir pour leur demander de redescendre, mais ils ne voulaient pas (*rires*). Ils avaient peur. Et donc Tsipras a salué le pape... Et les gens sont descendus de l'avion.

Dominique Wolton : Vous allez organiser une Journée mondiale des pauvres ?

Pape François : Oui, je vous explique comment l'idée est née. Il y a eu ces journées de rencontre avec les pauvres en novembre 2016. Après l'une d'elles, puis la messe avec les sans-abris, avec

« *La tradition est un mouvement* »

les pauvres, quand j'allais sortir de la sacristie, le jeune homme qui avait organisé la journée avec Mgr Barbarin m'a dit : « Saint-Père, pourquoi on ne ferait pas d'aujourd'hui la journée des pauvres ? » Cela m'est resté en tête. Mon cœur a été touché, je l'ai senti. Et j'ai pensé à une phrase qui était un petit peu comme « lancer un petit caillou et voir ce qu'il se passe ». J'ai dit : « J'aimerais qu'aujourd'hui ce soit la journée des pauvres. » J'ai lancé ça en l'air. Quand je suis retournée à la sacristie, il y avait Barbarin et les autres, qui disaient « merci, la journée des pauvres, la journée des pauvres ! ». Le peuple l'a adoptée.

Dominique Wolton : Donc vous allez pouvoir le faire ?

Pape François : On verra, on verra. Mais que ça ne soit pas juste une journée par an. Que cette journée inspire la place que les pauvres ont au sein de l'Église.

Dominique Wolton : Qu'est-ce qui est le plus difficile, à hauteur d'homme ? Le dialogue œcuménique ou le dialogue interreligieux ?

Pape François : D'après mon expérience, je dirais que l'interreligieux a été plus facile que l'œcuménique. J'ai fait beaucoup de dialogues

Politique et société

œcuméniques, j'aime beaucoup cela. Mais si on compare, l'interreligieux a été plus facile pour moi. Parce que l'on parle davantage de l'homme...

Dominique Wolton : Les différences rapprochent ?

Pape François : Oui. C'est de la dialectique.

Dominique Wolton : Quand on est proche, tout est difficile. Quand on est éloigné, c'est plus facile. C'est étrange. Y a-t-il quelque chose que vous voudriez rajouter ?

Pape François : Non, j'ai trop parlé !

Dominique Wolton : Quel était votre objectif dans le consistoire du 19 novembre 2016, en nommant dix-sept nouveaux cardinaux venant du monde entier ? Que vouliez-vous faire ?

Pape François : Souligner l'universalité de l'Église. Et j'ai aussi choisi comme premier cardinal – le premier est toujours le plus important – un nonce. On ne nomme presque jamais un nonce cardinal. Cela a été fait il y a quatre cents ans, et c'était celui de la Syrie. Cette nomination est un message pour ce peuple martyr.

« La tradition est un mouvement »

**Discours du pape François
lors de la présentation des vœux de Noël
de la Curie romaine, salle Clémentine,
Vatican, 22 décembre 2014**

Chers frères,
[...] je voudrais que les réflexions que je vais partager avec vous deviennent [...] un stimulant pour un véritable examen de conscience afin de préparer notre cœur à la fête de Noël.

La Curie romaine est un corps complexe. Cependant, comme tout corps, elle est exposée aussi aux maladies, aux dysfonctionnements, à l'infirmité. Et je voudrais ici mentionner certaines [...] maladies curiales.

1. La maladie de se sentir [...] indispensable. Une Curie qui ne *s'autocritique* pas [...], qui ne cherche pas à s'améliorer est un corps infirme. Une visite au cimetière pourrait nous permettre de voir les noms de nombreuses personnes, dont certaines pensaient être immortelles, indispensables ! [...]

2. La maladie du « marthalisme » (qui vient de Marthe), d'une activité excessive ; ou de ceux qui se noient dans le travail [...]. Négliger le repos nécessaire conduit au stress et à l'agitation. Le temps du repos [...] est nécessaire, juste et doit être vécu sérieusement. [...]

Politique et société

3. La maladie de « la pétrification » mentale et spirituelle : de ceux qui ont un cœur de pierre […] ; de ceux qui, chemin faisant, perdent la sérénité intérieure, la vitalité et l'audace, et qui se cachent sous les papiers devenant « des machines à dossiers » et non plus des « *hommes de Dieu* » […].

4. La maladie de la planification excessive et du fonctionnarisme. Quand l'apôtre planifie tout minutieusement […], se transformant ainsi en expert-comptable ou en fiscaliste. Il est nécessaire de tout bien préparer, mais sans jamais tomber dans la tentation de vouloir enfermer et piloter la liberté de l'Esprit saint […].

5. La maladie de la mauvaise coordination. Quand les membres perdent la communion entre eux […] devenant un orchestre qui produit du vacarme parce que ses membres ne collaborent pas et ne vivent pas l'esprit de communion et d'équipe. […]

6. La maladie d'« Alzheimer spirituel » : ou l'oubli […] de l'histoire personnelle avec le Seigneur, du « premier amour » (Apocalypse 2, 4). Il s'agit du déclin progressif des facultés spirituelles qui […] produit de graves *handicaps* chez la personne […]. Nous le voyons […] chez ceux qui dépendent complètement de leur présent, de leurs passions, caprices et manies […].

7. La maladie de la rivalité et de la vanité. Quand l'apparence, les couleurs des vêtements

« La tradition est un mouvement »

et les insignes de distinctions honorifiques deviennent l'objectif premier de la vie [...].

8. La maladie de la schizophrénie existentielle. C'est la maladie de ceux qui mènent une double vie [...]. Elle frappe souvent ceux qui, abandonnant le service pastoral, se limitent aux tâches bureaucratiques, en perdant ainsi le contact avec la réalité, avec les personnes concrètes.

9. La maladie du bavardage, du murmure et du commérage. [...] C'est une maladie grave, qui [...] s'empare de la personne en la transformant en « *semeur de zizanie* », et dans beaucoup de cas en « homicide de sang-froid » de la réputation des collègues et des confrères. [...]

10. La maladie de diviniser les chefs : c'est la maladie de ceux qui courtisent les supérieurs [...]. Ils sont victimes du carriérisme et de l'opportunisme [...]. Cette maladie affecte aussi les supérieurs quand ils courtisent certains de leurs collaborateurs pour obtenir leur soumission, leur loyauté et leur dépendance psychologique [...].

11. La maladie de l'indifférence envers les autres. Quand chacun pense seulement à soi-même et perd la sincérité et la chaleur des relations humaines. [...] Quand, par jalousie ou par ruse, on éprouve de la joie en voyant l'autre tomber au lieu de le relever et de l'encourager.

12. La maladie du visage funèbre. C'est-à-dire des personnes grincheuses et revêches, qui

Politique et société

considèrent que pour être sérieuses il faut arborer un visage de mélancolie, de sévérité et traiter les autres – surtout ceux qui sont censés être inférieurs – avec rigidité, dureté et arrogance. […]

13. La maladie de l'accumulation : quand l'apôtre cherche à combler un vide existentiel dans son cœur, en accumulant des biens matériels, non par nécessité, mais seulement pour se sentir en sécurité.

14. La maladie des cercles fermés, où l'appartenance au groupe devient plus forte que celle au Corps et, dans certaines situations, au Christ lui-même. […]

15. La maladie du profit mondain, des exhibitionnismes, quand l'apôtre transforme son service en pouvoir, et son pouvoir en marchandise pour obtenir des profits mondains ou plus de pouvoirs. […]

Ces maladies et ces tentations sont un danger pour tout chrétien et pour toute communauté, paroisse […]. Il faut qu'il soit clair que c'est seulement l'Esprit saint qui guérit, […] qui soutient tout effort sincère de purification et toute bonne volonté de conversion. […] La guérison est aussi le fruit de la conscience de la maladie et de la décision personnelle et communautaire de se soigner, en supportant le traitement avec patience et avec persévérance.

Tous mes vœux de sainte fête de Noël à vous tous […].

« *La tradition est un mouvement* »

**Discours du pape François
lors de la présentation des vœux de Noël
de la Curie romaine, salle Clémentine,
Vatican, 22 décembre 2016**

Chers frères et sœurs,
Noël est la fête de l'*humilité aimante de Dieu* […]. La logique de Noël est le renversement de la logique mondaine, de la logique du pouvoir, de la logique du commandement […]. C'est à cette lumière […] que j'ai choisi comme sujet de notre rencontre annuelle la *réforme de la Curie romaine*.

[…] La réforme est d'abord un signe de la vivacité de l'Église en pèlerinage […] devant être réformée parce que vivante. […] La réforme sera efficace seulement et uniquement si elle est mise en œuvre par des hommes « *rénovés* » et pas seulement par des hommes « *nouveaux* ».

Dans ce parcours, il est normal, et même salutaire, de rencontrer des difficultés qui […] pourraient se présenter sous diverses typologies de résistances : les *résistances ouvertes* […] ; les *résistances cachées*, les *résistances malveillantes* […]. Ce dernier type de résistances […] est souvent accusatoire, en se réfugiant dans les traditions, dans les apparences, dans la formalité […].

L'absence de réaction est un signe de mort ! Par conséquent, les résistances […] sont nécessaires et méritent d'être écoutées, accueillies et encouragées à s'exprimer, parce que c'est un signe que le corps est vivant.

QUELQUES CRITÈRES POUR LA CONDUITE DE LA RÉFORME

Il y en a principalement douze :

1. **INDIVIDUALITÉ (CONVERSION PERSONNELLE).** Je répète de nouveau l'importance de la conversion individuelle sans laquelle tous les changements dans les structures seront inutiles. L'âme véritable de la réforme, ce sont les hommes qui en font partie et la rendent possible...

2. **SENS PASTORAL (CONVERSION PASTORALE)** […]. Que nous puissions ressentir, cultiver et pratiquer un sens pastoral fort, avant tout envers les personnes que nous rencontrons tous les jours. Que […] chacun puisse faire l'expérience, avant tout ici, du soin prévenant du bon pasteur. Derrière les papiers, il y a des personnes. […]

3. **SENS MISSIONNAIRE (CHRISTOCENTRISME).** C'est la fin principale de tout service ecclésiastique, celle qui consiste à porter la joyeuse annonce aux extrémités de la Terre […]. Sans une vie nouvelle et un authentique esprit évangélique […] toute nouvelle structure se corrompt en peu de temps.

4. **RATIONALITÉ.** […] une rationalisation des organismes de la Curie romaine est nécessaire

« La tradition est un mouvement »

pour mettre en évidence le fait que chaque dicastère a des compétences propres. Ces compétences doivent être respectées mais aussi réparties avec rationalité, avec efficacité et efficience. […]

5. Fonctionnalité. Le regroupement éventuel de deux – ou plus – dicastères, compétents sur des matières proches ou en relations étroites, en un unique dicastère sert d'un côté à donner au dicastère en question une importance plus grande ; d'un autre côté, la contiguïté et l'interaction des réalités particulières dans un unique dicastère aident à avoir une plus grande fonctionnalité. […]

6. Modernité (mise à jour). C'est-à-dire la capacité de lire et d'écouter les « signes des temps », comme demandé par le concile Vatican II : « Que les dicastères de la Curie romaine soient soumis à une nouvelle organisation plus en rapport avec les besoins des temps, des pays, notamment en ce qui concerne leur nombre, leur nom, leur compétence […] et la coordination de leurs travaux. »

7. Sobriété. Dans cette perspective, une simplification et un allégement de la Curie sont nécessaires : regroupement ou fusion de dicastères ; éventuelles suppressions de bureaux qui ne correspondent plus aux nécessités, réduction, des commissions, académies, comités, etc.

8. Subsidiarité. Réorganisation des compétences spécifiques des différents dicastères, si

nécessaire en les transférant d'un dicastère à un autre, afin d'atteindre [...] la subsidiarité dans les compétences, ainsi que l'interrelation dans le service.

9. SYNODALITÉ. Le travail de la Curie doit être synodal : [...] la synodalité doit être vécue aussi à l'intérieur de chaque dicastère [...].

10. CATHOLICITÉ. [...] La Curie doit refléter la catholicité de l'Église par l'embauche de personnel venant du monde entier [...]. De plus, la valorisation du rôle de la femme et des laïcs dans la vie de l'Église est de grande importance, ainsi que leur intégration dans les rôles de conduite des dicastères, avec une attention particulière à la *multiculturalité*.

11. PROFESSIONNALITÉ. Il est indispensable que chaque dicastère adopte une politique de formation permanente, pour éviter [...] de tomber dans la *routine* du fonctionnalisme. D'autre part, il est indispensable d'abandonner *définitivement* la pratique du *promoveatur ut amoveatur*. Cela est un cancer.

12. GRADUALITÉ (DISCERNEMENT). La gradualité est le fruit du discernement indispensable qui implique processus historique, contrôle, corrections, expérimentations, approbations *ad experimentum*. Donc, dans ces cas, il ne s'agit pas d'indécision mais de la flexibilité nécessaire pour pouvoir atteindre une véritable réforme.

8

Un destin

Août 2016. Se retrouver dans la journée à deux reprises... temps suspendu. Tout est donc possible et pourtant la distance est toujours là. Comment le pape fait il pour ne pas être écrasé par ses charges, ses nombreuses activités, sans parler des incessants rapports de force internes, liés à la réalité d'une institution tellement humaine et éternelle ? J'essaie de parler, pour une fois, directement de lui-même. Mais la pudeur et le respect de la vie privée sont tellement indispensables à préserver dans une époque ivre d'expression et de voyeurisme. Qu'est-ce qu'un destin si proche de l'Europe et simultanément inscrit dans l'histoire de l'Argentine, un des plus magiques symboles de ce « Nouveau Monde », finalement si différent ? Ici, aucune mise en scène, le simple commentaire de quelques événements et de quelques liens. Comment cohabitent la banalité d'une histoire ordinaire, quoique profondément marquée par l'immigration, et la rencontre de Dieu ? Qu'est-ce qui peut en être dit dans un dialogue nécessairement limité par le temps avec un intellectuel français ? Le silence, si souvent évoqué dans nos échanges, ne suffit-il pas ? Depuis toujours, le pape est marqué, je dirais presque « embarqué » par la grande politique, comme il dit, la politique avec un grand P, celle qui est à la hauteur de l'Évangile et de l'Histoire. Avec son lot d'indignation. Et en même temps tout ceci ne peut se comprendre qu'à l'aune de la foi, qui relève d'une autre logique de dialogue que celle existant entre nous. Sans oublier la diversité des contextes dans lesquels seront reçus nos échanges, par les multiples lecteurs de différents continents...

Octobre et décembre 2016. En octobre, Rome a retrouvé la douceur et tout est plus calme. En décembre, le climat me rappelle l'atmosphère du premier voyage en février 2016. Les Romains sont là, tranquilles, dans leur ville. Tout est plus doux qu'à Paris. La boucle se boucle, celle de cette expérience et de cette rencontre avec le Saint-Père dont on devine en permanence la charité, l'ouverture d'esprit, mais aussi une immense volonté, et une non moins réelle indignation face au monde. Oui, il est heureux, mais dupe de rien, et enveloppé par cette foi qui ne relève pratiquement pas – et je n'en suis pas capable – de notre dialogue. Deux nouvelles rencontres pour achever ce dialogue, répondre à certains points, non pas conclure, mais trouver les points de suspension. On se retrouvera en janvier et février 2017 pour s'entretenir du manuscrit.

Un destin

Le Vatican est toujours là, immense, et tout petit, face au temps et à l'Histoire, calme et presque silencieux par rapport à la place Saint-Pierre toujours aussi proche et bruyante. Et toujours ces hommes qui marchent dans ce petit espace, silencieusement, pas si nombreux. Ils traversent les cours, entrent et sortent des bâtiments, ne se parlant pratiquement pas... Et moi qui ne comprends pas encore très bien comment se sont réalisées les conditions de cette rencontre, si authentique, juste, honnête, naturelle, respectueuse. Un dialogue si humain, suspendu aux mois d'une année. La fragilité et la grandeur finalement de l'Homme, n'est-ce pas ce qui est aussi au cœur de l'Église ? Et finalement de la plupart des religions ? Et de tous les universalismes laïcs ?

Janvier et février 2017. L'hiver est revenu. Il fait presque froid. Vent et humidité sur Rome. La végétation et les pierres ont noué un autre dialogue, aux lumières plus subtiles. Moins de monde devant Saint-Pierre. La pluie sur le parvis change l'atmosphère, comme les pèlerins et les visiteurs avec leurs vêtements imperméables. Je suis impatient de retrouver le pape pour recueillir ses observations sur le manuscrit. Il me sait gré d'avoir fait cet autre déplacement pour se parler encore. Il est arrivé avec le texte sous le bras, comme un collègue, un universitaire. Nous nous asseyons autour de cette table basse si peu pratique, et passons un très long moment

Politique et société

à tourner toutes les pages pour faire le point sur nos propos. Nous nous accordons sur la quasi-totalité des remarques qu'il évoque. Aucune censure de sa part, simplement la recherche d'être au plus près de ce qu'il a voulu dire lors de nos échanges. Beaucoup de rires autour de certains propos. On supprime quelques passages dans lesquels des personnes pourraient se reconnaître. Il est content et serein. Et moi également ! Tout de la première rencontre à celle d'aujourd'hui s'est passé dans une entente, une sympathie, une grâce exceptionnelle. Les mots me manquent et je n'ai pas envie d'aller les chercher plus avant. Le travail, tout de même assez considérable sur plus de deux ans, aura été juste, honnête, humain, libre. Une rencontre vraiment exceptionnelle. Nous parlons publications en plusieurs langues, titre, calendrier. Il me dit : « Vous êtes le seul auteur parce que vous avez tout fait »… Humour, toujours l'humour. Il me complimente pour être parvenu à comprendre sa pensée, à saisir sa personnalité, à réussir nos échanges. Il est heureux, et moi très ému à la fois de cette rencontre, de l'atmosphère qui a régné et du résultat. Un livre simple, accessible, où le pape parle librement de son rapport à l'Histoire, à la politique, à la société, aux hommes. Déjà la nostalgie me saisit en marchant sur la place Saint-Pierre. Il fait nuit, quelques rares personnes pour une fois. Ce presque silence renvoie au mien. Le temps continue.

* * *

Un destin

Dominique Wolton : Quel est l'événement personnel ou collectif qui vous a le plus marqué dans votre vie ?

Pape François : Un fait personnel, c'est une chose ; un fait collectif, c'en est une autre.

Dominique Wolton : Oui. Pour vous personnellement, et dans le monde.

Pape François : Il y a quelque chose qui, même lorsque j'étais enfant, m'a toujours fait souffrir. C'est la haine, la guerre. Et la haine d'autrui. Quand j'ai eu conscience de cette haine des uns envers les autres, cela m'a causé de la souffrance. Sur le plan mondial, c'est la haine et la guerre. Mais la joie que j'ai ressentie le jour où la Seconde Guerre mondiale fut finie… je vous l'ai racontée ?

Dominique Wolton : Oui.

Pape François : Vous savez, quand ma mère et la voisine avaient l'habitude de se parler par-dessus le mur en montant sur une chaise… Ce jour-là, je m'en souviens comme si c'était hier, cette dame a appelé ma mère alors que j'étais dans la cour : « La guerre est finie, la guerre est finie ! » Et moi j'ai ressenti une joie, mais une joie… Je suis né en 1936, et la guerre s'est

Politique et société

terminée en 1945, je ne sais pas si c'est l'événement le plus important, mais cela a été une expérience que je n'oublierai jamais. Quand il y a de la haine, je souffre. Y compris la haine que moi-même, en tant que pécheur, j'ai de nombreuses fois ressentie envers les autres.

Dominique Wolton : Avec les prêtres assassinés ou pour les chrétiens d'Orient, ou pour le père Hamel en France à l'été 2016 ?

Pape François : De la douleur.

Dominique Wolton : Ce qui vous émeut le plus dans la vie ?

Pape François : Les actes de tendresse me font toujours du bien, la compréhension, le pardon… Mais pas uniquement dans le champ religieux. Partout. Quand j'étais enfant et que je voyais les gens se disputer, je souffrais. En revanche, la tendresse… La tendresse est quelque chose qui me procure beaucoup de paix.

Dominique Wolton : Ce qui vous met le plus en colère ?

Pape François : L'injustice. Les gens égoïstes. Et moi-même, quand je suis dans cette situation-là.

Un destin

Et toujours l'injustice. Quand il m'arrive d'en commettre une envers quelqu'un, il me faut beaucoup de temps pour me convaincre que le Seigneur m'a pardonné, puis ensuite pour demander pardon à la personne et faire quelque chose pour réparer cette injustice. Mais il y a des injustices que l'on ne peut pas réparer dans la vie. Et elles sont terribles, celles-là.

Dominique Wolton : Votre plus grand défaut ?

Pape François : Je ne sais pas comment le dire, mais… c'est un peu l'opposé de ce que l'on perçoit de moi. J'ai une certaine tendance à la facilité et à la paresse. On croirait l'inverse.

Dominique Wolton : Et la qualité ? Votre principale qualité ?

Pape François : La qualité… je dirais simplement que j'aime écouter les autres. Parce que je découvre que chaque vie est différente. Et que chaque personne a son chemin. Écouter. Non pas pour bavarder, pour juger, mais pour s'ouvrir à des styles de vie ou des réussites différents… Il y a aussi la patience, pour écouter par exemple certains anciens qui semblent répéter la même chose. C'est une patience qui me vient naturellement.

Politique et société

Dominique Wolton : Oui, mais vous dites que votre défaut, c'est la paresse ?

Pape François : Une tendance.

Dominique Wolton : Quand avez-vous été paresseux dans votre vie ?

Pape François : Je ne sais pas, mais...

Dominique Wolton : À mon avis, jamais (*rires*).

Pape François : ... depuis que je suis enfant, sans doute, depuis tout jeune : si je pouvais passer un examen ou un contrôle au collège en étudiant le moins possible...

Dominique Wolton : Oui, comme tous les enfants. Mais aujourd'hui ? Quel défaut aujourd'hui ?

Pape François : Mais j'en ai tellement !

Dominique Wolton : Oui, je sais, ça, c'est pour le confesseur. Mais un seul.

Pape François : C'est cette tendance-là, qui fait partie de mon tempérament, et je dois lutter contre.

Un destin

Dominique Wolton : Mais ça, c'est assez latino-américain…

Pape François : Oui, ça pourrait être ça. Je n'y ai jamais pensé, mais ça se pourrait. Mais je ne peux pas le dire, parce qu'ils m'arracheraient les yeux !

Dominique Wolton : Nous, les Européens, on est toujours rapides et anxieux. Je connais un peu l'Amérique latine, et ce qui me frappe toujours là-bas, c'est d'abord la joie. Même en Argentine il y a une joie, et une espèce de tranquillité de la vie. En Europe, il n'y a pas de tranquillité de la vie. Il y a ces deux guerres mondiales, qui sont l'arrière-fond de tout, puis ces cinquante ans d'affrontement Est-Ouest. Un Européen est toujours quelqu'un d'anxieux. Et vous, les Latinos, qui connaissez bien sûr la violence guerrière, notamment celle des guerres civiles, mais pas le choc tragique des deux conflits mondiaux, vous gardez une sorte d'« insouciance ». Vous apportez cela comme style, dans le pontificat, et vous ne vous en rendez pas compte. Jean-Paul II est tragique, Benoît XVI aussi, mais vous, latino, vous êtes plus « léger », plus « décontracté ». D'ailleurs, cela se voit et certains catholiques traditionalistes n'apprécient pas… Vous riez plus facilement, on voit que vous avez du temps pour écouter les gens, vous n'êtes pas dans un paradigme psychologique

Politique et société

européen. Je pense que cette différence, des millions de personnes la perçoivent.

Pape François : Je ne crois pas que cela vienne uniquement de moi, ou des peuples latino-américains. C'est aussi lié au fait qu'il y a des Églises plus jeunes. Ce sont les Églises jeunes qui ont une attitude plus libre. En Afrique par exemple, où il y a une inculturation de la liturgie, avec par exemple la danse, où l'on ne conçoit pas de faire une messe de moins de trois heures ! Les Églises jeunes sont comme ça. En Europe, les Églises sont anciennes. Vous avez un christianisme qui a 2 000 ans. Je ne dis pas un christianisme vieilli, ou plutôt si, mais vieilli dans le bon sens. Je vous donne un exemple pour que vous compreniez ce que je veux dire. Le bon vin, quand il vieillit, devient excellent. Le mauvais vin, en vieillissant, tourne au vinaigre. L'Europe, c'est du bon vin. Elle est devenue *añeja*, comme on dit en espagnol, c'est-à-dire bien meilleure. Mais il se peut que cela lui enlève un peu de spontanéité et de fraîcheur.

Dominique Wolton : J'ai apprécié quand vous avez dit aux nouveaux évêques, le 16 septembre 2016 : « Le monde est fatigué des charmeurs menteurs, et je me permets de le dire, des prêtres et des évêques à la mode. » Et vous avez parlé aussi de l'« analphabétisme affectif ». Vous avez

Un destin

des formules étonnantes. Peut-être moins d'amis après et beaucoup d'ennemis en plus, mais vos formules sont remarquables. D'où vient, chez vous, ce talent de vous exprimer clairement, simplement, de vous faire comprendre par tout le monde avec des mots justes ? Est-ce depuis toujours ? Est-ce venu avec l'âge ?

Pape François : J'ai toujours parlé comme ça. Je ne sais vraiment pas pourquoi… ce ne sont pas mes études…

Dominique Wolton : Vraiment, depuis toujours ? Même jeune ?

Pape François : C'est ma façon d'être… C'est de famille. Nous sommes une grande famille, et les dimanches, à table, avec les grands-parents, on était trente-six, quarante, et on parlait beaucoup ! Cela vient peut-être de là, je ne sais pas.

Dominique Wolton : L'avantage est que partout dans le monde, tout le monde vous comprend. C'est court, très clair. Même Jean-Paul II était plus compliqué.

Pape François : C'était un philosophe, et un professeur d'université. Mais il avait aussi quelque

Politique et société

chose de très bien : comme il était aumônier auprès des étudiants, il avait cette simplicité...

Dominique Wolton : Mais pour arriver à une telle simplicité, est-ce qu'il n'y a pas eu beaucoup de souffrance personnelle ?

Pape François : J'ai souffert, oui. À 20-21 ans, j'ai frôlé la mort. Ils m'ont ouvert de là à là, et retiré une partie des poumons. C'était une souffrance terrible, en ce temps-là. Et puis, il y a eu des souffrances « normales », comme chacun. Rien d'extraordinaire.

Dominique Wolton : Habituellement, historiquement, les papes ne parlent pas beaucoup, ils parlent officiellement. Vous, vous parlez beaucoup. Vous êtes très médiatisé, très populaire aussi. Ma question est : n'y a-t-il pas un risque de décalage entre ce que vous dites personnellement et vos prises de paroles officielles ? Ou bien faites-vous cela volontairement pour créer un autre type de communication, plus direct, au-delà des institutions ?

Pape François : Je crois que la prudence est nécessaire. Pas une prudence « froide », mais celle qui permet de comprendre jusqu'où on peut dire les choses, et jusqu'où il ne faut pas aller.

Un destin

Des réactions, il y en a, et j'ai moi-même fait des erreurs. Je me suis trompé deux ou trois fois dans ma façon de dire les choses.

Dominique Wolton : Depuis que vous êtes pape ?

Pape François : Oui, oui, depuis. Dans l'avion. Deux ou trois fois, j'ai fait des erreurs.

Dominique Wolton : C'est dangereux, l'avion. Les journalistes sont là, en direct. Ils cherchent tout ce qui est interdit. Ils aiment ça. Mais en même temps, c'est courageux pour vous de le faire. Il y a sûrement une limite, car ensuite il en va de votre crédibilité. Les journalistes commencent par dévorer, puis ils rejettent. Et cela, pour un pape, comme pour un président de la République, cela peut être dangereux. Ils vous aiment parce que vous êtes très direct, mais arrivera un jour où ils diront « basta ». La question est : quand ?

Pape François : Certaines choses, je ne peux pas les dire. Parce que je sais que ce serait un manque d'éducation ou de prudence. Ou un manquement au secret que je dois maintenir. Mais ce que je peux dire, je le dis. Et certains sont scandalisés, ça, c'est vrai.

Politique et société

Dominique Wolton : Pensez-vous qu'avec ce style direct et humain, vous arrivez à faire avancer plus facilement les dossiers ?

Pape François : Je crois que c'est le style pastoral. Je ne cherche pas à parler comme un professeur mais comme un pasteur.

Dominique Wolton : Belle réponse. Quand on vous écoute, quand on vous voit, on observe votre grande liberté, une réelle révolte : vous êtes en colère. Enfin, moi, je vous sens comme quelqu'un en colère. En colère, pas conformiste. Comment avez-vous réussi à faire cohabiter dans votre vie cette liberté, cet esprit critique, cette ironie, avec toutes les contraintes des institutions que vous avez traversées ? Comment avez-vous fait pour gérer ces contradictions ?

Pape François : Mais il y a eu de nombreuses occasions où je n'ai pas réussi à bien gérer tout cela.

Dominique Wolton : Vous êtes heureux ?

Pape François : Oui, je suis heureux. Je suis heureux. Pas d'être le pape, mais le Seigneur m'a donné ça et je prie pour ne pas faire de bêtises… J'en fais !

Un destin

Dominique Wolton (*rires*) : Attention, pas trop de bêtises ! La principale chose qui vous rend heureux depuis que vous êtes pape ?

Pape François : Rencontrer les gens.

Dominique Wolton : Comme toujours !

Pape François : Quand je suis sur la place.

Dominique Wolton : Autrement dit quand vous sortez de la « prison » (*rires*). Vous êtes l'un des rares personnages au monde qui ait une responsabilité symbolique si considérable. Quand le pape dit quelque chose, c'est mondial. Est-ce que de temps en temps vous n'avez pas une angoisse face à la puissance symbolique qui est la vôtre ?

Pape François : Je n'ai jamais éprouvé d'angoisse, mais quand je monte dans l'avion avec les journalistes, j'ai l'impression de descendre dans la fosse aux lions. Et là je commence par prier, puis j'essaye d'être très précis. Il y a beaucoup de pression. Mais il y a eu quelques dérapages.

Dominique Wolton : Tant pis, ce n'est pas grave.

Pape François : Mais de l'angoisse, non.

Politique et société

Dominique Wolton : Les événements de votre vie sont nombreux où l'on devine vos conflits avec les institutions, les « ordres ». Quand vous avez été envoyé par les Jésuites en Allemagne, pour terminer votre thèse, ou quand vous avez été si longtemps à Cordoba[1]…

Pape François : Je ne sais pas si je l'ai déjà raconté, mais quand j'étais étudiant, un vieux jésuite m'avait donné ce conseil : « Écoute, si tu veux aller de l'avant, eh bien, pense clairement et parle obscur. » Mais moi je m'efforce de parler clairement.

Dominique Wolton : Alors vous avez dû rencontrer beaucoup de difficultés…

Pape François : Oh oui ! Mais je hais l'hypocrisie. Si je ne peux pas dire une chose, je ne la dis pas. Je ne fais pas l'hypocrite. L'hypocrisie est une chose qui me révolte.

Dominique Wolton : Depuis toujours ?

Pape François : C'est dans mon tempérament. Et c'est une des insultes que j'utilisais le plus quand j'étais jeune : « Hypocrite ! » « Hypocrite »

---

1. Ville au nord de l'Argentine.

Un destin

dit de façon subtile, mais le mot « hypocrite » a tant de synonymes qui veulent dire la même chose. Quand on est jeune, on ne parle pas de façon académique. On utilise ces synonymes, que nous ne pouvons pas répéter ici (*rires*).

Dominique Wolton : Le soir du 13 mars 2013, le jour de votre élection, lors de votre première apparition au balcon de Saint-Pierre, vous avez dit : « Frères et sœurs, bonsoir ! » C'était si simple ! Ce n'était pas traditionnel.

Pape François : Ce qui est arrivé ce jour-là s'est déroulé de façon totalement naturelle. Parce que je n'y pensais pas. À midi, ce jour-là, je ne pensais pas à cette possibilité, et puis tout d'un coup… pfft ! Tout est venu avec tellement de paix, une paix qui ne m'a plus quitté, naturellement. Je n'ai pas pensé à ce que j'allais dire. J'ai vu les gens devant… j'étais un peu craintif. « Bonsoir », c'est ce que l'on dit lorsqu'on salue poliment.

Dominique Wolton : Oui, mais c'était complètement inhabituel. Parce que c'était l'égalité, l'égalité entre vous et le peuple.

Pape François : Oui, mais ce « bonsoir », c'était une salutation normale. Je ne voyais pas quoi dire d'autre à ce moment-là.

Politique et société

Dominique Wolton : Pourquoi saint Matthieu a-t-il autant d'importance dans votre existence ?

Pape François : Parce que j'ai entendu mon appel, ma vocation, un 21 septembre, le jour de la Saint-Matthieu. C'était une expérience forte, je l'ai déjà racontée maintes fois. Et puis, il y a l'office de saint Matthieu, la lecture de l'homélie de saint Bède le Vénérable. Lorsque j'étais à Rome, je résidais à la maison Paul-VI, via della Scrofa. Comme je n'étais pas loin, j'aimais beaucoup aller à l'église Saint-Louis-des-Français voir *La Conversion de saint Matthieu*, du Caravage.

Dominique Wolton : Vous m'avez dit : « On doit lire l'Évangile avec l'âme ouverte, sans préjugés, sans idées préconçues. » Pouvez-vous préciser ?

Pape François : Cela signifie que l'Évangile a une force, qui est la parole de Dieu. Et dans la parole de Dieu, dans l'Évangile, il y a le Seigneur. C'est ce que dit le Concile. C'est le Seigneur qui t'appelle. Si je lis l'Évangile avec une idéologie préconçue, ou avec des préjugés, je ne laisse pas entrer l'Évangile, je me défends contre cette parole.
Il ne s'agit pas là de lire de la littérature. Je peux lire l'Évangile comme de la littérature, je peux lire l'Évangile scientifiquement, c'est-à-dire en

Un destin

analysant « ce mot grec veut dire ceci, et celui-là cela ». Mais je peux aussi lire l'Évangile en chrétien, avec l'âme ouverte et sans idées préconçues.

Mais je vous avais dit aussi que je souhaitais ajouter deux choses.

La première est la suivante : vous m'avez demandé : « Où était Dieu à Auschwitz ? », et je vous ai dit que je n'avais pas vu Dieu, que j'avais seulement vu l'œuvre de l'homme sans Dieu. Ça, c'est ce que j'ai dit l'autre jour. Sur le moment je n'ai vu que ça : ce dont est capable un homme sans Dieu. Depuis j'ai réfléchi, et il y a une chose que je n'ai pas vue sur le moment, mais que je peux quand même dire après réflexion, même si la réponse n'est pas spontanée : c'est que Dieu était dans les christs qui ont été tués, frappés. Dieu se manifeste toujours dans la chair. Ça, c'était la première chose, mais c'est une réflexion ultérieure.

L'autre chose, je crois que je l'ai dite, mais je n'en suis pas sûr. Comment Dieu communique-t-il ? C'est curieux, car c'est un maître de la communication. Dieu communique en s'abaissant. Il communique en traçant un chemin avec son peuple. Avec le peuple d'Israël, celui de l'esclavage en Égypte… Mais toujours en s'abaissant. Il s'abaisse en Christ. C'est ce que les théologiens appellent la « condescendance », la *synkatabasis*, la « kénose », comme disaient les premiers Pères. Mais c'est étonnant. Dieu communique

Politique et société

en s'abaissant. Et ainsi chaque communication humaine, puisque l'homme est à l'image de Dieu, doit s'abaisser pour être une vraie communication. Se mettre au niveau de l'autre. S'abaisser, non parce que l'autre est inférieur à moi, mais par acte d'humilité, de liberté...

Ainsi – je crois que je l'ai déjà dit –, les parents, le père et la mère, quand ils veulent communiquer avec l'enfant, imitent la voix de l'enfant : ils ne parlent pas très correctement, parlent le langage des enfants – « ba be bi ». Ils s'abaissent. Je crois que ça, je l'ai dit, mais si je ne l'ai pas dit, c'est important. C'est une règle : si je ne sors pas de moi-même pour aller chercher l'autre en m'abaissant, il n'y a pas de communication possible ! Communiquer, pour le dire de façon un petit peu plus sophistiquée, c'est un acte d'humilité. On ne peut pas communiquer sans humilité. Ce serait très intéressant d'analyser les discours des grands dictateurs pour voir si on y trouve des traces d'humilité. Le langage des grands dictateurs est... je ne sais pas comment le dire en italien ou en français. En espagnol, je dirais : « *Yo, me, mi, conmigo y para mi* » [« Moi, je, me, avec moi et pour moi »]. Dans leurs discours, les puissants dictateurs communiquent avec cette assurance, ils semblent être divins.

C'est intéressant, ça. Le langage de la suffisance, de l'autodivination. En revanche, le langage

Un destin

humble qui accompagne l'autre, celui-là s'abaisse toujours.

Dominique Wolton : Oui, le mot s'abaisser est toujours un mot qui évoque la hiérarchie, les rapports du haut vers le bas. Vous, vous l'utilisez dans une dimension plus humaine. S'abaisser, c'est aller vers l'autre. Avec humilité. C'est une conception rare. Par contre, dans la vision démocratique, on parle de l'égalité, et je ne sais pas jusqu'où l'égalité peut contenir l'abaissement.

Pape François : Je crois que, pour être égaux, il faut se mettre au niveau de l'autre. Et en principe je dois m'abaisser au niveau de l'autre, même si l'autre est supérieur à moi. Mais c'est toujours un acte qui consiste à « aller dans la maison de l'autre ». C'est moi qui dois y aller. Je dois faire le premier pas. Je ne dois pas dire à l'autre, comme préalable, de venir dans ma conception des choses, dans mon mode de pensée.

Dominique Wolton : La vraie égalité consiste justement à être capable de faire cet « acte d'abaissement » pour aller vers l'autre. Et, pourrait-on dire, il y a l'égalité formelle et l'égalité réelle.

Pape François : Oui, formellement, tout le monde est égal. Mais dans la vie quotidienne… C'est une

Politique et société

façon d'agir tournée vers le service. C'est chrétien d'agir comme cela. La communication chrétienne, c'est le service. Je ne suis pas venu pour être servi, mais pour servir, dit Jésus dans l'Évangile.

Dominique Wolton : Aujourd'hui, dans la mondialisation, avec l'idéologie « démocratique », l'idée de s'abaisser pour aller voir l'autre n'existe pas. On suppose que l'égalité résout les problèmes. Mais ce n'est pas vrai. Et vous, en disant que « communiquer, c'est s'abaisser », vous introduisez une dimension normative, qui n'existe pas actuellement, dans la culture démocratique. En fait, vous allez au-delà de l'égalité, vous dites que l'égalité ne suffit pas. Si on veut vraiment communiquer avec l'autre, il faut aller le trouver là où il est, et la plupart du temps s'abaisser. En disant « je m'abaisse », vous allez vraiment vers l'autre. Ce que vous dites, c'est que la communication est un mouvement, « vers », et qu'il ne faut pas avoir peur de s'abaisser.

Pape François : Ce sont ces deux choses que je voulais souligner.

Dominique Wolton : Et moi j'ai oublié une question. Elle est banale, et très importante. Quel est le rôle des femmes dans votre vie ?

Un destin

Pape François : Personnellement, je remercie Dieu d'avoir connu de vraies femmes dans ma vie. Mes deux grands-mères étaient très différentes, mais c'étaient toutes deux de vraies femmes. C'étaient des mères, elles travaillaient, elles étaient courageuses, elles passaient du temps avec leurs petits-enfants... Mais avec toujours cette dimension de la femme... Je m'en souviens bien. Je parle toujours de ma grand-mère paternelle, Rose, celle qui m'emmenait chez elle tous les matins lorsque ma mère a accouché. Mais il y avait aussi mon autre grand-mère, Maria. Je me souviens par exemple du jour de la mort de Prokofiev. J'étais chez elle, avec mon grand-père aussi, parce que, grâce à Dieu, j'ai eu mes quatre grands-parents jusque tard. Le premier est mort quand j'avais 16 ans. Une bénédiction. Et Prokofiev est mort, et moi j'aimais la musique. C'était fréquent pour nous durant l'année de passer trois, quatre jours dans la maison de nos grands-parents, les uns ou les autres, avec mes frères... Pendant les vacances, trois d'entre nous allaient chez ces grands-parents-là, et deux chez les autres. Comme ça ma mère et mon père restaient tranquilles. Après, on changeait. Ils avaient deux mois sans les enfants, ils nous voyaient uniquement le dimanche ou au stade, quand on y allait tous ensemble. Un jour, donc, Prokofiev est mort, lorsque j'avais 16 ans, je crois. Je ne me

Politique et société

souviens pas exactement de la date[1]. Et j'ai commencé à parler de musique, j'avais 15, 16 ans... Alors je me suis mis à rêver combien j'aimerais devenir chef d'orchestre... toutes ces choses auxquelles rêvent les jeunes. Ma grand-mère m'a écouté patiemment, et m'a dit : « Mais pour ça, il faut étudier. Et pour étudier, il faut faire des efforts, on n'y arrive pas facilement. » Elle m'a appris avec beaucoup de naturel ce qu'était le travail, le rôle du travail, de l'effort.

C'était une bénédiction d'avoir ces deux grands-mères. Puis il y avait ma mère. Ma mère... J'ai vu ma mère souffrante, après son dernier accouchement – il y en a eu cinq –, quand elle a contracté une infection qui l'a laissée sans pouvoir marcher pendant un an. Je l'ai vue souffrir. Et j'ai vu comme elle s'arrangeait pour ne rien gaspiller. Mon père avait un bon travail, il était comptable, mais son salaire nous permettait tout juste d'arriver à la fin du mois. Et j'ai vu cette mère, la manière avec laquelle elle affrontait les problèmes les uns après les autres... Et puis une très belle image : tous les samedis, la famille de ma mère, qui aimait beaucoup l'opéra, écoutait la radio nationale argentine qui retransmettait un opéra à 14 heures. Ma mère s'y connaissait beaucoup,

---

1. Le 5 mars 1953, qui est aussi le jour de la mort de Staline.

Un destin

parce que son père était charpentier et travaillait toujours en chantant des airs d'opéra. Et elle nous les passait, aux quatre plus grands...

Dominique Wolton : Des opéras italiens ?

Pape François : Oui, italiens. Certains français, aussi. Je me rappelle qu'une fois elle m'a appris *Mignon*[1], et aussi *Manon*[2]. Elle nous expliquait l'histoire, et puis, à certains moments, elle nous disait : « Écoute ce passage, comme il est beau. » Tout était dans l'art. C'était une femme, une mère. Puis les sœurs... C'est important pour un homme d'avoir des sœurs, très important. Puis il y a eu les amies de l'adolescence, les « petites fiancées »... D'être toujours en rapport avec les femmes m'a enrichi. J'ai appris, même à l'âge adulte, que les femmes voient les choses d'une manière différente des hommes. Parce que face à une décision à prendre, face à un problème, il est important d'écouter les deux.

Dominique Wolton : Comment augmenter la place des femmes dans l'Église, pour justement enrichir le dialogue entre les hommes et les femmes ?

---

1. Opéra d'Ambroise Thomas (1866).
2. Opéra-comique de Jules Massenet (1884).

Politique et société

Pape François : C'est très important. Avec la réforme de la Curie, il y aura beaucoup de femmes qui auront un pouvoir de décision, pas seulement de conseil. Parce que l'on n'a pas besoin d'être prêtre pour diriger un département d'éducation... À la Curie, il y a déjà une vice-directrice, au bureau de presse du Vatican...

Dominique Wolton : Je vois très bien de qui vous parlez, mais cela reste déséquilibré.
C'est exact que la femme et l'homme ne voient pas la réalité de la même manière. D'un point de vue personnel, avez-vous rencontré des femmes, après l'enfance et l'adolescence, qui vous ont marqué ?

Pape François : Oui. Il y en a une qui m'a appris à penser la réalité politique. Elle était communiste.

Dominique Wolton : Elle est encore vivante ?

Pape François : Non... Pendant la dictature, elle a été « pfftt... », tuée. Elle a été capturée dans le même groupe que deux sœurs françaises, elles étaient ensemble. C'était une chimiste, chef du département où je travaillais, dans le laboratoire bromatologique. C'était une communiste du Paraguay, du parti qui là-bas s'appelle

Un destin

Febrerista[1]. Je me rappelle qu'elle m'avait fait lire la condamnation à mort des Rosenberg[2] ! Elle m'a fait découvrir ce qu'il y avait derrière cette condamnation. Elle m'a donné des livres, tous communistes, mais elle m'a enseigné à penser la politique. Je dois tant à cette femme.

Dominique Wolton : C'est terrible, l'affaire Rosenberg.

Pape François : Étaient-ils vraiment coupables ? Et je me rappelle qu'elle m'a raconté : « Sais-tu que, quand ils leur ont donné la permission de se dire adieu, avant de passer sur la chaise électrique, ils se sont pris les mains, ils se sont enlacés avec les menottes ? » Inhumain. C'est là qu'elle m'a fait comprendre la logique inhumaine de cette politique. Je dois tant à cette femme. Au point que, quand la persécution a commencé, elle m'a fait venir chez elle – j'étais déjà prêtre, mais pas encore provincial. Elle m'a téléphoné pour me dire : « Jorge, ma belle-mère (qui était

---

1. Parti révolutionnaire fébrériste, fondé en 1951 à Buenos Aires.
2. Membres du parti communiste américain, Julius et Ethel Rosenberg furent accusés d'avoir livré à l'Union soviétique le secret de la bombe atomique. Ils sont morts sur la chaise électrique le 19 juin 1953.

Politique et société

très catholique) ne va pas bien. Pourquoi ne viendrais-tu pas lui donner l'extrême-onction ? » Alors qu'elle était communiste. « Oui, je viendrai. » Je connaissais sa belle-mère. « Alors, viens avec le pick-up, la camionnette, comme ça ce sera plus facile d'entrer dans le quartier. » J'ai compris alors qu'elle voulait déménager quelque chose. C'était bien ça. On a emporté ses livres, parce qu'elle avait peur qu'ils débarquent chez elle et trouvent des livres communistes. Elle aurait été arrêtée. Je la voyais souvent, et je l'ai toujours trouvée très respectueuse de mon choix social. Je dois beaucoup à cette femme, parce que c'est la femme qui m'a appris à penser. J'ai retrouvé ses enfants…

Dominique Wolton : Quel était son prénom ?

Pape François : Esther Balestrino De Careaga[1].

Dominique Wolton : Esther, un nom de l'Ancien Testament.

---

1. Esther Balestrino De Careaga (1918-1977), Paraguayenne proche des communistes, devint une des fondatrices des Mères de la place de Mai après l'enlèvement d'une de ses filles et de son gendre. Arrêtée en décembre 1977 avec deux religieuses françaises, elle fut torturée et assassinée, puis jetée dans la mer depuis un avion.

Un destin

Pape François : Oui. Elle a eu trois enfants. L'une vit en Suède, les deux autres vivent en Argentine mais elles sont allées à Asunción, au Paraguay, pour m'y retrouver lorsque j'y suis allé. Elles m'ont répété à quel point leur mère m'aimait. Cette femme m'a vraiment appris à penser.

Dominique Wolton : Et aujourd'hui, malgré vos responsabilités, réussissez-vous à avoir des relations amicales avec des femmes ?

Pape François : Non, vraiment amicales, amicales, je ne dirais pas, mais de bonnes relations, oui. Mes deux amies sont mortes quand j'étais à Buenos Aires, de très belles personnes, elles sont mortes. Mais oui, il y a des femmes avec qui j'ai de très bons contacts, avec qui je discute…

Dominique Wolton : Pensez-vous que vous allez réussir la réforme de la Curie pour donner plus de place aux femmes ?

Pape François : Oui, oui, je crois que oui. Parce qu'il n'y a pas tant de misogynie que ça. Ce n'est pas ça le problème, il y en a d'autres.

Politique et société

Dominique Wolton : Plutôt la question de l'altérité, du manque d'habitude ? Et de la timidité, aussi ? De la timidité des hommes par rapport aux femmes ? Surtout quand ils sont prêtres ? Au bout d'un moment... ce n'est plus forcément misogyne, cela devient de l'incommunication.

Pape François : Oui. Quand ils voient à quel point les femmes peuvent mieux faire les choses, il n'y a pas de problème. Ce n'est pas ça qui posera problème, ce sera autre chose...

Dominique Wolton : Ce sera quoi, le problème ?

Pape François : Le problème du pouvoir. On y travaille. Mais je crois qu'aujourd'hui, ici, parmi les personnes de bon sens, il n'y a pas de problème. Mais ce sera difficile.

Dominique Wolton : La réforme de la Curie, c'est difficile. Allez-vous réussir cette réforme ?

Pape François : Oui... j'ai entendu un vieux cardinal me dire : « Ne te décourage pas, parce que la route de la réforme de la Curie est difficile. Et que la Curie ne doit pas être réformée, elle doit être supprimée ! » (*rires*). En plaisantant, évidemment !

Un destin

Dominique Wolton : C'est en même temps une image. Parfois, il faut être radical. Mais c'est difficile.

Pape François : Mais il disait ça pour rire. C'est impensable, la Curie est indispensable. Et il y a eu là tant d'hommes de valeur, tant ! Il y a eu quelques saints, des hommes de Dieu. Vous savez bien ce que l'on dit, un arbre qui tombe fait plus de bruit qu'une forêt qui pousse.

Dominique Wolton : C'est joli. L'autre jour, j'ai vu le cardinal Tauran[1].

Pape François : *Lui, il est de Bordeaux*.

Dominique Wolton : Oui. Quelle merveille de vitesse, d'intelligence.

Pape François : Je le considère comme un ami.

Dominique Wolton : Il vous aime beaucoup aussi. Mgr Tauran est au cœur de toute la communication politique de l'Église depuis un demi-siècle.

---

1. Cardinal français né en 1953, nommé en 2014 camerlingue de la Sainte Église romaine, Jean-Louis Tauran préside le Conseil pontifical pour le dialogue interreligieux.

Politique et société

Pape François : Lui, il sait trouver les chemins. C'est un homme qui communique. Et il sait communiquer. Parce qu'il dialogue avec tout le monde. Je le vois discuter avec les non-croyants, les bouddhistes, les musulmans, avec tous. Il parle. Quand il n'est pas d'accord, il le dit. Mais il connaît la sagesse du dialogue.

Dominique Wolton : Je suis d'accord.
On va reprendre sur le thème du dialogue interreligieux. Vous vouliez ajouter quelque chose sur le rigorisme, je crois…

Pape François : Derrière chaque rigidité, il y a une incapacité à communiquer. Et j'ai toujours trouvé… Prenez ces prêtres rigides qui ont peur de la communication, prenez les hommes politiques rigides… C'est une forme de fondamentalisme. Quand je tombe sur une personne rigide, et surtout un jeune, je me dis aussitôt qu'il est malade. Le danger est qu'ils cherchent la sécurité.

À ce propos, je vous raconte une anecdote. Quand j'étais maître des novices, en 1972, on accompagnait pendant un ou deux ans les candidats qui voulaient entrer dans la Compagnie. Ils étudiaient à l'université et, les samedis et dimanches, ils venaient chez nous. Au noviciat,

Un destin

ils faisaient du sport, discutaient avec leur directeur spirituel, mais ils n'avaient pas un rapport direct avec moi, ils ne me regardaient même pas, je n'étais pas quelqu'un d'important. Ils passaient des entretiens, et on leur faisait aussi subir des tests assez poussés, comme les tests de Rorschach, avec une bonne équipe, dont une psychiatre croyante, catholique, qui étudiait là-bas. J'accompagnais ces jeunes garçons aux tests. Je me souviens de l'un d'eux, dont on voyait qu'il était un peu rigide, mais qui avait de grandes qualités intellectuelles, et que je trouvais de très bon niveau. Il y en avait d'autres, beaucoup moins brillants, dont je me demandais s'ils passeraient. Je pensais qu'ils seraient refusés, parce qu'ils avaient des difficultés, mais finalement ils ont été admis parce qu'ils avaient cette capacité de grandir, de réussir. Et quand le test du premier étudiant est arrivé, ils ont dit non tout de suite. « Mais pourquoi ? Il est si intelligent, il est plein de qualités. — Il a un problème, m'a-t-on expliqué, il est un peu guindé, un peu artificiel sur certaines choses, un peu rigide. — Et pourquoi est-il comme cela ? Parce qu'il n'est pas sûr de lui. »

On sent que ces hommes pressentent inconsciemment qu'ils sont « malades psychologiquement ». Ils ne le savent pas, ils le sentent. Et ils vont donc chercher des structures fortes qui les défendent dans la vie. Ils deviennent policiers,

Politique et société

ils s'engagent dans l'armée ou l'Église. Des institutions fortes, pour se défendre. Ils font bien leur travail, mais une fois qu'ils se sentent en sûreté, inconsciemment, la maladie se manifeste. Et là surviennent les problèmes. Et j'ai demandé : « Mais, docteur, comment cela s'explique-t-il ? Je ne comprends pas bien. » Et elle m'a donné cette réponse : « Vous ne vous êtes jamais demandé pourquoi il y a des policiers tortionnaires ? Ces jeunes garçons, quand ils sont arrivés, étaient de braves garçons, bons, mais malades. Puis ils sont devenus sûrs d'eux, et la maladie s'est déclarée. »

Moi, j'ai peur de la rigidité. Je préfère un jeune désordonné, avec des problèmes normaux, qui s'énerve... car toutes ces contradictions vont l'aider à grandir. On a déjà parlé des différences entre Argentins et Français... Les Argentins sont très attachés à la psychanalyse, c'est exact. À Buenos Aires, il y a un quartier très chic, un quartier qui s'appelle Villa Freud. C'est le quartier où sont tous les psychanalystes.

Dominique Wolton : Mais ça, c'est une catastrophe. Il ne faut jamais mettre plusieurs psychanalystes ensemble, parce qu'après ils deviennent prétentieux. Cela n'empêche pas que la psychanalyse soit une des plus grandes révolutions intellectuelles et culturelles du XXe siècle !

Un destin

Pape François : Mais ils ne sont pas tous pareils. Certains sont comme ça. Mais j'en ai aussi connu qui étaient très humains, très ouverts à l'humanisme et au dialogue avec d'autres sciences aussi, avec la médecine…

Dominique Wolton : Oui, bien sûr ! Quand ils sont médecins, ils sont souvent meilleurs, parce qu'ils savent ce qu'est l'art de soigner. Je le sais depuis longtemps, par mon entourage immédiat. Quand ce sont des intellectuels, en revanche…

Pape François : Mais quand ils échangent avec la science… j'en connais une par exemple, qui est très douée, une femme de qualité, plus ou moins la cinquantaine. Elle travaille à Buenos Aires, mais elle vient trois fois par an donner des cours, une semaine en Espagne et une semaine en Allemagne. C'est intéressant, elle a trouvé une façon d'enrichir l'analyse psychanalytique avec l'homéopathie et beaucoup d'autres sciences.
Mais ceux que j'ai connus m'ont beaucoup aidé à un moment de ma vie où j'ai eu besoin de consulter. J'ai consulté une psychanalyste juive. Pendant six mois, je suis allé chez elle une fois par semaine pour éclaircir certaines choses. Elle a été très bonne. Très professionnelle comme

médecin et psychanalyste, mais elle est toujours restée à sa place. Et puis un jour, alors qu'elle était sur le point de mourir, elle m'a appelé. Pas pour les sacrements puisqu'elle était juive, mais pour un dialogue spirituel. Une très bonne personne. Pendant six mois, elle m'a beaucoup aidé, j'avais à l'époque déjà 42 ans.

Dominique Wolton : On peut tous avoir besoin d'un dialogue de ce type, avec un psychiatre ou un psychanalyste, pour prendre de la distance quand on est malheureux. Quand cette profession est bien pratiquée, elle ressemble à celle du prêtre. La comparaison avec le prêtre existe et d'ailleurs, un bon psychiatre, c'est souvent une personne qui prend sur soi le mal des autres. Le psy guérit les autres, il prend leur douleur, exactement comme le fait le prêtre. Proximité psychique…

Pape François : Accompagner, c'est un processus difficile.

Dominique Wolton : Est-ce que l'Argentine vous manque ?

Pape François : Non, non. C'est une chose curieuse. Je suis venu ici avec une petite valise, et avec un billet de retour, parce que pour moi il n'y avait aucune chance, je n'y pensais même

Un destin

pas, il y avait trois ou quatre « grands » noms... Pour les bookmakers à Londres, j'étais le 42ᵉ ou le 46ᵉ. Ils disaient de moi que j'étais seulement un *kingmaker*, un « faiseur de rois ».

Dominique Wolton : Ah, *you speak english* ?

Pape François : *So so...* Les bookmakers se disaient que ce Bergoglio apporterait de l'Amérique latine une autre vision qui permettrait de choisir le prochain pape, de dire « celui-ci est mieux que celui-là... ». Quand les choses ont changé, d'une heure à l'autre, j'ai ressenti une grande paix. Et cette paix ne m'a pas quitté jusqu'à aujourd'hui. Cette paix, je crois que c'est un don du Seigneur. Je crois que c'est cela qui a fait que l'Argentine ne m'a pas manqué.

Dominique Wolton : Pourquoi demandez-vous tout le temps de prier pour vous ?

Pape François : *Parce que j'en ai besoin**... J'en ai besoin. Parce que je me sens soutenu par la prière du peuple. Vraiment.

Politique et société

Discours du Saint-Père lors de sa visite à l'Office des Nations unies à Nairobi (UNON), Kenya, 26 novembre 2015

[…] Dans quelques jours, commencera à Paris une importante rencontre sur le changement climatique, où la communauté internationale, en tant que telle, se confrontera de nouveau à cette problématique. Ce serait triste et j'ose le dire, catastrophique, que les intérêts particuliers l'emportent sur le bien commun et conduisent à manipuler l'information pour protéger leurs projets. […]

L'Accord de Paris peut envoyer un signal clair dans cette direction, à condition que, comme j'ai déjà eu l'occasion de le dire à l'Assemblée générale de l'ONU, nous évitions la « tentation de tomber dans un nominalisme de déclarations à effet tranquillisant sur les consciences. Nous devons veiller à ce que nos institutions soient réellement efficaces » […]. C'est pourquoi j'espère que la COP21 débouchera sur la conclusion d'un accord global et « transformateur » fondé sur les principes de solidarité, de justice, d'équité et de participation, et qui oriente vers la réalisation de trois objectifs, à la fois complexes et interdépendants : l'allégement de l'impact du changement climatique, la lutte contre la pauvreté et le respect de la dignité humaine.

Un destin

Malgré de nombreuses difficultés, s'affirme la « tendance à concevoir la planète comme une patrie, et l'humanité comme un peuple qui habite une maison commune » (*Laudato si'*, n° 164). Aucun pays « ne peut agir en marge d'une responsabilité commune. Si nous voulons réellement un changement positif, nous devons humblement assumer notre interdépendance » (Discours aux mouvements populaires, 9 juillet 2015). Le problème naît lorsque nous croyons qu'interdépendance est synonyme d'imposition ou de soumission de quelques-uns aux intérêts des autres. Du plus faible au plus fort. […]

[…] Nous devons nous protéger d'un triste signe de la « "mondialisation de l'indifférence", qui nous fait lentement nous "habituer" à la souffrance de l'autre, comme si elle était normale » (*Message pour la Journée mondiale de l'Alimentation*, 16 octobre 2013), ou pire encore, qui nous conduit à la résignation face aux formes extrêmes et scandaleuses de « rejet » et d'exclusion sociale, comme sont les nouvelles formes d'esclavage, le trafic des personnes, le travail forcé, la prostitution, le trafic d'organes. « L'augmentation du nombre de migrants fuyant la misère, accrue par la dégradation environnementale, est tragique ; ces migrants ne sont pas reconnus comme réfugiés par les conventions internationales et ils portent le poids de leurs vies à la dérive, sans

Politique et société

aucune protection légale » (*Laudato si'*, n° 25). Ce sont de nombreuses vies, de nombreuses histoires, de nombreux rêves qui se noient dans notre présent. Nous ne pouvons pas rester indifférents face à cela. Nous n'en avons pas le droit.

Parallèlement à la négligence de l'environnement, depuis un certain temps, nous sommes témoins d'un rapide processus d'urbanisation qui, malheureusement, conduit souvent à une « croissance démesurée et désordonnée de beaucoup de villes qui sont devenues insalubres [et] inefficaces » (*Laudato si'*, n° 44). […]

Je voudrais exprimer mon encouragement à tous ceux qui, au niveau local et international, travaillent pour que le processus d'urbanisation devienne un instrument efficace en vue du développement et de l'intégration, afin de garantir pour tous, et surtout aux personnes qui vivent dans les quartiers marginaux, des conditions de vie dignes, garantissant les droits fondamentaux à une terre, à un toit et au travail. […] La prochaine conférence Habitat-III, prévue à Quito en octobre 2016, pourrait être un moment important pour identifier les façons de répondre à ces problématiques.

Dans quelques jours, cette ville de Nairobi abritera la 10ᵉ conférence ministérielle de l'Organisation mondiale du commerce. En 1971, face à un monde toujours plus interdépendant, et anticipant

Un destin

de quelques années la présente réalité de la globalisation, mon prédécesseur Paul VI réfléchissait sur la manière dont les relations commerciales entre les États pourraient être un élément fondamental pour le développement des peuples ou, au contraire, cause de misère et d'exclusion (*cf.* Paul VI, *Populorum progressio*, n° 56-62). [...]

Je forme le vœu que les délibérations de la prochaine conférence de Nairobi ne soient pas un simple équilibre des intérêts en conflit, mais un vrai service à la sauvegarde de la maison commune et au développement intégral des personnes, surtout des plus défavorisées. En particulier, je veux m'unir aux préoccupations de nombreuses réalités engagées dans la coopération au développement et dans l'assistance sanitaire – dont les congrégations religieuses qui aident les plus pauvres et exclus – préoccupations qui concernent les accords sur la propriété intellectuelle et l'accès aux médicaments ainsi qu'aux soins essentiels de santé. Les traités de libre commerce régionaux sur la protection de la propriété intellectuelle, en particulier dans le domaine pharmaceutique et biotechnologique, non seulement ne doivent pas limiter les facultés déjà accordées aux États par les accords multilatéraux, mais, au contraire, devraient être un instrument pour assurer un minimum d'assistance sanitaire et d'accès aux traitements de base pour tous. Les discussions multilatérales, à leur tour, doivent donner aux pays les plus pauvres le temps, la flexibilité et les exceptions nécessaires à une adaptation ordonnée, et non traumatisante, aux normes commerciales.

[...] Dans le contexte des relations économiques entre les États et les peuples, on ne peut cesser de parler des trafics illégaux qui croissent dans un environnement de pauvreté, et qui, à leur tour, alimentent la pauvreté et l'exclusion. Le commerce illégal de diamants et de pierres précieuses, de métaux rares ou de valeur stratégique, du bois et de matériel biologique, ainsi que de produits d'origine animale, comme dans le cas du trafic d'ivoire et le massacre des éléphants qui lui est relatif, alimente l'instabilité politique, le crime organisé et le terrorisme. Cette situation est aussi un cri des hommes et de la terre qui doit être entendu par la Communauté internationale.

[...] Je renouvelle, une fois encore, le soutien de la communauté catholique, et le mien, consistant à continuer de prier et de collaborer pour que les résultats de la coopération régionale qui s'exprime aujourd'hui dans l'Union africaine et par les nombreux accords africains de commerce, de coopération et de développement soient mis en œuvre avec vigueur et en tenant toujours compte du bien commun des enfants de cette Terre.

La bénédiction au Très-Haut soit avec tous et chacun d'entre vous ainsi qu'avec vos peuples. Merci !

Un destin

**Discours du Saint-Père aux participants
à la conférence internationale pour la Paix,
Al-Azhar Conference Center, Le Caire,
vendredi 28 avril 2017**

Al Salamò Alaikum !
C'est un grand don d'être ici et de commencer en ce lieu ma visite en Égypte, en m'adressant à vous dans le cadre de cette conférence internationale pour la Paix. Je remercie mon frère, le Grand Imam, pour l'avoir conçue et organisée, et pour avoir eu l'amabilité de m'inviter. Je voudrais vous proposer quelques pensées, en les tirant de la glorieuse histoire de cette terre, qui au cours des siècles est apparue au monde comme une *terre de civilisation* et une *terre d'alliances*. […]

Terre de civilisation. Depuis l'Antiquité, la société apparue sur les rives du Nil a été synonyme de civilisation : en Égypte, la lumière de la connaissance s'est hissée très haut, en faisant germer un patrimoine culturel inestimable, fait de sagesse et de talent, d'acquisitions mathématiques et astronomiques, de formes admirables d'architecture et d'art figuratif. La recherche du savoir et la valeur de l'instruction ont été des choix féconds de développement réalisés par les anciens habitants de cette terre. Ce sont également des choix nécessaires pour l'avenir, des choix de paix et pour la paix, car il n'y aura pas de paix sans une éducation adéquate des jeunes générations. Et il n'y aura pas une éducation adéquate pour les jeunes d'aujourd'hui si la formation offerte ne correspond pas bien à la nature de l'homme, en tant qu'être ouvert et relationnel. [...]

Trois orientations fondamentales, si elles sont bien conjuguées, peuvent aider le dialogue : *le devoir de l'identité, le courage de l'altérité* et *la sincérité des intentions*. Le devoir d'identité, car on ne peut pas bâtir un vrai dialogue sur l'ambiguïté ou en sacrifiant le bien pour plaire à l'autre ; *le courage de l'altérité*, car celui qui est différent de moi, culturellement et religieusement, ne doit pas être vu et traité comme un ennemi, mais accueilli comme un compagnon de route, avec la ferme conviction que le bien de chacun réside dans le bien de tous ; *la sincérité des intentions*, car le dialogue, en tant qu'expression authentique de l'humain, n'est pas une stratégie pour réaliser des objectifs secondaires, mais un chemin de vérité, qui mérite d'être patiemment entrepris pour transformer la compétition en collaboration. [...]

Que se lève le soleil d'une fraternité renouvelée au nom de Dieu et que jaillisse de cette terre, embrassée par le soleil, l'aube d'une *civilisation de la paix et de la rencontre* ! Qu'intercède pour cela saint François d'Assise, qui, il y a huit siècles, est venu en Égypte et a rencontré le sultan Malik al-Kamil !

Un destin

Terre d'alliances. En Égypte, ne s'est pas levé uniquement le soleil de la sagesse ; la lumière polychromatique des religions a également rayonné sur cette terre : ici, tout au long des siècles, les différences de religion ont constitué « une forme d'enrichissement mutuel au service de l'unique communauté nationale[1] ». Des croyances diverses se sont croisées et des cultures variées se sont mélangées, sans se confondre mais en reconnaissant l'importance de *l'alliance pour le bien commun*. Des alliances de ce genre sont plus que jamais urgentes aujourd'hui. En en parlant, je voudrais utiliser comme symbole le « mont de l'Alliance » qui se dresse sur cette terre. Le Sinaï nous rappelle avant tout qu'une authentique alliance sur cette terre ne peut se passer du Ciel, que l'humanité ne peut se proposer de jouir de la paix en excluant Dieu de l'horizon, ni ne peut gravir la montagne pour s'emparer de Dieu (*cf.* Exode 19, 12).

Dans un monde qui a globalisé beaucoup d'instruments techniques utiles, mais en même temps beaucoup d'indifférence et de négligences, et qui évolue à une vitesse frénétique, difficilement soutenable, on observe la nostalgie des grandes questions de sens, que les religions font émerger et qui suscitent la mémoire des propres origines :

---

1. *Ibid.*, « Discours lors de la cérémonie d'arrivée », Le Caire, 24 février 2000.

Politique et société

la vocation de l'homme, qui n'est pas fait pour s'épuiser dans la précarité des affaires terrestres, mais pour cheminer vers l'Absolu vers lequel il tend. C'est pourquoi, aujourd'hui spécialement, la religion n'est pas un problème mais fait partie de la solution : contre la tentation de s'accommoder à une vie plate, où tout naît et finit ici-bas, elle nous rappelle qu'il faut élever l'âme vers le Haut pour apprendre à construire la cité des hommes.

En ce sens, en tournant encore le regard vers le mont Sinaï, je voudrais me référer à ces commandements, qui y ont été promulgués, avant d'être écrits sur la pierre. Au centre des « dix paroles » résonne, adressé aux hommes et aux peuples de tous les temps, le commandement « tu ne tueras pas » (Exode 20, 13). […]

Ensemble, de cette terre de rencontre entre Ciel et terre, terre d'alliances entre les peuples et entre les croyants, redisons un « non » fort et clair à toute forme de violence, de vengeance et de haine commises au nom de la religion ou au nom de Dieu. Ensemble, affirmons l'incompatibilité entre violence et foi, entre croire et haïr. Ensemble, déclarons la sacralité de toute vie humaine opposée à toute forme de violence physique, sociale, éducative ou psychologique. […]

Mais la religion n'est certes pas uniquement appelée à démasquer le mal ; elle a en soi la vocation de promouvoir la paix, aujourd'hui

Un destin

probablement plus que jamais. Sans céder à des syncrétismes conciliants (*cf.* exhortation apostolique *Evangelii gaudium*, n° 251), notre devoir est de prier les uns pour les autres, demandant à Dieu le don de la paix, de nous rencontrer, de dialoguer et de promouvoir la concorde en esprit de collaboration et d'amitié. [...]

Pour prévenir les conflits et édifier la paix, il est fondamental d'œuvrer pour résorber les situations de pauvreté et d'exploitation, là où les extrémismes s'enracinent plus facilement, et bloquer les flux d'argent et d'armes vers ceux qui fomentent la violence. Encore plus à la racine, il faut combattre la prolifération des armes qui, si elles sont fabriquées et vendues, tôt ou tard, seront aussi utilisées. Ce n'est qu'en rendant transparentes les sombres manœuvres qui alimentent le cancer de la guerre qu'on peut en prévenir les causes réelles. Les responsables des nations, des institutions et de l'information sont tous tenus à cet engagement urgent et grave, comme nous, responsables de civilisation, convoqués par Dieu, par l'histoire et par l'avenir, nous sommes tenus d'engager, chacun dans son domaine, des processus de paix, en ne nous soustrayant pas à l'édification de solides bases d'alliance entre les peuples et les États. Je souhaite que cette noble et chère terre d'Égypte, avec l'aide de Dieu, puisse répondre encore à sa vocation de civilisation et

Politique et société

d'alliance, en contribuant à développer des processus de paix pour ce peuple bien-aimé et pour la région moyen-orientale tout entière.
Al Salamò Alaikum[1] !

---

1. © Libreria Editrice Vaticana.

Quelques phrases
du pape François

Au cours de nos échanges, le Saint-Père, qui a le don de la formule simple, directe, parfois provocatrice, a dit quelques phrases étonnantes. Certaines sont dans le livre, d'autres non. J'en ai retrouvé quelques-unes, que je cite pêle-mêle :

« La seule clef qui ouvre la porte de la communication, c'est l'humilité. »

« Quatre maux de la presse : désinformation, calomnie, diffamation, coprophilie. »

« Les mots préférés ? Joie, tendresse, proximité, stupeur, émerveillement. »

« Communiquer, c'est s'abaisser comme fait le Christ avec l'homme. »

« La tradition, c'est la doctrine en marche. C'est un mouvement. »

« La sécularisation porte en elle une négation de la transcendance. »

Politique et société

« Les différences aident toujours à grandir. »

« Où est Dieu à Auschwitz ? Je n'ai pas vu Dieu, j'ai seulement vu l'œuvre de l'homme sans Dieu. »

« Dieu communique en s'abaissant. »

« "Télécharger", le meilleur lien qui soit, celui du cœur. »

« Jésus n'aime pas les chemins parcourus à moitié, les portes laissées entrouvertes, la vie à deux quais. »

« Ne pas confondre le bonheur avec un canapé. »

« Notre réponse à ce monde en guerre a un nom : la fraternité. »

« Attention à la tentation d'être des "retraités précoces". »

« Les réfugiés sont nos frères. Le chrétien n'exclut personne. »

« Le terrorisme n'est pas une religion. Mais combien de jeunes, nous Européens, avons-nous laissés vides d'idéaux ? »

« Le monde est fatigué des charmeurs menteurs. Et je me permets de dire, "des prêtres à la mode", ou des "évêques à la mode". »

Quelques phrases du pape François

« Prêcher, faire de notre ministère une *icône de la modernité.* »

« Faire attention à l'"analphabétisme affectif". »

« Que faire avec les jeunes ? Les suivre en les guidant. »

« La politique, c'est peut-être un des actes de charité les plus grands. Parce que faire de la politique, c'est porter les peuples. »

« C'est une règle : si je ne sors pas de moi-même pour aller chercher l'autre en m'abaissant, il n'y a pas de communication possible ! »

« C'est chrétien d'agir comme cela, la communication chrétienne, c'est le service. Je ne suis pas venu pour être servi, mais pour servir, dit Jésus dans l'Évangile. »

« La Bible nous rappelle que Dieu écoute le cri de son peuple et je voudrais moi aussi unir de nouveau ma voix à la vôtre : les fameux trois "T", terre, toit et travail pour tous. Je l'ai dit et je le répète : ce sont des droits sacrés. »

« Faire des ponts et non pas des murs, parce que les murs tombent. »

Biographie
du pape François

Le premier pape américain est le jésuite argentin Jorge Mario Bergoglio, 76 ans, archevêque de Buenos Aires. C'est une figure de premier plan pour tout le continent et un pasteur simple et très aimé dans son diocèse, qu'il a visité en long et en large, aussi en métro et en autobus, au cours des quinze ans de son ministère épiscopal. « Mes gens sont pauvres et je suis un des leurs », a-t-il dit à plusieurs reprises pour expliquer son choix d'habiter dans un appartement et de préparer lui-même ses repas. Il a toujours recommandé à ses prêtres la miséricorde, le courage apostolique et d'ouvrir les portes à tous. Le pire qui puisse arriver dans l'Église, a-t-il expliqué à plusieurs occasions, « est ce que de Lubac appelle la mondanité spirituelle », qui signifie « se mettre soi-même au centre ». Et quand il cite la justice sociale, il invite d'abord à reprendre en main le catéchisme, à redécouvrir les dix commandements et les Béatitudes. Son projet est simple :

Politique et société

si l'on suit le Christ, on comprend que « piétiner la dignité d'une personne est un péché grave ».

Malgré son caractère discret – sa biographie officielle ne fait que quelques lignes, au moins jusqu'à sa nomination comme archevêque de Buenos Aires –, il est devenu un point de référence pour ses fortes prises de position lors de la dramatique crise économique qui a bouleversé son pays en 2001.

Il naît dans la capitale argentine le 17 décembre 1936, fils d'émigrants piémontais : son père Mario est comptable, tandis que sa mère, Regina Sivori, s'occupe de la maison et de l'éducation de ses cinq enfants.

Diplômé comme technicien en chimie, il choisit ensuite la voie du sacerdoce en entrant au séminaire diocésain de Villa Devoto. Le 11 mars 1956, il passe au noviciat de la Compagnie de Jésus. Le 11 mai 1958, il complète ses études de lettres au Chili et, en 1961, revient en Argentine et obtient une maîtrise en philosophie au collège Saint-Joseph de San Miguel. Entre 1964 et 1965 il est professeur de littérature et psychologie au collège de l'Immaculée de Santa Fé et, en 1966, il enseigne les mêmes matières au collège du Sauveur à Buenos Aires. De 1967 à 1970, il étudie la théologie et obtient une maîtrise, toujours au collège Saint-Joseph.

Biographie du pape François

Il a été ordonné prêtre le 13 décembre 1969 par l'archevêque Ramón José Castellano. Il poursuit sa préparation entre 1970 et 1971 à Alcalà de Henares, en Espagne, et le 22 avril 1973 il émet sa profession perpétuelle chez les Jésuites. À nouveau en Argentine, il est maître des novices au collège Saint-Joseph de San Miguel, professeur à la faculté de théologie, consulteur de la province de la Compagnie de Jésus ainsi que recteur du collège.

Le 31 juillet 1973, il est élu provincial des jésuites d'Argentine, charge qu'il occupera pendant six ans. Il reprend ensuite son travail dans le domaine universitaire et, entre 1980 et 1986, il est à nouveau recteur du collège Saint-Joseph, et curé encore à San Miguel. En mars 1986, il se rend en Allemagne pour terminer sa thèse de doctorat ; ses supérieurs l'envoient ensuite au collège du Sauveur à Buenos Aires puis à l'église de la Compagnie dans la ville de Cordoba, comme directeur spirituel et confesseur.

C'est le cardinal Antonio Quarracino qui le veut comme son proche collaborateur à Buenos Aires. Ainsi, le 20 mai 1992, Jean-Paul II le nomme évêque titulaire d'Auca et auxiliaire de Buenos Aires. Le 27 juin, il reçoit dans la cathédrale l'ordination épiscopale précisément des mains du cardinal. Il choisit comme devise *Miserando atque eligendo* (« Par miséricorde et par élection »)

Politique et société

et insère dans son blason le christogramme IHS, symbole de la Compagnie de Jésus.

Il accorde son premier entretien en tant qu'évêque à un petit journal paroissial, *Estrellita de Belém*. Il est immédiatement nommé vicaire épiscopal de la zone Flores et, le 21 décembre 1993, il reçoit également la charge de vicaire général de l'archidiocèse. Ce n'est donc pas une surprise lorsque, le 3 juin 1997, il est promu archevêque coadjuteur de Buenos Aires. Moins de neuf mois plus tard, à la mort du cardinal Quarracino, il lui succède, le 28 février 1998, comme archevêque, primat d'Argentine et ordinaire pour les fidèles de rite oriental résidant dans le pays et dépourvus d'ordinaire de leur propre rite.

Trois ans plus tard, lors du consistoire du 21 février 2001, Jean-Paul II le crée cardinal, lui assignant le titre de saint Roberto Bellarmino. Il invite les fidèles à ne pas se rendre à Rome pour fêter son cardinalat et à destiner aux pauvres l'argent du voyage. Grand chancelier de l'Université catholique argentine, il est l'auteur des livres *Meditaciones para religiosos* (Méditations pour les religieux) (1982), *Reflexiones sobre la vida apostólica* (Réflexions sur la vie apostolique) (1986) et *Reflexiones de esperanza* (Réflexions d'espoir) (1992).

En octobre 2001, il est nommé rapporteur général adjoint à la Xe Assemblée générale ordinaire

Biographie du pape François

du synode des évêques, consacrée au ministère épiscopal, une tâche qui lui est confiée au dernier moment en remplacement du cardinal Edward Michael Egan, archevêque de New York, contraint de rester dans son pays en raison des attaques terroristes du 11 septembre. Lors du synode, il souligne en particulier la « mission prophétique de l'évêque », son identité de « prophète de justice », son devoir de « prêcher sans cesse » la doctrine sociale de l'Église, mais également d'« exprimer un jugement authentique en matière de foi et de morale ».

Entre-temps, en Amérique latine, sa figure devient toujours plus populaire. Cependant, il ne perd pas la sobriété de son caractère et son style de vie rigoureux, que certains définissent comme presque « ascétique ». C'est dans cet esprit qu'en 2002, il refuse la nomination comme président de la Conférence épiscopale argentine, mais trois ans plus tard, il est élu, puis reconfirmé pour un nouveau triennat en 2008. Entre-temps, en avril 2005, il participe au conclave au cours duquel est élu Benoît XVI.

En tant qu'archevêque de Buenos Aires – diocèse de plus de trois millions d'habitants –, il pense à un projet missionnaire centré sur la communion et sur l'évangélisation. Les quatre objectifs principaux sont : des communautés ouvertes et fraternelles ; la participation active

Politique et société

d'un laïcat conscient ; l'évangélisation adressée à tous les habitants de la ville ; l'assistance aux pauvres et aux malades. Il vise à réévangéliser Buenos Aires, « en tenant compte de ceux qui y vivent, de sa configuration, de son histoire ». Il invite les prêtres et les laïcs à travailler ensemble. En septembre 2009, il lance au niveau national la campagne de solidarité pour le bicentenaire de l'indépendance du pays : deux cents œuvres de charité à réaliser d'ici 2016. Et, sur le plan continental, il nourrit de fortes espérances dans le sillage du message de la conférence d'Aparecida en 2007, qu'il va jusqu'à nommer « l'*Evangelii nuntiandi* de l'Amérique latine ».

Jusqu'au début de la vacance du siège, il était membre des Congrégations pour le culte divin et la discipline des sacrements, pour le clergé, pour les instituts de vie consacrée et les sociétés de vie apostolique, du Conseil pontifical pour la famille et de la Commission pontificale pour l'Amérique latine[1].

---

1. © Libreria Editrice Vaticana.

Bibliographie indicative du pape François

1. Encycliques

Laudato si' (Loué sois-tu), lettre encyclique sur la sauvegarde de la maison commune, 24 mai 2015. (Traduction française Salvator, 2015, 192 p.)

Lumen fidei (La lumière de la foi), lettre encyclique aux évêques, aux prêtres et aux diacres, aux personnes consacrées et à tous les fidèles laïcs sur la foi, 29 juin 2013. (Traduction française Artège Éditions, 2013, 144 p.)

2. Exhortations apostoliques

La Joie de l'amour. Amoris laetitia, *sur l'amour dans la famille*, 19 mars 2016 ; Salvator, 2016.

La Joie de l'Évangile. Evangelii gaudium, *exhortation aux évêques, aux prêtres et aux diacres, aux personnes consacrées et à tous les fidèles laïcs sur l'annonce de l'Évangile dans le monde d'aujourd'hui*, 24 novembre 2013 ; Salvator, 2013.

Politique et société

3. Lettres apostoliques

Lettre apostolique *Misericordia et Misera*, 20 novembre 2016, Téqui, 2016.

Lettre apostolique sous forme de *Motu Proprio* par laquelle est institué le dicastère pour le Service du développement humain intégral, 17 août 2016 (traduction française disponible en ligne).

Lettre apostolique sous forme de *Motu Proprio* par laquelle est établi le dicastère pour les laïcs, la famille et la vie, 15 août 2016 (traduction française en ligne).

Lettre apostolique en forme de *Motu Proprio*. Les biens temporels, sur les compétences en matière économique et financière, 4 juillet 2016.

Lettre apostolique en forme de *Motu Proprio*. Comme une mère aimante, 4 juin 2016 (traduction française sur le site de la documentation catholique).

Misericordiae vultus. Bulle d'indiction du Jubilé extraordinaire de la miséricorde, 11 avril 2015 (traduction française en ligne).

Motu Proprio, Fidelis dispensator et prudens, 24 février 2014 (traduction française en ligne).

4. Livres

Avant son pontificat :

Corrupción y Pecado (« Corruption et Péché »), Buenos Aires, Claretiana, 2006 (non traduit).

Bibliographie indicative du pape François

Sobre la acusación de sí mismo (« De l'auto-accusation »), Buenos Aires, Claretiana, 2006 (non traduit).
El verdadero poder es el servicio (« Le pouvoir véritable est le service »), Buenos Aires, Claretiana, 2007 (non traduit).
Mente abierta, corazón creyente (« Esprit ouvert, cœur croyant »), Buenos Aires, Claretiana, 2012.

Durant son pontificat :
Les Peuples, les Murs et les Ponts, entretiens avec Antonio Caño et Pablo Ordaz, Éditions du Cerf, 2017.
À la jeunesse, Éditions des Équateurs, 2016.
Le nom de Dieu est Miséricorde, entretiens avec Andrea Tornielli, Robert Laffont-Presses de la Renaissance, 2016.
Guérir de la corruption, Éditions Embrasure, 2014.

Site de référence :
http://w2.vatican.va/content/vatican/fr.html

Bibliographie
de Dominique Wolton

Théoricien de la communication, auteur de nombreux ouvrages traduits en vingt langues, Dominique Wolton mène sa carrière au CNRS. Il crée plusieurs structures de recherche et la revue internationale *Hermès* (CNRS éditions) en 1988. Elle compte aujourd'hui 80 numéros, 50 « Essentiels » d'*Hermès* et 33 livres, soit plus de 1 600 auteurs.

Communiquer, c'est vivre, Cherche midi, 2016.
Avis à la pub, Cherche midi, 2015.
Indiscipliné, Odile Jacob, 2012 ; *La Communication, les Hommes et la Politique*, CNRS Éditions, coll. « Biblis », 2015.
Informer n'est pas communiquer, CNRS Éditions, 2009, traductions étrangères.
McLuhan ne répond plus. Communiquer, c'est cohabiter, entretien avec Stéphane Paoli et Jean Viard, Éditions de l'Aube, 2009, traductions étrangères.

Politique et société

Demain la francophonie. Pour une autre mondialisation, Flammarion, 2006.
Mondes francophones : auteurs et livres de langue française depuis 1990 (dir.), ADPF, ministère des Affaires étrangères, 2006.
Sauver la communication, Flammarion, 2005 ; Champs Flammarion, 2007, traductions étrangères.
Télévision et civilisations, entretiens avec Hugues Le Paige, Bruxelles, Belgique, Labor, 2004.
La Télévision au pouvoir : omniprésente, irritante, irremplaçable (dir.), Universalis, coll. « Le tour du sujet », 2004.
« Francophonie et mondialisation », *Hermès*, n° 40, CNRS Éditions, 2004.
L'Autre Mondialisation, Flammarion, 2003 ; Champs Flammarion, 2004, traductions étrangères.
« La France et les Outre-mers. L'enjeu multiculturel », *Hermès*, n° 32-33, CNRS Éditions, 2002.
Internet. Petit manuel de survie, entretiens avec Olivier Jay, Flammarion, 2000, traductions étrangères.
Internet et après ? Une théorie critique des nouveaux médias, Flammarion, 1999, prix Georges Pompidou ; Champs Flammarion, 2000, traductions étrangères.
Penser la communication, Flammarion, 1997 ; Champs Flammarion, 1998, traductions étrangères.

Bibliographie de Dominique Wolton

L'Unité d'un homme, entretiens avec Jacques Delors, Odile Jacob, 1994.
Naissance de l'Europe démocratique, Flammarion, 1993 ; Champs Flammarion, 1997, traductions étrangères.
War Game. L'information et la guerre, Flammarion, 1991, traductions étrangères.
Éloge du grand public. Une théorie critique de la télévision, Flammarion, 1990 ; Champs Flammarion, 1993, traductions étrangères.
Le Choix de Dieu, entretiens avec Jean-Marie Lustiger et J.-L. Missika, Éditions B. de Fallois, 1987 ; Le Livre de poche, 1989.
Terrorisme à la une. Média, terrorisme et démocratie, avec M. Wieviorka, Gallimard, 1987, prix Radio France, 1988.
La Folle du logis. La télévision dans les sociétés démocratiques, avec J.-L. Missika, Gallimard, 1983.
Le Spectateur engagé, entretiens avec Raymond Aron et J.-L. Missika, Julliard, 1981, prix Aujourd'hui 1981, traductions étrangères.
Le Tertiaire éclaté. Le travail sans modèle, avec la CFDT, J.-Ph Faivret, J.-L Missika, Éditions du Seuil, 1980.
L'Illusion écologique, avec J.-Ph. Faivret et J.-L. Missika, Éditions du Seuil, 1980.
L'Information demain de la presse écrite aux nouveaux médias, avec J.-L. Lepigeon, La Documentation

Politique et société

française, 1979, prix AFIN 1979 (Associations des informaticiens français).
Les Réseaux pensants. Télécommunications et société, avec A. Giraud et J.-L. Missika, Masson, octobre 1978.
Les Dégâts du progrès. Les travailleurs face au changement technique, avec la CFDT, Éditions du Seuil, 1977, prix futuribles 1977, traductions étrangères.
Le Nouvel Ordre sexuel, Éditions du Seuil, 1974.

Co-scénariste du film *Mais ou et donc ornicar*. Réalisation B. V. Effenterre avec Jean-François Stévenin, Brigitte Fossey, Géraldine Chaplin, 1979.

Remerciements

J'ai souhaité faire ce livre il y a deux ans et demi. Pour cela, j'ai écrit directement au pape François en expliquant la teneur du projet et en communiquant le plan du livre. Mes publications depuis de nombreuses années, ainsi que les trois livres d'entretiens, illustraient le sérieux de ma proposition. J'ai agi sans connaître son entourage. Les deux cardinaux français, Monseigneur Philippe Barbarin et Monseigneur André Vingt-Trois, ont confirmé l'intérêt d'un tel projet. Je les en remercie chaleureusement. J'ai travaillé seul pour ne pas être trop envahi par les informations, la documentation et les témoignages toujours « avisés » concernant ce pape inattendu.

La réponse positive est arrivée assez rapidement. Le père Louis de Romanet, chanoine de Saint-Victor, que je connais, a accepté de m'accompagner dans cette aventure, pour la traduction et parce qu'il connaît le Vatican pour avoir travaillé au secrétariat d'État. Merci.

Politique et société

Merci aussi aux chanoines du Latran qui m'ont hébergé quand c'était nécessaire, près de la basilique de Saint-Pierre-aux-Liens. Merci également au cardinal Jean-Louis Tauran, et au secrétariat particulier du pape pour sa discrétion et son efficacité. Stéphane Martin m'a aussi aidé pour les relations institutionnelles avec le Vatican.

Je remercie bien Fulvia Musolino pour la traduction et Laure Hinckel pour l'aide qu'elle m'a apportée pour la préparation de l'ouvrage. Enfin, l'équipe de la revue internationale *Hermès*, au CNRS, Sophie Bied-Charreton, David Rochefort et Émilie Silvoz m'ont aidé dans ce travail long, inhabituel et nécessairement un peu compliqué. Je les remercie tous chaleureusement. Comme je remercie les quelques personnes privées avec qui j'ai pu échanger sur ce projet qui va, finalement, au-delà de l'écriture d'un livre.

NORD COMPO
multimédia

*Composition et mise en pages
Nord Compo à Villeneuve-d'Ascq*

Achevé d'imprimer en août 2017
sur les presses de Normandie Roto Impression s.a.s.
61250 Lonrai
N° d'imprimeur : 1702920

Imprimé en France